KV-576-655

Jacqueline Harpman

BELGIAN FRANCOPHONE LIBRARY

Donald Flanell Friedman
General Editor

Vol. 25

PETER LANG
New York • Washington, D.C./Baltimore • Bern
Frankfurt • Berlin • Brussels • Vienna • Oxford

Jacqueline Harpman

L'Aventure littéraire

Édité par
Susan Bainbrigge

PETER LANG
New York • Washington, D.C./Baltimore • Bern
Frankfurt • Berlin • Brussels • Vienna • Oxford

Library of Congress Cataloging-in-Publication Data

Jacqueline Harpman: l'aventure littéraire / édité par Susan Bainbrigge.
p. cm. — (Belgian Francophone library; v. 25)
Includes bibliographical references.
1. Harpman, Jacqueline—Criticism and interpretation.
2. Belgian literature (French)—20th century—History
and criticism. I. Bainbrigge, Susan.
PQ2668.A65Z67   843'.914 —dc23   2012035347
ISBN 978-1-4331-1459-5 (hardcover)
ISBN 978-1-4539-0991-1 (e-book)
ISSN 1074-6757

Bibliographic information published by **Die Deutsche Nationalbibliothek**.
Die Deutsche Nationalbibliothek lists this publication in the "Deutsche
Nationalbibliografie"; detailed bibliographic data is available
on the Internet at http://dnb.d-nb.de/.

FÉDÉRATION
WALLONIE-BRUXELLES

La publication de cet ouvrage a été encouragée par une subvention
accordée par la Fédération Wallonie-Bruxelles.

Cover image: Gustave Moreau, *Oedipus and the Sphinx,* 1864.
New York, Metropolitan Museum of Art. © 2012. Image copyright
The Metropolitan Museum of Art/Art Resource/Scala, Florence

The paper in this book meets the guidelines for permanence and durability
of the Committee on Production Guidelines for Book Longevity
of the Council of Library Resources.

© 2013 Peter Lang Publishing, Inc., New York
29 Broadway, 18th floor, New York, NY 10006
www.peterlang.com

All rights reserved.
Reprint or reproduction, even partially, in all forms such as microfilm,
xerography, microfiche, microcard, and offset strictly prohibited.

Printed in Germany

À la mémoire de Jacqueline Harpman

Table des matières

Susan Bainbrigge

Introduction

> *'Nous pensons, donc nous sommes, et c'est bien difficile'*[1]

Pendant plus d'un demi-siècle, Jacqueline Harpman a exploré l'existence humaine dans un vaste projet d'écriture. Depuis son premier roman, *Brève Arcadie* en 1959 (qui lui a valu le prix Rossel), en passant par *La Plage d'Ostende* en 1992 (Prix Point de mire) et *Orlanda* en 1996 (Prix Médicis), elle n'a cessé de s'exprimer par la littérature jusqu'à ces dernières années.[2] En même temps elle a accompagné ses patients en analyse. C'est pendant la préparation de ce volume, hélas, que cette double activité vient de trouver tout récemment sa fin. Jacqueline Harpman est décédée le 24 mai 2012.

Ce volume est issu du colloque qui a eu lieu à l'Université d'Edimbourg le 10 décembre 2010 sous l'égide du Centre de recherches francophones belges.[3] L'objectif était d'explorer, pour la première fois dans un contexte international, l'œuvre de Jacqueline Harpman. Elle était depuis longtemps reconnue dans les lettres francophones,[4] et le moment était propice de mettre en lumière ce demi-siècle de publications et d'activité littéraire.[5] Pourquoi évoquer une *aventure littéraire* dans le titre? Le mot 'aventure' peut signifier

---

[1]   'Une hypothèse psychanalytique sur la création littéraire', *Jacqueline Harpman: Écriture et psychanalyse* (Wavre: Mardaga, 2011), pp. 87-99 (p. 88).

[2]   Cf. *Avant et après: dialogues* (Bruxelles: Le Grand Miroir, 2008); *Ce que Dominique n'a pas su* (Paris: Grasset, 2008). Voir la bibliographie à la fin de ce volume.

[3]   Pour plus d'informations sur les activités et les publications du centre de recherches, voir http://www.ed.ac.uk/schools-departments/literatures-languages-cultures/delc/french/resear ch-projects/centre-de-recherches-francophones.

[4]   La seule monographie consacrée entièrement à son oeuvre est de Jeannine Paque, *Jacqueline Harpman: Dieu, Freud et moi* (Avin/Hannut: Éd. Luce Wilquin, 2003). Pour les chapitres et articles sur Harpman, voir la bibliographie.

[5]   Y compris ses analyses critiques. Voir *Jacqueline Harpman: Écriture et psychanalyse*, op. cit., qui rassemble des communications et des articles de Jacqueline Harpman, tels les textes présentés en 1993 à Louvain-la-Neuve dans le cadre de la chaire de la poétique de l'université.

un incident, une entreprise, une liaison amoureuse même... Tous ces termes trouvent un écho dans les textes de Jacqueline Harpman, et c'est un mot qu'elle utilisa volontiers.

Avant de présenter un panorama de ce volume, esquissons quelques détails biographiques sur l'auteure. Née en Belgique en 1929, au moment de la Seconde guerre mondiale elle fuit avec sa famille au Maroc où elle est restée jusqu'en 1945. Dès son retour à Bruxelles, elle entame des études de médecine mais est obligée d'y renoncer en 1950 quand elle est atteinte de tuberculose. Elle commence à écrire et publie trois romans, avec déjà cette consécration du prix Rossel pour le premier. Estimant qu'elle n'a plus rien à raconter, elle cesse d'écrire, fait des études de psychologie et poursuit en psychanalyse. Pendant une vingtaine d'années, elle se consacre à cette nouvelle vocation et conjointement à l'écriture d'articles pour des revues de psychanalyse. Elle reprend la plume littéraire dans un deuxième temps et dès lors ne cessera pour le reste de sa vie d'exercer les deux activités d'écrivaine et d'analyste.

Comment résumer la richesse et l'étendue de son œuvre en quelques lignes? On peut souligner son attention méticuleuse au langage, sa maîtrise de l'héritage littéraire, le recours aux jeux identitaires ou jeux de rôles. Apprécier l'interaction habile des métatextes, intratextes, intertextes..., et l'enchevêtrement des temporalités, passé, présent, et futur dans ses écrits, ainsi que les pactes autobiographiques revus, corrigés, et souvent subvertis. Certains thèmes reviennent tels le mythe, le rêve et la réalité, les quêtes d'identité et la recherche du moi, de l'autre, et de l'autre en soi. N'oublions pas non plus le commentaire social (surtout sur l'identité et l'expérience féminines, dans *Orlanda, La Fille démantelée* et *Moi qui n'ai pas connu les hommes*, par exemple).[6]

Pour Harpman, écriture et psychanalyse se complètent paradoxalement, autant qu'elles peuvent rester distinctes; '[...] je m'interroge volontiers sur la création littéraire, et cela je ne peux le faire qu'en psychanalyste, puisque c'est le seul outil théorique dont je dispose', dira-t-elle plus tard.[7] Son

---

[6]   Voir la bibliographie à la fin du volume.

[7]   'C'est quoi, écrire?', *Jacqueline Harpman: Écriture et psychanalyse*, op. cit., pp. 43-56 (p. 44).

exploration de l'altérité se trouve au cœur de l'expérience littéraire.[8] Elle parle non seulement du rapport du moi avec les autres mais également de l'importance de reconnaître, en passant par Woolf, Proust, Klein, etc, la multiplicité des *Je*, les nombreuses parts du moi.[9] À partir de cette perspective plutôt libératrice, elle se lance dans une entreprise qui privilégie les mondes internes de ses personnages:

> Un de mes formateurs a eu un jour une phrase que je trouve absolument juste. Quand on parle d'analyse psychique en psychanalyse, on parle du *monde interne* [...]. Il disait qu'il faudrait parler des *univers internes* tellement c'est vaste. C'est beaucoup plus vaste que ce que nous connaissons, que ce que nous utilisons dans notre vie quotidienne. Quand on raconte des histoires, on a accès à des terres inconnues où l'on n'irait pas autrement.[10]

Dans l'œuvre de Jacqueline Harpman, les mondes internes se trouvent au cœur de l'entreprise. Ce volume présente un voyage collectif à travers les divers espaces harpmaniens. Dans les articles qui suivent, les univers harpmaniens sont mis en examen à la lumière de Bachelard, Baudelaire, Beauvoir, Freud, Jung, Kristeva, Lacan, Winnicott, et Woolf. Judyta Zbierska-Mościcka, en explorant les espaces intimes, nous offre un panorama de son œuvre, en se focalisant sur la maison, lieu privilégié dans l'écriture harpmanienne. Zbierska-Mościcka explore les rapports entre lieu et libération, en passant par la fameuse 'chambre à soi' de Woolf, les individus

---

[8]   Pour une exploration plus approfondie de son exploration de la notion de l'altérité, voir Susan Bainbrigge, *Culture and Identity in Belgian Francophone Writing: Dialogue, Diversity and Displacement* (Oxford: Peter Lang, 2009).

[9]   Confirmé par les mots de Jean-Paul Matot dans l'avant-propos de *Jacqueline Harpman: Écriture et psychanalyse*: 'Au-delà de l'altérité de ces enjeux, il me semble que la création littéraire comme la pratique psychanalytique se fondent sur un meme ressort de base: la mise en tension de la pluralité du Soi', op. cit., p. 6.

[10] Stéphane Lambert, Interview avec Jacqueline Harpman, *Les Rencontres du mercredi* (Paris: Ancre rouge, 1999), pp. 35-64 (p. 46). Dans un même esprit, elle parle de l'importance du roman d'analyse dans sa formation littéraire: 'Savoir ce qui se passe dans la tête des gens a toujours été un intérêt majeur chez moi. Cela a peut-être même déterminé mes goûts littéraires: j'étais tournée vers Stendhal, Proust, vers toute cette littérature assez classique que l'on nomme le roman d'analyse. La psychanalyse m'apparassait comme un prolongement, une façon de faire la même chose dans un autre domaine, d'une autre manière', ibid, p. 39.

en crise et les cheminements labyrinthiques. Si Harpman met en avant la
relation avec l'autre, c'est non sans reconnaître l'importance de l'individu en
relation avec un lieu, dans ce que Zbierska-Mościcka appelle 'une
géographie intérieure'. Cette exploration interne nous mène à l'analyse de
Francisca Romeral Rosel du monde des mythes dans l'œuvre de Harpman, et
plus précisément celle du mythe le plus répandu dans l'histoire de la
littérature occidentale. Dans une lecture de *Mes Œdipe*, Romeral Rosel
dévoile l'approche expérimentale par laquelle l'écrivaine vise une
confrontation entre le monde irréel du mythe et le monde terrestre, pour
restituer à ce dernier une identité à laquelle il faut rendre justice, ainsi que
pour 'démythifier' la figure d'Œdipe, tout en brisant les stéréotypes sociaux à
travers des portraits plus humains que mythologiques.

Toute lecture du texte harpmanien doit être sensible et s'ouvrir aux
multiples références (aux mythes, à la littérature); l'intertextualité occupe
donc une place importante dans l'œuvre. Ainsi plusieurs chapitres dans le
présent volume mettent en avant les procédés littéraires liés aux intertextes.
Annik Doquire Kerszberg explore l'influence de Barbey d'Aurevilly dans
son analyse du *Bonheur dans le crime* et dans *En toute impunité*. Les aspects
ludiques des textes harpmaniens sont mis en évidence dans cette étude
comparative qui souligne les ressemblances et les différences entre les textes,
par une analyse des modalités narratives et structurales et de leurs enjeux. De
même, dans son analyse détaillée de *La Mémoire trouble*, Marc Quaghebeur
souligne la place importante de l'intertextualité et de la mise en abyme. Il
voit à travers ce roman un tournant important (une sorte de 'hapax') dans le
corpus de la romancière. Pour explorer la signification du 'trouble' et du
'troublé' dans le texte, Quaghebeur étudie la musicalité, la métaphore
musicale, la répétition, et l'insuffisance du langage pour communiquer. Il
jette aussi un éclairage original sur la construction du récit, les personnages
et les jeux de rôles, tout en prenant en compte des interprétations plus
concrètes de l'histoire en termes du 'commun', dans un contexte historique.

Cette attention aux procédés littéraires se poursuit dans les chapitres qui
se concentrent sur une thématique primordiale dans les écrits de Jacqueline
Harpman: soient l'amour, et les histoires d'amour. Estrella de la Torre
Giménez explore amour et genre dans son analyse de la *La Dormition des
amants*. Elle y voit la création d'un faux roman-mémoire et d'un faux roman
historique. Harpman situe l'histoire dans un XVIIe siècle réinventé, ce qui lui
permet une exploration de l'inconscient par 'cette histoire privée', histoire
d'un amour impossible et inavoué, révélé par les va-et-vient du personnage et

du narrateur. Pour Martine Renouprez, l'analyse du roman sentimental permet une meilleure appréciation du roman *Ce que Dominique n'a pas su*, roman qui prend le relais du *Dominique* de Fromentin et en propose une nouvelle version. Elle identifie des modes d'être, l'un réparateur, l'autre transgressif, dans cette histoire d'amour. La manière dont Harpman subvertit le roman sentimental du genre Harlequin dans une manière ludique et incisive, et avec des clins d'œil à Freud, est mise en examen. Jeannine Paque explore la représentation des comportements amoureux et son échec, en y décelant à la fois l'obsession de dire la sexualité, mais aussi de la dénier. En invoquant plusieurs textes, de différentes périodes, elle cherche à analyser le 'capital érotique de l'œuvre'. Elle prend en compte l'emploi de la périphrase, et de l'euphémisme comme exercice de style, mais aussi comme moyen de tenir le sexe à distance. Paque trace l'évolution des personnages féminins, des jeunes filles aux vieilles femmes, dans le contexte des portraits d'amours concrets, idéalisés, inavoués, ou impossibles. Son exploration aboutit à un questionnement du rôle de l'écriture elle-même comme substitut à toute vie affective et à toute sexualité.

Une autre considération du thème de l'amour figure dans l'analyse de Maria Snårelid. Elle explore en particulier la relation mère-fille, en identifiant les mouvements opposés entre identification et différenciation, entre être et non-être, entre vide et plénitude, et la manière par laquelle ils imprègnent la narration de *La Plage d'Ostende*. La notion du 'præœdipien' illumine cette analyse qui élucide le rôle primordial que joue le rêve d'un amour absolu chez Harpman. Pour Gina Blanckhaert, qui se fonde aussi sur une lecture de *La Plage d'Ostende*, le rôle de l'intermédiaire est central. Blanckhaert se concentre sur l'acte d'écrire lui-même et explore en profondeur la présence de 'l'intermédiarité', qui confère au thème de l'écriture 'cette faculté de nœud poétique de l'œuvre'. En s'inspirant des critiques littéraires, philosophiques et psychanalytiques, elle nous aide à évaluer la dimension religieuse et rituelle de l'acte d'écrire dans les récits et romans harpmaniens.

Dora Leontaridou et Katharine Swarbrick présentent des analyses qui se focalisent sur la construction de l'identité féminine dans *Orlanda* (Leontaridou et Swarbrick), *La Lucarne* et *Mes Œdipe* (Leontaridou). Leontaridou démontre la signifiance de la construction sociale dans les portraits des personnages féminins, sans négliger une considération des liens avec la mythologie grecque, et la manière dont Harpman interprète et ré-écrit le mythe selon un point de vue moderne. Leontaridou relève les traits qui soulignent la construction sociale du sexe dans les textes, et ceux qui démontrent le renversement des rôles. Elle termine sur la nécessité de reconceptualiser l'identité féminine, question à laquelle Katharine Swarbrick s'attache dans le chapitre suivant. Selon elle, l'histoire de la transformation dans *Orlanda* problématise une lecture du conditionnement social de l'héroïne. Dans son analyse, elle signale que, afin de bien comprendre l'identité féminine, il faut prendre en compte toute l'importance de la masculinité. Prenant à partir du roman une perspective psychanalytique, elle réalise un décodage d'éléments textuels afin de mieux cerner la relation entre hommes et femmes, pour creuser une problématique plus fondamentale. Sa lecture du texte révèle les liens entre langage et jouissance, qui arrivent à réconcilier corps et pensée, si souvent conceptualisés en termes binaires voire opposés.

Une étude des univers harpmaniens ne serait pas complète sans une exploration du passage du temps dans les écrits. Nicole Thatcher présente une analyse de l'impact de la vieillesse et des efforts déployés par les narrateurs et narratrices pour pallier leur déchéance physique et morale, ainsi que les solutions proposées (la beauté, le savoir etc.), souhaits irréalisables, souvent invraisemblables, et qui ne cachent pas l'angoisse devant la mort. Thatcher rassemble la plupart des textes publiés depuis 1999 pour nous offrir une vue d'ensemble et progressive de la thématique du vieillissement dans l'œuvre.

Dans la dernière contribution, Stéphane Lambert présente une appréciation plus personnelle de l'auteure, inspirée de leur première rencontre, et du souvenir de la complicité éditoriale qui les a liés et a duré plus de dix ans. Lambert souligne combien l'œuvre de Jacqueline Harpman s'imprègne du rêve. S'ajoutent à son essai des extraits d'un entretien avec l'auteure, qui ont une qualité quelque peu troublante, voire prémonitoire; dans l'entretien, en effet, il s'agissait de parler du thème de la relation à sa propre mort.

D'une manière plus personnelle, je médite sur la manière dont j'ai appris la triste nouvelle de son décès: par un message de ma chère amie, Jeannine Paque, une proche de l'auteure. N'est-ce pas la même qui est citée dans le texte *Dieu et moi*, au moment où la narratrice imagine sa propre mort, et avoue une certaine satisfaction que sa mort ne passe pas 'inaperçue'?[11] Fiction et réalité s'entremêlent, comme c'est si souvent le cas dans les écrits de Jacqueline Harpman. Nous espérons laisser une trace dans ce témoignage, en nous rappelant la conclusion de son essai, 'Une hypothèse psychanalytique sur la création littéraire', où elle avoue son espoir que '[…] mes livres immobiles témoigneront que j'ai existé'.[12] Et ainsi réaffirmer l'impact de sa parole sur nous, et énumérer encore tout ce qu'elle nous lègue: l'interrogation perpétuelle, la volonté de poser les questions difficiles, la soif de la découverte, la joie de vivre, avec en ligne de mire la conscience de la mort. Comme en témoigne la narratrice du *Temps est un rêve* à la fin: 'Combien sommes-nous, à nous suivre les unes les autres, presque semblables et pourtant différentes? Aurai-je le temps de le savoir? J'apprends sans cesse. Je suis heureuse'.[13]

Cet ouvrage est dédié à sa mémoire.

Je tiens à remercier l'éditeur général de la série 'Belgian Francophone Library', Donald Flanell Friedman, le Service de la Promotion des Lettres en Belgique, et toute l'équipe de Peter Lang, New York, ainsi que mes collègues du département de français, à l'Université d'Edimbourg. J'adresse mes remerciements aussi à Katharine Swarbrick et Edouard Notte; à Caroline Verdier, pour son soutien sans faille lors du colloque; à Jeannine Paque, pour son soutien éditorial, et sa joie de vivre qui m'inspire; et à Mary Rigby, pour son assistance éditoriale pendant la préparation de ce volume. Francisca Romeral Rosel a trouvé l'image qui se trouve sur la couverture de ce volume, et je l'en remercie. Enfin, je n'aurais pas pu boucler ce projet sans le soutien, la patience et la générosité de cœur de mes proches.

Edimbourg, 2012

---

[11]   *Dieu et moi* (Turin: Mille et une nuits, 1999), p. 43.
[12]   'Une hypothèse psychanalytique sur la création littéraire', *Jacqueline Harpman: Écriture et psychanalyse*, op. cit., pp. 87-99 (p. 99).
[13]   *Le Temps est un rêve* (Bruxelles: Le Grand miroir, 2002), p. 150.

Judyta Zbierska-Mościcka

Les géographies secrètes dans quelques romans de Jacqueline Harpman

Des flâneries urbaines d'*Orlanda* et de Clotilde (*Les Bons sauvages*) aux errances sillonnant les plaines désertiques d'un *no men's land* (*Moi qui n'ai pas connu les hommes*), des chambres abritant les amours illégitimes (*L'Apparition des esprits*, *La Dormition des amants*) aux *Plage*(s) *d'Ostende*, des passages dérobés de la maison avenue Franklin Roosevelt (*Le Bonheur dans le crime*) à la cave désespérante située l'on ne sait où – Jacqueline Harpman trace laborieusement une carte géographique qui abonde en des significations plurielles. Caves, portes et passages secrets, greniers, chambres d'hôtel, chambres aux Juifs, appartements parallèles – l'écrivaine répertorie nombre de lieux dont l'importance est loin d'être secondaire et qui participent généreusement à la construction du sens et notamment à la métaphorisation des contenus véhiculés.

Tantôt abondamment décrits, comme dans *La Plage d'Ostende*, *En toute impunité* ou *Le Bonheur dans le crime*, tantôt à peine esquissés ou seulement suggérés (*L'Apparition des esprits*, *La Mémoire trouble*), tous ces lieux contribuent à complexifier, parfois opacifier les personnages, à maquiller certains de leurs gestes, à rehausser certains de leurs traits, à épaissir certains de leurs comportements. Plus sédentaires que nomades, les personnages harpmaniens à une déambulation qui les propulserait hors de chez eux, fût-elle bienfaisante et fructueuse, préfèrent une aventure intérieure, mentale, une pénétration 'stationnaire', mais qui ne doit pas en être moins exotique que le périple le plus lointain. L'œuvre de Jacqueline Harpman essentiellement focalisée sur l'intériorité l'est forcément sur l'intérieur. La sphère du privé, de l'intime l'emporte sur le public ou le professionnel. Aussi le lieu privé, le foyer, la maison, la chambre occupent-ils une place de choix dans les romans d'Harpman et constituent un univers presque exclusif qu'habitent les créatures de ses romans.

'L'être humain est un être géographique,'[1] affirme Augustin Berque dans son *Écoumène*; '[...] il se grave dans la terre et il en est gravé.'[2] Les Clotilde et les Orlanda, les Émilienne et les Adèle, les Emma et les Clément, le sont aussi: géographiques, situés, ancrés, incrustés et empreints d'un espace bien circonscrit. Plus encore: ils en sont avides et jaloux, le jugeant indispensable à leur formation, à leur déploiement.

De tous les lieux que nous avons répertoriés dans les romans de Jacqueline Harpman, nous retiendrons essentiellement la maison dont les différents 'états' traduisent bien la fondamentale fonction que remplit ici l'espace: formation ou raffermissement de l'identité.[3] Conformément à l'idée de la maison-coquille, formulée par Gaston Bachelard dans la canonique *Poétique de l'espace* et reprise par Anne Muxel dans son essai, très bachelardien, *Individu et mémoire familiale*,[4] en vertu de laquelle la maison remplit dans la vie de l'individu notamment une fonction référentielle et matricielle, nous insisterons sur l'importance de la maison familiale dans l'affirmation de soi. Cette dernière n'étant possible sans une libération des liens familiaux et de la tutelle, souvent trop envahissante des géniteurs (et surtout des génitrices), il faudra voir l'importance de lieux considérés comme libérateurs, qui favorisent la construction de l'autonomie et d'un sens pour soi. Les deux aspects se réuniront dans l'image de la maison-âme qui revisite les inventions de Bachelard tout en les dotant d'un contenu qu'on qualifiera volontiers de typiquement harpmanien. Celui-ci s'institue, en effet souvent, en un discours de libération du moi qui se double, en dépit des affirmations de l'auteure, d'un contexte féministe.[5]

[1]   Augustin Berque, *Écoumène: Introduction à l'étude des milieux humains* (Paris: Belin, 1987), p. 10.

[2]   Ibid., p. 13.

[3]   Il sera question, dans le présent article, des romans suivants: *L'Apparition des esprits* (1960), *Les Bons sauvages* (1966), *La Mémoire trouble* (1987), *La Plage d'Ostende* (1991), *Le Bonheur dans le crime* (1993), *Orlanda* (1996), *Le Véritable amour* (2000), *En Toute impunité* (2005). Voir la bibliographie à la fin du volume. Les citations extraites de ces romans seront suivies des abréviations suivantes et du numéro de page: AE (*L'Apparition des esprits*); BS (*Les Bons sauvages*); MT (*La Mémoire trouble*); PO (*La Plage d'Ostende*); BC (*Le Bonheur dans le crime*); O (*Orlanda*); VA (*Le Véritable amour*); TI (*En toute impunité*).

[4]   Anne Muxel, *Individu et mémoire familiale* (Paris: Nathan, 1996).

[5]   Même si Jacqueline Harpman n'adhère pas ouvertement au mouvement féministe, les problèmes soulevés par celui-ci ne la laissent pas indifférente. Sans entrer dans les détails

***

'Au milieu de nulle part, entre ailleurs et ailleurs' (TI 13), une maison s'élève, La Diguière, habitée par trois générations de femmes qui, en dépit des difficultés financières dont la demeure porte les traces évidentes, ne conçoivent nullement la possibilité de la quitter. La Diguière, modèle, dans sa construction, d'harmonie et d'équilibre, enchante le narrateur, voy(ag)eur égaré qui la visite tout en la jugeant d'un œil expert d'architecte. Nous lui devons les descriptions autant détaillées que passionnées de cette demeure qui, ne serait-ce que par le fait même de son emplacement indéfini, prend les allures d'un parangon. La maison semble taillée conformément aux caractéristiques de Bachelard; pourvue d'un grenier et d'une cave, elle réalise la verticalité polarisante de forces et d'émotions qui l'habitent. Séduit d'emblée par le charme inattendu de la maison, c'est au grenier, doté par Bachelard d'une faculté de rationalisation permettant un regard lucide, que le narrateur découvre la beauté achevée de la demeure:

> Ce fut l'émerveillement absolu. Les rayons du soleil couchant passaient à travers les tabatières qui n'étaient pas obturées par la bâche, éclairant un espace d'une seule venue que rythmaient les entraits posés sur les jambes de force. Je retrouvais les proportions parfaites qui caractérisent partout cette maison, l'équilibre puissant d'une structure si juste, si évidente qu'elle semble naturelle, comme si tout s'était mis en place de soi-même. (TI 13)

Mais l'image n'est pas complète, car la cave reste, tout comme chez Bachelard, 'l'*être obscur* de la maison',[6] lieu d'un secret bien gardé, d'une énigme que la maison veut laisser enfouie. Le narrateur ne visite jamais la

---

on peut aisément affirmer une présence prégnante de la thématique féministe ou du moins féminisante dans son œuvre. Jeannine Paque, dans son essai *Jacqueline Harpman. Dieu, Freud et moi: les plaisirs de l'écriture* semble confirmer cette idée: 'Le féminisme de Jacqueline Harpman ne ressortit à aucun movement, ne se conforme à aucun canon, mais, il existe, de toute évidence, bien qu'il emprunte des voies indirectes' (Avin/Hannut: Luce Wilquin, 2003), p. 111. Se retrouvent dans l'œuvre de Harpman plusieurs thèmes obligatoires de l'écriture féministe: droit à l'expression de soi, corps, relations difficiles avec la mère, langue etc. Ils font partie, par ailleurs, de l'ensemble de problèmes qui intéressent l'écrivaine tout particulièrement. Harpman le dit dans l'essai de Jeannine Paque: 'La bêtise. La soumission. Les idées toutes faites. La foi en un ou deux dieux. Le racisme. L'injustice. La corruption. L'hypocrisie. Le sérieux' (ibid., p. 8).

6   Gaston Bachelard, *La Poétique de l'espace* (Paris: PUF, 1957), p. 35.

cave, c'est Madeleine qui la lui fait visiter d'une certaine manière, en confessant les circonstances honteuses de la mort de Fontanin, le nouveau mari d'Albertine, l'aînée, qui s'est trop oublié dans sa volonté d'intervenir dans la physionomie de la maison.

Matrice et mère nourricière, pourvoyeuse du sentiment de communauté, tellement discernable pour le narrateur-témoin extérieur, notamment à table, dans la cuisine parfumée du pot-au-feu, la maison est aussi pourvoyeuse de l'identité:

> Je suis une la Diguière, dit Adèle, et elle se serra contre sa mère. Elles restèrent longuement embrassées. *Je suis une la Diguière*. Même à travers la voix de Madeleine, j'entends vibrer l'orgueil du nom [...]. Mais leur gloire n'était pas la naissance [...], c'était la maison et la lutte folle de quatre générations d'enragés. Madeleine avait dit: *Elles sont la Diguière*. C'était sans doute encore plus exact que *Je suis une la Diguière*. (TI 237)

Une relation fusionnelle donc avec cette maison dépositaire de la mémoire familiale, lieu spéculaire qui permet de voir 'l'autre soi-même', d'observer l'image des siens répercutée dans le palimpseste familial des murs bien connus, point d'ancrage qui est en même temps lieu de référence primaire, originelle qui participe à la construction de la première identité, celle que Claude Dubar appelerait peut-être 'communautaire'[7] et qui est fondée, en l'occurrence, sur le sentiment d'appartenance. Adèle, Albertine, Sarah et Charlotte, auxquelles on pourrait ajouter Madeleine unie à la famille au point d'en faire partie, forment en effet une collectivité indifférenciée dont les gestes unanimes visent surtout la préservation du lieu d'origine, du nid, de la coquille matricielle.[8]

La maison familiale, montrée ici comme un lieu complet dont la construction harmonieuse implique une cohésion interne susceptible d'en communiquer une à ses habitants, fait figure d'une coquille protectrice qui enveloppe, abrite, rassure et cimente. Le jardin à la française, géométrique, régularisé, conçu sur mesure, collabore à produire l'effet d'unité et d'ordre

---

[7]   Claude Dubar, *La Crise des identités: L'interprétation d'une mutation* (Paris: PUF), 2000.

[8]   Toutes les femmes participent au crime, chacune à son tour versant une cuillerée du liquide meurtrier dans les repas de Fontanin.

recherchés dans la maison, qui assignent à chacun(e) une place qui lui est dévolue.

La famille cependant est faite d'individus que Jacqueline Harpman aime à saisir en début ou au moment-même de leur métamorphose, de leur passage du communautaire vers le personnel, ou mieux, l'individuel, tout incertain qu'il soit.[9] La liste des personnages en crise dont Harpman observe les interrogations, quêtes ou petites révoltes est longue: Catherine de *L'Apparition des esprits* et du *Véritable amour*, Clotilde des *Bons sauvages*, Géraldine ou Charlotte de *La Mémoire trouble*, Edmée de *La Fille démantelée*, Émilienne de *La Plage d'Ostende* et d'autres encore… Que ce soient des amours difficiles, des relations équivoques, parfois de caractère incestueux, ou bien attentats contre un ordre consacré, les soucis des personnages harpmaniens doivent bien être logés, comme dirait Bachelard. Une identité en creux ou une identité en crise dont Harpman est experte dans sa double profession de l'écrivaine et psychanalyste, demande un espace d'intimité qui conviendra à une lente maturation, à un déploiement désiré, qui saura abriter l'interrogation, l'hésitation et le doute et qui réservera aussi une place au secret. La chambre d'amour de Catherine, la mansarde parisienne de Clotilde, la chambre mauve d'Émilienne ou le grand salon d'Adèle circonscrivent l'espace de l'éclosion, puis de l'expansion d'un moi jusqu'ici réprimé et qui a besoin de s'exprimer. *Le Bonheur dans le crime* nous le dit sans ambages en développant l'image de cette étonnante maison, incapable de contenir, même dans un cadre spacieux, des personnalités exubérantes et complexes. Emma, Clément, Delphine dépassent les murs, se glissent dans les couloirs secrets, s'aménagent les pièces oubliées, traversent les seuils des portes dérobées afin de se tailler dans cette grande demeure palimpsestique, chargée d'esprit communautaire, une place censée leur assurer une transformation heureuse.

À la Diguière, Adèle, une jeune fille de quatorze ans, se construit une coquille protectrice où elle règne en exclusivité. Son 'territoire', son 'fief' n'est pas cependant un réduit éloigné des zones communes, trop peuplées de présences encombrantes, c'est, au contraire, la galerie, autrement appelée le grand salon. Le narrateur explique le choix d'Adèle ainsi:

---

[9]   Voir l'introduction dans Dubar, *op. cit.*, pp. 4-5, où l'auteur explique les axes principaux de son essai qui recrée et interprète le changement observé depuis un certain temps, soit le passage des identités communautaires aux identités sociétales.

[…] pendant des générations, la galerie avait été le lieu de la vie sociale. Elle avait eu cette fonction de lien entre le dedans et le dehors qu'ont les salles de réception dans les anciennes demeures, et que gardent encore aujourd'hui les salles de séjour, dans certaines familles. C'était une sorte de frontière, où peut-être Adèle se sentait un peu hors du groupe, sans le quitter. (TI 220-21)

La situation d'Adèle nous paraît emblématique. Bien à l'aise dans l'atmosphère sécurisante par la répétitivité des moments vécus en commun dans la Diguière, la jeune fille ressent tout de même le besoin de se procurer une zone d'intimité, 'une niche', comme dirait Anne Muxel,[10] où elle pourrait se concevoir non plus 'avec' mais aussi 'à part'. Ainsi l'émancipation d'Adèle passe également par l'écriture. Le grand salon devient une espèce de 'chambre à soi'[11] où elle se raconte, s'écrit soi-même, se forme. 'Circonscrire, enclore, c'est en effet instituer ontologiquement le monde, grand ou petit, et c'est même en intensifier l'être d'autant plus que l'on en diminue la taille', constate Augustin Berque.[12]

L'appel d'un espace à soi est encore plus sensible quand la maison familiale n'est plus conçue comme une enveloppe sécurisante, mais, au contraire comme un lieu oppresseur qui étouffe l'individu prêt aux changements. Clotilde des *Bons sauvages* s'impatiente de l'atmosphère étroite et regorgeant d'"idées fausses' (BS 15) de Saucerre, Géraldine affrontant la maison barricadée de ses parents, Catherine se concevant elle-même comme une étrangère face au 'couple emmuré' (VA 294) de ses géniteurs, Aline inventée par sa mère et soumise à ses principes, qui réclame un espace propre, fût-ce un autre corps, ou enfin Émilienne en laquelle, Anita, sa mère ravissante et imposante, veut à tout prix et en dépit de sa fille, éveiller la féminité – tous ces personnages, toutes ces femmes revendiquent un espace libérateur qui saurait les aider à s'identifier.

---

[10]   Muxel, op. cit., pp. 49-50.

[11]   La référence à Virginia Woolf paraît s'imposer. La revendication de l'écrivaine anglaise de la nécessité pour la femme de s'aménager un espace intime qui favoriserait et protégerait le déploiement de soi, quoique datant du début du XXᵉ siècle (*A Room of One's Own*, London: The Hogarth Press, 1929), n'a rien perdu de sa vigueur. La figure d'Adèle, qui garde jalousement le morceau de terrain qui abritera son élan créateur et auto-formateur à la fois, répond complètement à l'appel de Woolf.

[12]   Berque, *Écoumène*, p. 95.

Il faut remarquer en effet que sauf Geraldine de *La Mémoire trouble*, d'autres femmes citées affrontent une réalité qu'elles trouvent contraignante et peu encline à s'adapter à leurs besoins, ou bien une réalité dont elles veulent faire elles-mêmes la conquête, selon ses propres règles, aspirations et imaginations. Michelle Perrot, dans son *Histoire des chambres*, inventorie tout un ensemble de sens que peut revêtir une chambre. 'Structure narrative romanesque et poétique', 'métaphore de l'intériorité, du cerveau, de la mémoire',[13] 'une des formes du droit au secret',[14] ou enfin 'gage de la liberté',[15] la chambre, dans certains cas, l'appartement ou la maison, devient chez Harpman le lieu de libération nécessaire. On remarquera que du moins certains personnages harpmaniens qui se mettent à la recherche de leur authenticité appartiennent souvent à ce que Claude Dubar appelle la 'génération-pivot'.[16] Clotilde, Catherine ou Émilienne ont à peu près vingt ans aux alentours des années soixante, le cadre temporel des *Bons sauvages*, de *L'Apparition des esprits*, du *Véritable amour* et de *La Plage d'Ostende*, et la période où retentissent les slogans libérateurs des mouvements féministes. L'action d'*Orlanda* qui est aussi un récit de libération de soi ne se situe plus dans les années 60, bien plus tard, mais il constitue certainement une voix importante dans le débat toujours actuel qui conjugue l'identité sexuelle et l'identité sociale.

La Plage d'Ostende et l'histoire d'Émilienne semblent le mieux illustrer l'importance du lieu dans le processus de l'autonomisation du personnage.[17] Élevée à l'ombre de sa mère ravissante, celle-ci 'grand bateau aux voiles déployées' et elle 'chaloupe attachée' (PO 11), la jeune fille, amoureuse et consciente autant de son imperfection que de la différence qui l'habite, décide de cesser d'être un 'des accessoires qui prolongeaient [sa] mère' (PO 20). La découverte de la maison suse au bord du lac de Genval s'avère décisive: 'Quelque chose se passait entre cette maison et moi, je sentis que j'y marchais comme si elle m'appartenait et qu'elle m'accueillait affectueusement' (PO 26). La protagoniste se trouve d'emblée pénétrée de

---

[13] Michelle Perrot, *Histoire des chambres* (Paris: Seuil, 2009), p. 10.
[14] Ibid., p. 89.
[15] Ibid., p. 90.
[16] Dubar, *La Crise des identités*, p. 63.
[17] On notera par ailleurs que *La Plage d'Ostende* est le roman le plus 'toponymisé' de tous les textes romanesques d'Harpman. Le nom d'un lieu se retrouve dans presque la moitié d'intitulés des chapitres, sans parler de lieux nommés dans le corps du roman.

l'atmosphère du lieu qui quoique complètement inconnu lui communique un esprit familier. L'espace dont elle feint volontiers de faire la conquête se présente nettement en opposition à celui dans lequel elle était formée jusqu'ici: 'Maman avait tendance à meubler ses maisons comme elle s'habillait: accessoires, franges, breloques. Je demandai que les grandes pièces claires restassent dénudées, avec des planchers nus bien cirés, des rideaux de voile blanc et des tables de bois sombre' (PO 36).

Émilienne n'est pas seule parmi les héroïnes harpmaniennes à agir de la sorte. La conception d'un espace aéré, clair et vide apparaît aussi dans *Les Bons sauvages*, *La Mémoire trouble*, *Orlanda* et *Le Véritable amour*. Ayant quitté le Saucerre 'bibeloté' et encombrant, Clotilde aménage 'un-deux-pièces-cuisine' qu'elle partage avec Guillaume en commençant par une démolition presque complète du décor:

> Le style des chambres garnies n'avait troublé Clotilde: mais le contre-plaqué, les armoires cintrées de 1930, le faux chêne, le faux ancien et le faux moderne l'assaillirent brusquement et réveillèrent vingt générations de Santivas nées, grandies et mortes dans le bois et la pierre. Elle commença par jeter un bouquet de roses artificielles et son vase en faux Bruxelles. Puis la vaisselle en faux 1925. […] De destruction en destruction, Guillaume étonné se trouva à la tête de deux pièces à peu près vides, où l'on pouvait encore dormir mais à peine s'asseoir […]. (BS 190)

Clotilde réaménage cet espace selon ses propres goûts, même si, pour se procurer les ameublements, elle puise largement dans le grenier riche en 'un siècle et demi' de modes et styles. Elle organise son espace en commençant par une pièce vide, mais qu'elle remplit en fait des bribes de la mémoire familiale.

Le geste de Géraldine qui après la mort de ses parents et de son frère retourne dans la maison natale est en tout pareil à celui de Clotilde. Geste de démolition de l'ordre ancien, geste de rupture, geste de libération:

> Géraldine retourna dans la grande maison désormais pourvue d'ascenseur. Elle en fit le tour avec un antiquaire et un brocanteur, vendit le faux Louis XVI, le faux Empire et le faux Napoléon III […]. Elle garda ce qui était beau, fit enlever les tapis gênants pour ses roues et les guéridons qui barraient le passage. Elle fit aussi remplacer par de la peinture blanche le faux cuir de Cordoue qui ornait les murs. Quand tout fut en ordre, assise au milieu du grand salon, elle regarda autour d'elle: des murs nets, un sol de bos sombre bien ciré, quelques beaux tableaux, peu de meubles […]. (MT 61)

La joie d'Aline Berger du roman *Orlanda*, de retrouver un espace 'vide et lumineux' qui lui assure 'le sentiment qu'elle pourrait de nouveau respirer à pleins poumons' (O 55) est malheureusement fort brève. Sa mère lui arrange vite 'ce désert' invivable, conformément à l'image qu'elle a d'un appartement de jeune femme. Le futur mari d'Aline achèvera bientôt le projet de Maman. Rien d'étonnant que l''excédent' de la personnalité d'Aline, bâillonné par la mère, se trouvera un logement aussi surprenant.

Émilienne a plus de chance qu'Aline et largue avec succès les amarres qui l'attachaient à sa mère:

> Avec Genval, j'avais réussi une maison: je m'attaquai à moi-même. Mes parents avaient loué un appartement près du parc et Maman me demanda si je voulais une pelle et des seaux: je lui demandai un grand miroir pour ma chambre. J'y passai de longs moments à me regarder. J'avais à m'inventer, cela exige réflexion. (PO 38)

Assise devant son miroir, loin de ses parents, loin des modèles qu'a conçus pour elle Anita, elle s'étudie, se façonne telle un sculpteur qui travaille l'argile afin de lui donner la forme désirée. Sensible aux lieux dont elle s'empare et dont elle fait sa demeure, Émilienne les construit et les organise comme elle le fait pour sa vie: suivant un plan prémédité et ayant au bout un objectif précis. Elle entretient avec ses lieux une relation de complicité. Ils la protègent et la complètent, elle les comprend et leur communique une énergie vivifiante, ils l'accompagnent dans son épanouissement, elle les garde dans sa mémoire reconnaissante. Après la maison de Genval qui meuble son adolescence, c'est l'hôtel Hannon qui structure en quelque sorte son âge adulte. La même fascination de la lumière et de l'espace vide, le même désir impérieux de le remplir d'un contenu unique, animent Émilienne dans son œuvre d'aménagement:

> Nous entrâmes dans un vestibule sombre, resserré, sur lequel donnaient plusieurs portes hautes et étroites, nous montâmes quelques marches et ce fut un déferlement de lumière, à la fois grise et éblouissante. Il n'y avait presque pas de murs mais des vitres enchâssées dans de gracieuses arabesques 1900 en bois mouluré. Sous la poussière, on devinait des parquets de marqueterie et les pas avaient la même forte résonance qu'à Genval. Je sus tout de suite ce que cette maison exigeait. […] La maison de Genval et moi nous étions reconnues sœurs et égales: ici, je me sentais provoquée. (PO 228)

Émilienne dialogue avec le lieu qu'elle choisit pour sa demeure, elle aime à se 'laisser porter par un lieu, l'écouter, traduire ce qu'[elle] enten[d]' (PO 233). Sa propension aux espaces vides et plans[18] se manifeste aussi dans le type de paysage que l'on découvre dans *La Plage d'Ostende*, à commencer par l'éponyme plage. Même si Émilienne la découvre pleine de monde comme en été, elle en garde un souvenir tout de couleur grise, uniforme, délavée que lui communique la mer gelée ce jour-là, 'arrêtée, suspendue, immobile, fauve' (PO 72). L'impression d'immobilité, de vide que produit la vue d'une surface plate et monotone se répète dans d'autres paysages ou lieux que privilégie Émilienne: le lac de Genval dont la couleur grise 'absolument pur[e], sans nuance' était 'la couleur même de [sa] vie' (PO 41); les 'déserts de neige et du silence' qui entourent l'hôtel à Reykjavik dans lequel Émilienne et Léopold passent quelques journées ensemble (PO 157);[19] 'les landes grises entrcoupées de dunes oubliées par la mer' en Campine (PO 243); les plages et la mer grise en Hollande, à Groede ou à Veere (PO 254); et enfin les plaines de Laponie (PO 269). Le roman, en nous promenant à travers ces lieux spacieux et pales, traduit on ne peut mieux la concordance parfaite (et nécessaire) entre le personnage et le lieu qu'il s'apprivoise. Émilienne s'invente, comme elle le dit, en effet, à l'instar des lieux qu'elle aime (et qu'aime Léopold, sa moitié retrouvée):

> Je savais que mes yeux étaient du même gris argent que l'eau gelée, que j'avais un teint de sable au soleil. Il [Léopold] s'immobilisa, comme à Ostende, comme il ne le faisait qu'à l'extrême de l'émotion. Je fis mon entrée en lui par effraction, je fus, au-dehors, dans ce que son regard captait, la réplique exacte d'une image qu'il portait en lui sans l'avoir jamais vue. C'est ainsi que depuis quatre ans je m'étais construite […].
> (PO 72)

Pour se construire, et se re-construire constamment, elle a besoin de Genval, du lac, de la plaine, de la mer, elle a besoin aussi de Léopold qui est pour elle une espèce de lieu vital et nourricier, faute de quoi elle se sent 'déshabitée' (PO 119).

---

[18]   Celle aussi de Charlotte et Géraldine (*La Mémoire trouble*) ou d'Aline (*Orlanda*).

[19]   Même si les amants ne quittent pas la chambre d'hôtel, toute en 'faux Louis XVI', 'faux bois' et 'fausse fourrure' (un véritable leitmotiv de décors harpmaniens), c'est le souvenir des plaines blanches d'Islande qu'elle garde dans sa mémoire.

L'idée de la maison-coquille qui ouvre cette analyse revient dans l'image de la maison-âme ou maison-mémoire, et ceci par le biais de l'aspect identitaire. Si dans le premier cas nous avons insisté sur le climat 'communautaire' qui est à la base de la construction d'une identité première, originelle et commune, ici nous essayerons de relever le caractère stratifié de la maison harpmanienne, les strates métaphorisant entre autres les identités particulières des habitants.

Le lieu, comme le définit Marc Augé dans *Pour une anthropologie des mondes modernes*, a une triple nature: il est identitaire, relationnel et symbolique:

> [...] identitaire (en ce sens qu'un certain nombre d'individus peuvent s'y reconnaître et se définir à travers lui), relationnel (en ce sens qu'un certain nombre d'individus, les mêmes, peuvent y lire la relation qui les unit les uns aux autres) et historique (en ce sens que les occupants du lieu peuvent y retrouver les traces diverses d'une implantation ancienne, le signe d'une filiation).[20]

Cette caractéristique définit autant l'espace public que l'espace privé, domestique. La maison, et tout particulièrement la maison située avenue Franklin Roosevelt, 'à demi cachée par des arbres et quelques buissons au feuillage persistant' (BC 13), par sa structure complexe et compliquée réalise parfaitement la définition proposée par Augé. La demeure des Dutilleul, conçue, comme on le suggère, à l'image de son premier propriétaire, constitue en effet un palimpseste difficile à démêler où se superposent les destinées, elles-mêmes stratifiées, de trois générations des habitants. La maison, presque château enchanté, porte l'empreinte du suicide du premier locataire. Le drame initial marque cette demeure d'un sceau d'étrangeté qui se perpétuera ensuite dans la vie de ses habitants. Sous ce rapport, la maison avenue Franklin Roosevelt est porteuse de la mémoire familiale, 'mémoire archéologique' ou 'mémoire-repère'[21] qui oriente les destinées et leur confère une couleur rare. Selon Anne Muxel, la mémoire familiale est le fruit d''une négociation mystérieuse avec soi-même pour se réapproprier les bribes du passé et faire en sorte que ce dernier vienne s'inscrire à nouveau dans le

---

[20] Marc Augé, *Pour une anthropologie des mondes modernes* (Paris: Flammarion, 1994), p. 156.

[21] Muxel, *Individu et memoire familiale*, pp. 15 et 17.

présent […].'[22] L'émerveillement d'Emma et de Clément qui découvrent les passages dérobés est de cette négociation le moment initial. Ayant retrouvé les pièces vidées d'ameublements (image récurrente chez Harpman), ils se croient en possession d'une 'caverne d'Ali Baba': 'c'était comme si les lieux leur étaient livrés à mesure que les meubles les quittaient' (BC 46). Les lieux se livrent en effet, s'offrent à ces deux égarés avec leur passé secret (la chambre aux Juifs) qu'il faudrait peut-être pénétrer mais qu'ils se contentent de meubler avec leurs propres secrets. L'image de ce couple d'adolescents qui, entre les murs, longent le salon et surprennent les bribes de conversations d'adultes qui s'y trouvent, fait penser, effectivement, à la maison comme à une structure multiple, palimpsestique où coexistent simultanément les éclats de vie passée entremêlés avec les vies qui s'y déroulent au présent.

Mais la mémoire familiale n'est pas uniquement le résultat d'une négociation avec soi-même, c'est aussi la négociation avec l'autre. La maison, lieu de sédimentation de la mémoire familiale, n'est pas nécessairement un lieu d'une négociation harmonieuse. Elle permet, comme on l'a vu dans *En toute impunité*, la reconnaissance initiale et collabore à développer le sentiment d'appartenance, si utile dans la formation d'une identité. Elle peut cependant être aussi lieu de rupture et de conflit:

> Utilisés comme des points d'ancrage, ils disent des manières d'affiliation. […] Les lieux rassemblent. Ils peuvent devenir emblématiques d'une reconnaissance collective, à l'échelle de la famille toute entière. Mais les lieux divisent aussi. Ils recèlent depuis le début dans leurs murs les arbitrages difficiles, et quelquefois les conflits irrémédiables […] Les lieux déchirent, les lieux tranchent dans le vif de la mémoire.[23]

L'identité, on le sait bien, se construit aussi à coups de ruptures, de choix opposés aux choix des autres, d'itinéraires biaisés qui ne suivent pas les chemins tracés par la famille. Les destinées d'Emma, Clément et Delphine s'organisent en itinéraires qui sillonnent l'épiderme de la maison. L'itinéraire (ou la ligne), l'une des trois formes de l'espace (à côté de l'intersection et du point d'intersection) suppose un déplacement d'un lieu à l'autre et rend possible la rencontre, l'expérience collective, fût-elle éphémère. Mais il

---

[22] Ibid., p. 7.
[23] Ibid., p. 45.

implique aussi la transgression (donc rupture) d'une frontière.[24] Les itinéraires des héros du *Bonheur dans le crime* sortent des murs, dépassent les limites entre les pieces, franchissent les seuils en s'engageant souvent dans un chemin sans retour. L'itinéraire est ici la quête d'un lieu où loger le secret, une partie de soi que l'on voudrait dissimuler, que l'on craint de dévoiler ou qui demande à mûrir en silence, à l'écart.

L'individu en crise, l'individu qui se cherche,[25] suit souvent un chemin labyrinthique, dont il ne devine pas parfois ni la longueur ni la forme exactes, un chemin inconscient, inavoué, tracé par l'intuition et dont il ne conçoit pas précisément le point d'arrivée. Tels sont les trajets de Clément, Emma et Delphine qui s'aventurent dans le dédale de couloirs secrets sans savoir, au début, où les mèneront-ils: 'Ce fut la découverte de l'Amérique, le passage du Nord qui s'ouvre devant les navigateurs éblouis [...]' (BC 46).

Tel est aussi, dans un autre roman, le parcours d'Orlanda qui, une fois dans la rue, se retrouve d'un coup obligé de marcher:

> Orlanda pensait aller lire rue Malibran, mais sitôt dehors l'idée de s'enfermer dans ces quatre murs peu attrayants lui déplut. Le temps était toujours aussi beau, ce qui est rare à Bruxelles, surtout au mois d'avril, il avait envie d'en jouir et décida de se promener au hasard de l'inspiration. Il remonta l'avenue Louis Lepoutre, traversa la place, atteignit bientôt l'avenue Brugmann et tourna dans la rue Berkendael, après quoi il parcourut la rue Rodenbach d'un pas vif. Il se prétendit fort surpris quand il vit qu'il était arrive à la place Constantin Meunier. (O 126)

Il arrive à son insu à l'adresse où habite Aline Berger, sa deuxième moitié qu'il retrouve ainsi inconsciemment. 'Marcher, c'est manquer de lieu'

---

24   Marc Augé, *Non-lieux: Introduction à une anthropologie de la surmodernnité* (Paris: Seuil, 1992), p. 74. Augé affirme en effet que les 'itinéraires, carrefours et centres ne sont pas pour autant des notions absolument indépendantes. Elles se recouvrent partiellement. Un itinéraire peut passer par différents points remarquables qui constituent autant de lieux de rassemblement [...]' (ibid.). La maison harpmaniennne, pareille à l'espace défini par Augé, se compose de centres et carrefours (salon, salle à manger, cuisine, hall) qui rassemblent ou sont censés rassembler les membres de la famille, ainsi que d'itinéraires qui les traversent.

25   Les déplacements, rares chez Harpman, sont le plus souvent liés à la recherche d'un espace à soi. Dans *La Plage d'Ostende*, le plus 'sédentaire' et en même temps le plus 'voyageur' de romans harpmaniens, Émilienne quand elle part en voyage c'est presque toujours pour aboutir à un lieu qui sera en accord avec 'la couleur' de son âme.

affirme Michel de Certeau.[26] Les cheminements de certains héros harpmaniens, qu'ils se réalisent entre les murs d'une maison ou dans le labyrinthe des rues, sont de ce lieu rêvé une recherche obstinée.

L'individu incertain est la figure préférée de Jacqueline Harpman. Elle l'examine toujours en relation avec l'autre, mais aussi, souvent, en relation avec un lieu, lui-même riche en dépendances et interactions. La géographie harpmanienne est essentiellement une géographie intérieure où les lieux figurent les émotions et les espaces traduisent les métamorphoses. La maison familiale, domaine où se forge l'identité primitive, creuset de relations multiples qui complexifient le chemin vers soi-même, incite l'individu à l'interrogation et à la recherche d'une physionomie pour soi, complète et unique. Le travail de réappropriation de soi demande un logement approprié 'qui permette de gérer la transition entre les anciennes et les nouvelles croyances, les anciens et les nouveaux savoirs, les identifications passées et présentes.'[27] Les chrysalides de Jacqueline Harpman se métamorphosent en secret.

---

[26]   Michel de Certeau, *L'Invention du quotidien, 1: Arts de faire* (Paris: Gallimard, 1990), p. 155.

[27]   Dubar, *La Crise des identités*, p. 172. Dubar se réfère ici aux travaux de Peter Berger et Thomas Luckmann qui définissent le phénomène d''alternation', c.à.d. le changement d'identité, et ses conditions. L'alternation demanderait ainsi entre autres une 'structure de plausibilité', autrement 'un laboratoire de transformation' (ibid.), un lieu donc nécessaire à l'accomplissement de la transformation.

Francisca Romeral Rosel

La démythification ou la dimensión humaine du mythe dans *Mes Œdipe* de Jacqueline Harpman

S'il n'est pas d'œuvre littéraire qui ne soit soutenue, selon Jung, par la motivation inconsciente de quelque grande représentation mythique, il est évident que la tragédie *Mes Œdipe*, l'une des dernières publications de Jacqueline Harpman, échappe tout à fait à cette règle.[1] Le titre, tout d'abord, considéré sous son aspect rhétorique, en dit long sur l'intention de l'écrivaine et psychanalyste belge puisque c'est consciemment et sans détours qu'elle questionne l'une des sources les plus insaisissables qu'il soit du point de vue historique, le mythe d'Œdipe, 'fils de Laïos, Prince de Corinthe, roi de Thèbes, époux de Jocaste, et [qui a] maudit les dieux' (MO 197). Ajoutons à cela l'aspect grammatical du titre qui va avoir une importance majeure dans l'appréhension du texte et qui, présentant la dichotomie adjectif-possessif-pluriel/objet-possédé-singulier, semble une gageure; la présence de cet adjectif possessif pluriel correspondant à la première personne du singulier, souligne d'emblée l'appropriation de la part de l'auteure d'un nom propre qui, par métonymie, renvoie au grand mythème d'Œdipe. Ce *mes*, empreint de la valeur affective que renferme tout possessif, ne fait qu'anticiper l'attachement, le soutien et même la compassion, que Jacqueline Harpman manifestera tout au long de l'œuvre envers son personnage, le malheureux héros boiteux du mythe le plus répandu de l'histoire de la littérature, partageant avec lui les difficultés à vivre et sa rébellion contre le destin, cette 'machine qui tourne toujours' (MO 238) tout comme dans *La machine infernale* (1932), l'œuvre théâtrale de Jean Cocteau qui reprend, par ailleurs, le même mythe. À travers cette prise en charge d'Œdipe, affichée dès la première de couverture, Jacqueline Harpman précise déjà quelle va être sa

---

[1] Jacqueline Harpman, *Mes Œdipe* (Bruxelles: Le Grand Miroir, 2006). Les citations extraites de ce texte seront suivies de l'abréviation MO et du numéro de page.

véritable mission: offrir une variation personnelle du mythe dans laquelle – nous allons le voir un peu plus loin – il s'agira avant tout de rendre justice à Œdipe, de l'innocenter et, encore davantage, de lui restituer sa véritable identité et ses véritables rôles, et ceci dans toutes les étapes de sa vie: enfant, adolescent, mari, père de famille et vieillard.

Du point de vue littéraire, et ce depuis ses premières occurrences chez Homère,[2] le mythe d'Œdipe n'a cessé d'être l'un des sujets les plus revisités à partir des tragédies de Sophocle et tout particulièrement durant le XXe siècle.[3] Quand, en 1895, Sigmund Freud – qui fut le premier à se servir du mythe hors du champ littéraire, et, en particulier du mythe d'Œdipe – réussit à identifier l'ensemble des pulsions infantiles étudiées chez ses patients et à lui donner le nom de 'complexe d'Œdipe', l'intérêt pour le mythe du héros grec incestueux se renouvelle, mais ne sauvegardant malheureusement de celui-ci que ce qu'il a de plus troublant, l'inceste. Selon Freud, le personnage d'Œdipe dans *Œdipe Roi* de Sophocle, illustre de manière paradigmatique ce complexe particulier dans lequel la sexualité et le fantasme de l'inceste se découvrent comme étant les principales forces qui régissent la psychologie humaine. Et, liés au complexe d'Œdipe, se trouveraient l'instinct de mort, la pulsion de plaisir et le besoin d'autodestruction.

---

[2] Les premières allusions littéraires au personnage d'Œdipe se trouvent chez Homère dans *L'Iliade* et *L'Odyssée*. Nous n'en citerons que quelques-unes. Au Chant IV de *L'Iliade* (v. 378 sq), est relatée la guerre qui oppose les fils d'Œdipe, Étéocle et Polynice ; au Chant XXIII (v. 679 sq), il est question des funérailles d'Œdipe: 'Jadis Mécistée se rendit à Thèbes pour assister aux jeux qui célébraient les funérailles d'Œdipe, et il y vainquit', *L'Iliade*, Tome III (Paris: Le Normant, 1804, trad. fr.), p. 302. Voir http://books.google.es/books?id=1SUMmNzpsAgC&pg=PA269&dq=iliade+hom%C3%A8re+chant+XXIII&hl=fr&ei=ps_oTJzgLoaD4QafvuH4Ag&sa=X&oi=book_result&ct=result&resnum=3&ved=0CC0Q6AEwAg#v=onepage&q&f=false (visité le 2 novembre 2010).

[3] L'analyse de Mireille Brémond qui porte sur les ouvrages contemporains ayant pour thème les mythes grecs, s'avère concluante et nous permet en même temps d'encadrer le livre de Harpman, *Mes Œdipe*: 'Une tendance importante à [notre] époque est celle qui consiste à utiliser un mythe en titre, comme trame ou toile de fond d'une situation moderne. Cette tendance qui remonte à la première partie du XXe siècle et dont le titre le plus célèbre reste *Les Gommes* de Robbe-Grillet, est dominante, même si ce n'est pas d'une façon très marquée. Là aussi le talent des auteurs est primordial', dans 'Les Mythes grecs ont-ils encore quelque chose à nous dire?', *Mythe et Modernité*, Actes du Colloque International de Thessalonique 31 octobre – 2 novembre 2002 (Thessalonique: Édition du Laboratoire de Littérature Comparée, 2003), p. 268.

Sous l'apparence d'un défi à la tradition théâtrale et d'un pastiche de la tragédie grecque, *Mes Œdipe* renferme donc un propos précis. Jacqueline Harpman va en quelque sorte s'efforcer de démythifier la figure d'Œdipe, de lui restituer en toute simplicité sa condition humaine. Elle présentera la figure d'un 'homme révolté', et même d'un 'homme absurde' à la manière dont le portraiturait Albert Camus dans le *Mythe de Sisyphe* (1942) et *L'Homme révolté* (1951), révolté contre le non-sens du monde, absurde car incompris du commun des mortels. Jacqueline Harpman semble penser que le mythe et le complexe qui se sont créés et qui circulent toujours autour de la figure d'Œdipe, ont été conçus pour faire outrage à la dignité d'un 'homme de raison […] [au] caractère violent, mais […] toujours capable de [s]e contrôler' (MO 165). Ce sont des tares dont la psychanalyse freudienne l'a affublée et dont il faut la débarrasser; ce sont des dégénérescences blessantes pour l'homme.

Jacqueline Harpman replace Œdipe à Thèbes, dans un contexte habituel et hostile et dans une époque indéterminée où se mêlent des références à l'antiquité grecque et à l'époque moderne. Je n'en donnerai qu'un exemple: Œdipe, fatigué de la méchanceté de Tirésias et voulant l'éloigner de Thèbes, lui suggère d'aller 'faire un peu de tourisme [à Athènes]' (MO 306). Œdipe est montré sous le jour d'un homme aux prises avec le destin et dans le triple rapport à son pouvoir, à sa famille et aux dieux de l'Olympe. En tant que roi, c'est un homme juste qui se soucie du bien-être de son peuple (Acte unique, Scènes I et II). La peste s'étant abattue sur Thèbes, Œdipe est le premier à partir secourir les victimes et à tranquilliser les gens du peuple qui ont peur car 'les naissances monstrueuses sont de mauvais présages' (MO 131). Mais il est le premier aussi à ne pas perdre l'espoir: 'L'homme est un animal vigoureux qui a survécu à tout depuis l'origine des temps' (MO 156). Dans l'intimité, Œdipe est 'tendre et amical' (MO 146). Il adore son épouse Jocaste. En tant que père, c'est un homme affectueux mais qui n'hésite pas à réprimander ses enfants quand il le faut. Au cours d'une scène familiale qui se veut d'une authenticité parfaite (Deuxième partie, 'Œdipe illuminé', Acte Unique, Scène I), Œdipe écoute patiemment son fils Étéocle réciter le verbe *to be* et lui poser la devinette du monstre qu'il a apprise à l'école. À un autre moment (Deuxième partie, 'Œdipe illuminé', Acte Unique, Scène III), il ne manque pas de lui faire la leçon en lui montrant l'attitude qu'il doit adopter envers les femmes: 'Comptes-tu les traiter comme des incapables et en être respecté?' (MO 157). Dans son rapport avec la divinité, Œdipe ne croit pas que les dieux puissent organiser son destin: le destin n'est pas inéluctable. Le jeune Œdipe qui vient juste d'arriver à Thèbes, dédaigne chez le devin Tirésias sa soumission à la volonté des dieux quand celui-ci déclare: 'Nous regardons notre histoire et nous voyons que nous n'avons jamais fait que ce qui nous était dicté' (MO 72). Et quand Tirésias, soupçonnant Œdipe de vouloir aller tuer le monstre, se demande à haute voix dans quel but le destin a envoyé Œdipe à Thèbes, le jeune homme déclare insolemment au devin: 'Le destin, ne m'a envoyé nulle part. C'est moi qui ai décidé de ma route' (MO 72). Plus tard, l'Œdipe vieillissant et regrettant Jocaste, accusera orgueilleusement les dieux de son malheur: 'Les dieux aiment la merde et je les ai déçus' (MO 198); 'Je ne suis pas soumis, je leur crache à la face et j'attends d'en mourir' (MO 256).

Le Mythe

Rappelons à grands traits la chaîne événementielle de la vie d'Œdipe et les grands noyaux mythémiques à partir de la variation du mythe que nous a léguée Sophocle avec ses deux tragédies, *Œdipe roi* et *Œdipe à Colone*.[4] Selon le poète grec,[5] l'histoire d'Œdipe s'initie avec la menace de l'oracle de Delphes, annonçant la mort du roi Laïos aux mains de son propre fils.[6] À la

---

[4]   On peut, comme le suggère Colette Astier dans son ouvrage *Le mythe d'Œdipe* (Paris: Armand Colin, 1974), dire que le mythe, tel qu'il s'est perpétué à travers le temps, 'couvre l'histoire entière de la famille des Labdacides qui, de Laïos aux enfants d'Œdipe, doit périr toute entière des conséquences de la faute initiale, ou considérer qu'il se limite aux quelques grands épisodes qui ont marqué la destinée d'Œdipe' (p. 19).

[5]   Sophocle, *Œdipe à Colone* (Paris: Lefèvre, Éditeur, 1842), v. 969-73. Voir http://books.google.es/books?id=5IFbAAAAQAAJ&pg=PA343&dq=sophocle+oedipe+%C3%A0+colone&hl=es&ei=xsoPTZDuFYj-4Aa9yLWGAg&sa=X&oi=book_result&ct=bookthumbnail&resnum=6&ved=0CDsQ6wEwBQ#v=onepage&q=sophocle%20oedipe%20%C3%A0%20colone&f=false (visité le 6 octobre 2010).

[6]   Chez Sophocle, la cruelle destinée d'Œdipe n'est pas expliquée par une faute originelle quelconque, au contraire de ce qui se passe dans *Les Phéniciennes* d'Euripide où Œdipe voit retomber sur lui, et sur sa descendance, la malédiction de Pélops en vengeance du rapt du jeune Chrysippe par Laïos, roi de Thèbes. 'Laïos venant de Thèbes vit en chemin Chrysippe, fils de Pélops, s'éprit de lui et voulut le ramener à Thèbes et, comme le jeune homme s'y refusait, il l'enleva à l'insu de Pélops. Celui-ci souffrit beaucoup de la perte de son fils, et, apprenant plus tard la vérité, il maudit le coupable, le condamnant à n'avoir jamais d'enfants, ou, s'il en avait, à mourir de la main de son fils' (Euripide, *Les*

naissance d'Œdipe, ses parents, Laïos et Jocaste, craignant que l'oracle ne s'accomplisse, expulsent le nouveau-né maléfique de la cité de Thèbes. Lui ayant percé les talons d'une aiguille et enfilé une corde dans les trous, ils le condamnent à mourir exposé aux intempéries, suspendu à la branche d'un arbre sur le mont Cithéron. L'enfant est sauvé par un berger et adopté par les rois de Corinthe, Polybe et Mérope, qui n'avaient pas de descendance. L'autre grand moment du *sermo mythicus* est celui de la rencontre entre Œdipe et son père, Laïos, dans l'étroit défilé menant à Delphes où ils se disputent le passage. Laïos sera tué accidentellement par son propre fils qui ne le reconnaîtra pas. Le fait qu'Œdipe ne reconnaisse pas son père atténue le crime, cependant, cette ignorance de l'identité de l'autre recevra, comme nous le savons, une tout autre interprétation de la part de la psychanalyse. Le troisième noyau mythémique important correspond à la victoire d'Œdipe sur le Sphinx qui est apparu à l'endroit même où Laïos est mort; ayant déchiffré l'énigme du Sphinx et, conséquemment, débarrassé la ville de Thèbes du monstre, Œdipe est couronné roi de Delphes. Mais l'épisode le plus complexe de la destinée d'Œdipe, devenu aujourd'hui le mythème par excellence, est certainement celui de son mariage avec Jocaste dont le point culminant est la mutilation en guise de châtiment qu'Œdipe s'inflige à lui-même quand il découvre qu'il a commis, sans le savoir, l'inceste avec Jocaste. Finalement, dans *Œdipe à Colone*, Œdipe expulsé de Thèbes, mourra à Colone, ville au nord d'Athènes, après avoir incité ses fils, Étéocle et Polynice, qui aspirent tous deux au trône de Thèbes, à s'entretuer. Antigone sera condamnée par Créon à être enterrée vivante dans le tombeau des Labdacides, la famille d'Œdipe, pour avoir bravé l'interdit d'accomplir les rites funéraires en honneur de son frère Polynice. Ismène partagera le sort de sa sœur.

Reprise du mythe et désacralisation dans *Mes Œdipe*

Ces grands moments de l'itinéraire du malheureux héros tragique, entièrement compris entre la famille dont il est issu et celle qu'il fondera et qui s'avèrera être la même, se retrouvent dans *Mes Œdipe*, pièce théâtrale divisée en trois parties dont les deux premières 'Le bandeau sur les yeux' et 'Œdipe illuminé', pourraient correspondre thématiquement à l'*Œdipe roi* de

---

Phéniciennes, cité par Marie Delcourt, *Œdipe ou la légende du conquérant* (Paris: Droz, 1944), p. xvi.

Sophocle, et dont la troisième, 'La dernière génération', répondrait plus ou moins à l'*Œdipe à Colone*.

La première 'Le bandeau sur les yeux', observe à la perfection les règles du théâtre classique puisqu'elle est organisée en actes et respecte les unités de temps, de lieu et d'action: unité de temps car l'action se déroule en deux jours, de lieu, vu que tous les événements ont pour cadre la ville de Thèbes, et d'action étant donné que toutes les scènes sont liées du début jusqu'à la fin. Ici, Œdipe, jeune adolescent, ayant entendu à Corinthe des rumeurs à propos de sa naissance et ne sachant qui questionner, va consulter la Pythie de Delphes. Il lui demande simplement 'Qui suis-je?'. Œdipe, effrayé par ce qu'elle lui augure, s'enfuit de Corinthe. Il fait une halte à Thèbes et, pour s'amuser, va répondre à la devinette du monstre apparu sur le mont Sphingios à l'endroit même où le roi Laïos a été tué. Entretemps, Jocaste, qui a vu Œdipe à l'auberge et s'est entichée du jeune homme, a demandé à Sophronie, chargée depuis longtemps de lui procurer des amants, de le séduire pour elle et de le lui amener dans sa chambre le soir même, les yeux bandés. 'Grâce à toi, je suis une femme insoupçonnable', dira Jocaste à Sophronie. Aussi volage soit-elle, Jocaste inspire une certaine sympathie car 'livrée à un vieux [Laïos] le jour de [ses] quatorze ans' (MO 17), et ensuite livrée par ce dernier à d'autres 'cagneux' (MO 18), elle a développé un certain syndrome de nymphomanie. Créon annonce à Jocaste la décision du Conseil: 'Un seul homme est digne d'épouser la Reine, c'est celui qui débarrassera le royaume du péril qui le menace et qui viendra à bout du monstre' (MO 79). Jocaste n'est pas contente de cette décision car 'le courage d'affronter le monstre ni l'aptitude à le vaincre ne garantissent la qualité de l'amant' (MO 80). Œdipe, à cause de sa victoire sur le monstre, est forcé par la ville de Thèbes à devenir roi. Mécontent de son sort, il se demande: 'Dans quel piège me suis-je fourré?' (MO 98) Tirésias se moque de lui: 'Il est trop tard, c'est fait [...] ton destin est scellé. Il ne fallait pas aller au monstre' (MO 99).

Au cours de la deuxième partie qui a pour titre 'Œdipe illuminé' et dont l'action se déroule quinze ans après le mariage d'Œdipe et de Jocaste, le bonheur au quotidien de la vie familiale d'Œdipe aux côtés de Jocaste et de leurs deux fils, Étéocle, Polynice, et de leurs deux filles, Antigone et Ismène, est décrit comme s'il s'agissait d'une scène à l'époque moderne. Cette harmonie idyllique sera brisée par les instigations de Tirésias qui mettent à découvert l'inceste. Œdipe se révoltera: 'Exclu pour un crime que j'ai fui toute ma vie' (MO 189), dira-t-il. Et, s'en prenant à Tirésias: 'De quoi étais-

je coupable pour que tes dieux [ceux de Tirésias] me concoctent un tel
destin?' (MO 190). Jocaste sera assassinée par les soldats de Créon. Les
dieux, outragés par la non-reconnaissance de la part d'Œdipe de son crime
d'inceste, le rendent aveugle. Dans la dernière partie, 'La dernière
génération', on retrouve Œdipe trois ans après la mort de Jocaste, un bâton à
la main et un bandeau sur les yeux, dans le palais de Thèbes où il ne règne
plus. Créon a répandu l'histoire, destinée à sauver l'honneur de la famille
royale, selon laquelle Œdipe s'est crevé les yeux (MO 202). Œdipe a répudié
ses enfants 'par rancune' (MO 240) car ils n'ont pas été capables de défendre
leur mère, Jocaste, le jour de son assassinat. Antigone vit malheureuse dans
la conviction qu'elle et ses frères sont 'les enfants de la mort' (MO 258).
Sophronie, la servante, est revenue. Œdipe l'appelle 'l'organisatrice de [son]
destin' (MO 241) mais est heureux de la revoir car il peut en sa présence
évoquer le souvenir de Jocaste. On assiste ici à la disparition totale de la race
des Labdacides, c'est-à-dire à l'extinction de quatre destins, ceux des deux
fils d'Œdipe (qui sont aussi ses frères et ses rivaux), Étéocle et Polynice sur
le champ de bataille, de ses deux filles, Antigone et Ismène châtiées à mort
par Créon. Œdipe, quant à lui, récupère la vue pour voir ses filles mourir puis
se poignarde: 'Toi et Tirésias', dit-il à Sophronie, 'vous saurez que je ne me
suis pas crevé les yeux mais le cœur' (MO 293).

La différence fondamentale de la version du mythe que nous offre
Jacqueline Harpman par rapport à la version classique, est la nature du regard
porté sur les agissements de l'être humain et sur la participation des dieux et
du destin dans le mythème principal de l'inceste, que l'Œdipe de Harpman
appellera 'crime éblouissant' (MO 183). Chez Harpman, la variation du
mythe d'Œdipe est, à mon avis, une 'dérivation éthique', selon les mots
utilisés par Gilbert Durand, c'est-à-dire une version qui présente un
changement de sens du mythe pour le faire entrer dans une nouvelle
conception du monde, l'adapter aux courants culturels du moment ou aux
propres convictions de l'auteur, comme c'est ici le cas.[7] Dans la version
classique, Œdipe et Jocaste, découvrent avec horreur quinze ans après leur
mariage, qu'ils sont mère et fils. Jocaste, apprenant que son époux et le père
de ses quatre enfants est en réalité son propre fils, se pend. Quant à Œdipe, il

---

[7]   Gilbert Durand, 'Permanence du mythe et changements de l'histoire', *Le mythe et le*
      mythique, Antoine Faivre et Frédérick Tristan (dir.) (Paris: Albin Michel, coll. 'Cahiers de
      l'Hermétisme', 1987), p. 24.

se crève les yeux avec sa broche. Chez Harpman, à l'encontre de ce que les versions antérieures du mythe trouvaient épouvantable, le moment où se dévoilent les relations incestueuses involontaires, décrit dans la scène III de l'acte unique de la deuxième partie, 'Œdipe illuminé', est, paradoxalement, un passage plein de tendresse et d'euphorie: Jocaste est heureuse de savoir son fils vivant, tandis qu'Œdipe, heureux de savoir qui est sa véritable mère, ayant toujours soupçonné Mérope de ne pas l'être, exprime son bonheur en ces termes: 'Bien aimée. Source de ma vie, mère de mes enfants, femme doublement chérie' (MO 169). Chez Harpman, ni Jocaste ni Œdipe se déclarent coupables, ils ne voient aucune raison de se repentir: '[Du crime d'inceste]', déclarera Œdipe à Jocaste, 'nous n'en sommes responsables ni l'un ni l'autre. Nous avons été mêmement pris au piège' (MO 170). Jocaste ne se pend pas, comme chez Sophocle. C'est Créon, encouragé par le devin Tirésias, qui ordonne à ses soldats de l'étouffer et de la pendre ensuite avec ses foulards de soie. Œdipe, fou de rage et de douleur, injure les dieux pour l'avoir puni injustement en lui infligeant une telle perte. Il s'exclame: 'Moi, jamais je ne consentirai à me sentir coupable. Je suis l'innocence, je suis l'emblème de ceux qu'on persécute, aujourd'hui et pour l'éternité' (MO 190-191). Alors, Apollon, furieux, tend vers Œdipe l'index et le médium et l'aveugle en le faisant saigner des yeux. La seconde partie se clôt sur les injures d'Œdipe aux dieux: 'Soyez maudits. Vous crèverez lentement au-dessus de vos autels désertés. [...] On se souviendra de moi, le jouet impuissant de votre caprice' (MO 193). Harpman soutiendra sans relâche son personnage dans son acharnement à proclamer son innocence en lui attribuant des déclarations passionnées dont l'une des plus remarquables est la réponse d'Œdipe vieillissant à Tirésias quand ce dernier lui demande s'il ne reconnaîtra jamais son crime: 'Jamais! Je mourrai debout, furieux et innocent' (MO 255).

Comme nous venons de voir, dans sa reprise du mythe, il y a deux objectifs qui tiennent particulièrement à cœur à Jacqueline Harpman: d'une part, la contestation de la validité du portrait horrifiant et accablant que d'Œdipe a répandu la psychanalyse. Car, a l'air de se demander Harpman, pour quelle raison attribuer au malchanceux Œdipe un crime déterminé? Pourquoi doit-on souffrir éternellement une honte irréparable du fait d'avoir aimé quelqu'un dans des circonstances semblables à celles d'Œdipe, 'un bandeau sur les yeux' (Première partie, Acte I, scène III). Le second propos de Jacqueline Harpman, dans lequel elle s'obstine tout particulièrement, consiste à bafouer les dieux, ces 'sinistres faiseurs d'oracle' (MO 241), sujet qui, nous le savons, tient une place importante dans son œuvre. '[Les dieux] s'embêtent', explique Tirésias, le devin immortel à la servante Sophronie, 'leur immortalité les rase. [...] Nous sommes les personnages de leur divertissement' (MO 86-87).

Les Œdipe de Jacqueline Harpman

Ce qui est primordial pour Jacqueline Harpman, c'est la démonstration de l'innocence d'Œdipe et, dans ce but, elle va reprendre dans la pièce l'itinéraire de la vie de son héros depuis sa naissance jusqu'à sa mort pour dévoiler qu'il est 'entré dans la légende' par hasard, bien à son insu, à cause de sa victoire sur le monstre: 'Il apparaît un monstre à nous faire entrer dans la légende' (MO 53), annonce Tirésias, le 'petit *deus ex machina*' de la déesse Héra (MO 226).

Obéissant à la loi du mythe qui est, selon Lévi-Strauss, celle d'une 'progression en spirale',[8] la progression du récit de *Mes Œdipe* s'articule à partir de reprises du déjà dit ou du déjà su, et ces reprises, à la fois, provoquent d'autres avancées, l'entrée dans l'action d'autres événements. Tout ce qui entoure la naissance d'Œdipe, la séparation du sein de sa mère, les talons percés, sont des attributs œdipiens, parmi d'autres, qui seront rappelés constamment, durant la pièce, avant et après le dévoilement de la véritable identité d'Œdipe. Les circonstances funestes de la naissance traumatique d'Œdipe et la cruauté de son père, Laïos, sont présentées dès le début de la pièce, par Sophronie à Œdipe (Acte I, scènes I et II), dans l'auberge où celui-ci vient d'arriver. Ce dernier est loin de se douter que Sophronie lui raconte l'histoire de sa propre naissance. Laïos vient de mourir ce jour même sans laisser de descendance, mais Sophronie raconte à Œdipe qu'elle a entendu dire qu'il avait eu un enfant 'qui était né garçon, mais il n'aurait pas vécu' (MO 12) et que Laïos, craignant les prédictions de la Pythie, avait arraché le nouveau-né à sa mère, Jocaste, 'lui a[vait] percé les talons et enfilé une corde' (MO 19) pour l'exposer sur le mont Cithéron. Dans une scène pleine d'humour, Œdipe, les yeux bandés, raconte naïvement son enfance et son éducation à Sophronie, qui a repris la place de Jocaste dans le lit, sans cependant dire qu'il est prince de Corinthe: ses parents sont tout simplement 'des gens riches aux idées étroites' (MO 50). Sophronie

---

[8]   Claude Lévi-Strauss, *Anthropologie structurale* (Paris: Plon, 1958), p. 254.

remarque les talons percés d'Œdipe; celui-ci, gêné, les cache sous les draps (MO 52).

'[Laïos] n'a jamais été tranquille après l'enfant qu'il a fait tuer au sortir de mon ventre' (MO 61-62), dit Jocaste à Tirésias. La première partie s'achève sur un monologue de la servante Sophronie, rempli de mystères encore non résolus. Sophronie se demande ce que la reine pensera quand elle verra les talons d'Œdipe. Elle croit savoir que c'est lui qui a tué Laïos. Selon elle, la Pythie de Delphes est 'une belle salope' (MO 103).

Dans la seconde partie, 'Œdipe illuminé' la tension dramatique va *in crescendo.* Andraïos, frère de lait d'Œdipe (Acte unique, scène I, p. 111) vient annoncer à celui-ci que Polybe est mort et que Mérope, sa mère, lui demande de prendre le trône de Corinthe. Les deux hommes ne s'étaient pas revus depuis la fuite d'Œdipe de Corinthe. Œdipe, soulagé, s'écrie: 'C'est le fardeau de toute une vie qui s'est envolé' (MO 113). Il raconte alors à Jocaste, 'l'histoire de sa vie morale' (MO 114). Mérope avait dit à Œdipe que le défaut de ses talons se devait à 'un accident de naissance' (MO 115). Jocaste se voit alors obligée par Tirésias de raconter l'histoire de l'enfant qu'elle ne connut jamais: 'Prenons les choses au début', demande Tirésias à Jocaste, 'et dis-nous le sort de ton premier enfant' (MO 160). Œdipe est surpris d'apprendre de Jocaste qu'elle a eu un fils. Celle-ci lui révèle son horrible accouchement, l'aiguille au bout de la ficelle qui a traversé les talons du nouveau-né, comment Laïos, qui 'était légitimé de tuer son fils nouveau-né' (MO 286), l'emporta tout juste sorti de son ventre. Et, dans la troisième partie, lors de ses retrouvailles avec Sophronie, Œdipe rappelle à celle-ci sa marque identitaire, son grand défaut physique: 'Regarde-moi qui ai couru la Grèce à pied – et les dieux savent que j'ai les pieds fragiles – pour échapper au destin' (MO 275-276).

Quant à la forme, Jacqueline Harpman modernise le mythe en le débarrassant tout d'abord du style majestueux et édifiant de la tragédie classique quoiqu'en conservant l'intrigue et les émotions. La psychanalyste s'amuse. Le chœur de la tragédie grecque est remplacé ici par un groupe de clients à l'auberge qui échangent des propos railleurs et salaces sur la famille royale et des commentaires sur ce qui est en train de se passer en ville. Les personnages s'expriment spontanément, dans un langage tout à fait contemporain truffé d'expressions familières parmi lesquelles nous citerons 'vous m'en rabattez tous les oreilles' (Jocaste à Tirésias, MO 64), 'me diras-tu quelle mouche t'as piqué?' (Tirésias à Jocaste, MO 80), 'va te faire foutre' (Créon à Tirésias, MO 149), 'je n'en ai rien à foutre' (Œdipe à Antigone, MO

265), 'joli minet' (Tirésias à lui-même, MO 273) ou encore 'papa, cesse de radoter' (Antigone à Œdipe, MO 282). Et les injures, même les gros mots, qui ne manquent pas, traduisent la pensée de Harpman envers tous les manipulateurs de la destinée des hommes: la Pythie est une 'garce' (MO 62), Tirésias, le devin, est un 'fouille-merde' (MO 136), il 'vit accroché à [la famille d'Œdipe] comme une tique à un chien' (MO 210); les dieux de l'Olympe sont des 'fils et filles de pute' (MO 192). Harpman se moque en passant du monstre mi-homme mi-bête que la légende sublimait et que la peinture symboliste adorait, en banalisant sa monstruosité. Il est dépeint comme un grand chat qui 'se lèche les babines' (MO 38) et qui joue avec les corps des soldats qu'il tue: 'les intestins, il les déroule, il les débobine' (MO 38). La supposée sagacité intellectuelle du monstre est tournée en ridicule; quand Créon demande à Œdipe quelle était la devinette qui lui a été posée, Œdipe répond, confus: 'Tu diras que le roi n'est pas autorisé par les dieux à la révéler. En vérité, c'était trop facile, il ne faut pas la divulguer, les parents des jeunes hommes qui sont morts en seraient humiliés' (MO 102).

Dans son article sur l'humour, Freud explique que l'attitude humoristique est un refus de la douleur et une proclamation de l'incivilité du moi, une affirmation du principe de plaisir, qui ont l'immense avantage de nous maintenir sur le terrain de la santé psychique.[9] Cette tendance est évidente dans *Mes Œdipe*, où l'on retrouve l'humour jovial et les jeux de mots dont Jacqueline Harpman aime agrémenter ses textes. L'alternance des tons comique et émouvant dans un contexte qui se veut, malgré tout, pathétique, la familiarité langagière des personnages, servent de rupture à une tension dramatique qui reste tout de même présente. Harpman s'en donne à cœur joie avec deux personnages qu'elle semble trouver particulièrement cruels et en même temps stupides, Tirésias et Créon. Tirésias qui se dit être 'la bouche des dieux' (MO 132) est considéré par Œdipe 'compagnon du malheur' (MO 131) car sa présence ne fait qu'augurer de mauvais présages et des catastrophes. Nous trouverons chez le héros grec la même colère contre le destin que chez Agamemnon qui disait au devin Calchas: 'Augure, dit-il, qui ne prophéties que des malheurs! Non, tu ne m'as jamais annoncé rien de

---

[9]   Sigmund Freud, 'L'humour', *L'inquiétante étrangeté et autres essais* (Paris: Gallimard, 1985 [1927]).

satisfaisant, tu te plais toujours à nous prédire des infortunes'.[10] Créon, par sa stupidité et sa servilité à Tirésias, est un couard qui 'chierait dans sa culotte' (MO 36) et 'si ennuyeux qu'on n'[a] pas grand plaisir à se moquer de [lui]' (MO 149). Cette désinvolture langagière, caractéristique du style littéraire de Harpman produit un effet d'authenticité et de modernité.

L'originalité de Jacqueline Harpman dans *Mes Œdipe* consiste surtout à reprendre le mythe d'Œdipe en plaçant celui-ci, reprenant ici les mots de Jean Bessière, 'dans ce qui lui est essentiel – le quotidien et la répétition de la fiction, qui est en accord avec toute nouvelle fiction'.[11] L'écrivaine semble avoir voulu s'écarter de la conception mythique de l'inceste, tout comme elle a voulu s'écarter dans *La Plage d'Ostende*, de la conception mythique de la maternité dans laquelle était confinée la femme.[12] Comme signale si bien Jacques de Decker à propos de l'œuvre de Jacqueline Harpam, 'le fil conducteur de ses livres est d'essayer de trouver, dans un destin, là où, à un moment, cela s'est noué et essayer de le dénouer'.[13]

Bien qu'il y ait dans *Mes Œdipe* un renversement des postulats de Freud quant à l'inceste, Jacqueline Harpman finit par constater que le bonheur total est inaccessible car il bute toujours contre les mêmes obstacles, ceux générés par la pensée archaïque – présents aussi chez les personnages de *Avant et après*.[14] En définitive, fidèle à son habitude, Jacqueline Harpman aura mis à découvert les stéréotypes sociaux et aura réussi à les briser en réhabilitant, cette fois-ci, la figure d'Œdipe à travers des portraits plus humains que mythiques. Tout comme Sophocle se cachait derrière le vieil Œdipe dans

---

[10]   Homère, *L'Iliade*, Chant I. Voir http://books.google.es/books?id=_nI7AAAAcAAJ& printsec=frontcover&dq=illiade+hom%C3%A8re&hl=fr&ei=m9joTKmDD8O24Qbm4 OGuDQ&sa=X&oi=book_result&ct=bookpreviewlink&resnum=3&ved=0CDUQuwUwAg #v= onepage&q=%C5%92dipe&f=false (visité le 10 octobre 2010).

[11]   Jean Bessière, 'Littérature du XXe siècle et références mythiques', *Mythe et Modernité*, Actes du Colloque International de Thessalonique 31 octobre – 2 novembre 2002, (Thessalonique: Édition du Laboratoire de Littérature Comparée, 2003), p. 32.

[12]   Jacqueline Harpman, *La Plage d'Ostende* (Paris: Stock, 1991). D'après les déclarations de Jacqueline Harpman au cours de l'entretien 'La plume et le divan' dans le programme 'En Toutes Lettres', produit par R.T.B.F. (le 6 décembre 1996). Voir http://www. lamediatheque.be/the/auteurs_belges/auteurs/harpman_jacqueline_.html (visité le 30 octobre 2010).

[13]   D'après les propos de Jacques de Decker, au cours de l'entretien 'La plume et le divan' dans le programme 'En Toutes Lettres', op. cit.

[14]   Jacqueline Harpman, *Avant et après* (Bruxelles: Le Grand miroir, 2008).

Œdipe à Colone, le lecteur n'a aucun doute que Jacqueline Harpman se cache, elle aussi, derrière un personnage qu'elle a finalement réussi à libérer à la fois de son complexe et de sa complexité en le faisant apparaître sous le jour d'un homme raisonnable et juste, comme symbolisation de l'autodétermination.

Annik Doquire Kerszberg

D'une narration l'autre: *Le Bonheur dans le crime* et *En toute impunité*

En 1993, Jacqueline Harpman emprunte le titre de son roman, *Le Bonheur dans le crime*, à une des nouvelles composant le recueil *Les Diaboliques* de Jules Barbey D'Aurevilly, publié en 1874.[1] La romancière campe un narrateur avide de conter et de séduire qui n'est pas sans évoquer celui de la nouvelle. Lors d'un embouteillage prolongé un jour de tempête dans la capitale belge, il raconte à son compagnon de voyage l'histoire des résidents de la maison en face de laquelle ils sont immobilisés. Au fil de la narration, les mystères des murs à pièces et couloirs secrets se dévoilent pour refléter les méandres des obsessions criminelles de leurs habitants et tout aussi bien du narrateur lui-même. Harpman cite en exergue Barbey d'Aurevilly et avec cette référence au titre de la nouvelle, l'hommage à l'écrivain du XIXᵉ siècle est rendu parfaitement explicite.

Douze ans et une dizaine de livres plus tard, soit en 2005, Harpman récidive avec *En toute impunité* où un narrateur complice malgré lui, tombé en panne la nuit dans la campagne devant les murs d'une belle demeure, raconte la vie de ses propriétaires désargentées, les dames de la Diguière, qui 'tir[ent] le diable par la queue' pour conserver leur domaine.[2] Cela les conduira au meurtre. À plusieurs reprises dans le roman, référence est faite dans le récit fictionnel au livre réel de 1993 que le narrateur a acheté par erreur, pensant se procurer l'ouvrage de Barbey d'Aurevilly.

---

[1] Jacqueline Harpman, *Le Bonheur dans le crime* (Paris: Stock, 1993; 3ᵉ éd. Bruxelles: Labor, 1999). Ce roman sera désormais désigné dans le texte par la lettre B.

[2] Jacqueline Harpman, *En toute impunité* (Paris: Grasset, 2005), p. 74. C'est également l'expression utilisée en quatrième de couverture qui, par ailleurs, indique les deux références palimpsestueuses: 'On commence avec le sourire, on finit chez *Les Diaboliques*. Ces la Diguière si convenables seraient-elles de gracieuses criminelles? Le bonheur est-il dans le crime? En toute impunité'. Les références à ce roman désigné par la lettre I seront désormais mises entre parenthèses dans le texte.

Répondant à cette invitation ludique de Harpman de (re)lire les deux versions du *Bonheur dans le crime* à la lumière de *En toute impunité*, je me propose ici de comparer les deux textes harpmaniens à la fois entre eux et à celui de Barbey d'Aurevilly, afin de mettre en évidence leurs ressemblances et leurs différences significatives. Mon analyse portera principalement sur les modalités narratives et structurales, et en particulier sur les instances narratrices.

Le Bonheur est dans le crime: les deux versions

Jeannine Paque compare la nouvelle de Barbey D'Aurevilly et le roman homonyme de Harpman:

> Il existe bien une communauté thématique entre les deux textes, au demeurant d'inégale longueur: l'histoire d'un amour transgressif et potentiellement scandaleux, racontée par un témoin à la faveur d'une rencontre de hasard. Autre point commun, le narrateur est de part et d'autre un médecin, tenu par le secret professionnel et même par le secret de la confession – le docteur Torty de Barbey se compare à un prêtre et le narrateur de Harpman est prêtre et médecin! Déjà la différence est de taille: si tous les deux sont immoraux et, pressés par leur interlocuteur de livrer ce secret, s'ils éprouvent du plaisir à faire étalage de leur indiscrétion, le second le fait surtout pour plaire, accentuant par là son indépendance à l'égard de l'interdit.[3]

Ce sont ces mêmes caractéristiques partagées par les deux narrateurs que relève également Marie Blairon dans sa lecture placée en postface à l'édition Labor du roman harpmanien. Blairon note ainsi la similarité de la mise en scène narrative et des traits distinctifs des deux narrateurs. Tout d'abord, la mise en scène narrative est, dans les deux textes, assez semblable: l'œil du narrateur est, lors d'un déplacement (une promenade au Jardin des Plantes / un trajet en voiture vers Gand), attiré par un spectacle (un couple altier et mystérieux/une maison 'hautaine' (B 13) et impénétrable) qui fait surgir du passé des événements dont il fut le témoin. Cédant aux questions pressantes

---

[3] Jeannine Paque, *Dieu, Freud et moi: les plaisirs de l'écriture* (Avin/Hannut: Luce Wilquin, 2003), pp. 97-98.

de son interlocuteur, il entreprend alors, pour la première fois, de révéler ceux-ci.[4]

Blairon poursuit en indiquant les qualités de prêtres et de confesseurs des deux narrateurs et souligne leur 'grande indépendance d'esprit par rapport à la société dans laquelle ils évoluent [...]'.[5] Les commentaires des deux critiques sont bien entendu pertinents; néanmoins, ni Blairon ni Paque ne s'attardent sur les différences structurelles rudimentaires entre les deux textes. Certes, celles-ci n'apparaissent pas essentielles à leurs propos et acquièrent davantage de relief à la lumière du second roman de Harpman, *En toute impunité*. Aussi me semble-t-il opportun de revenir aux narrateurs des deux versions du *Bonheur dans le crime* pour considérer une différence de structure narrative entre ces deux textes.

En effet, la nouvelle de Barbey D'Aurevilly se présente d'emblée comme un récit à la première personne avec un 'je' anonyme[6]: 'J'étais un des matins de l'automne dernier à me promener au Jardin des Plantes, en compagnie du docteur Torty, certainement une de mes plus vieilles connaissances'.[7] Il s'adresse à quelques reprises à un 'vous' qui n'a d'autre caractéristique que l'apostrophe de 'Madame': 'L'avez-vous quelquefois rencontré, le docteur Torty'? (D 112) Et un peu plus loin: 'Comme vous voyez, il ne se gênait pas, le docteur. Il avait la plaisanterie légèrement sacrilège' (D 112). Ou encore: 'Que voulez-vous, Madame? Il n'avait pas la bosse du respect, et même il prétendait que là où elle est sur le crâne des autres hommes, il y avait un trou sur le sien' (D 113). C'est ce narrateur premier, ce 'je' passé sous silence par Blairon et Paque, qui relate sa promenade avec Torty et

---

[4]   Marie Blairon, 'Lecture de Marie Blairon', in *Le Bonheur dans le crime* (Bruxelles: Labor, 1999), pp. 243-78 (pp. 243-44).

[5]   Ibid., p. 244.

[6]   Il est curieux de noter qu'en 1976, dans un ouvrage consacré aux *Diaboliques*, Jean-Pierre Boucher considère ce 'je' comme auctorial: 'Barbey apparaît tout d'abord comme le narrateur de cette nouvelle [...] Sur le plan dramatique, la scène du Jardin des Plantes permet de faire passer le récit de Barbey à un dialogue entre lui-même et Torty' [...] Barbey se limite à raconter à l'inconnue qui l'écoute le récit que lui a fait Torty'. Jean-Pierre Boucher, *Les Diaboliques de Barbey d'Aurevilly. Une esthétique de la dissimulation et de la provocation* (Montréal: Presses de l'université du Québec, 1976), pp. 57-59.

[7]   Jules Barbey d'Aurevilly, *Les Diaboliques* (Paris: Gallimard, 2003), p. 111. Ce recueil sera désormais désigné dans le texte par la lettre D.

transmet le récit, un récit qu'on pourrait qualifier d'enchâssé ou de métadiégétique, que le docteur lui fait des amours criminelles du couple qu'ils viennent tous deux d'observer dans le Jardin des Plantes. Selon Raymonde Debray-Genette, ce narrateur premier:

> n'est pas le héros et n'est pas même un personnage; il est hétérodiégétique. Il se présente comme l'initiateur du récit, mais non pas comme le narrateur unique ou principal. [...] C'est un Je sans nom, réduit à ce qu'il dit. Il est extradiégétique, c'est-à-dire qu'il n'est jamais raconté par personne, alors que Torty est intradiégétique. [...] Tout au long, il reste une personne et Barbey ne cherche par aucun procédé à en faire un personnage. [...] ce qu'il raconte est un souvenir récent qui ne suppose pas une évolution de sa personnalité.[8]

Il devient narrataire (ou interlocuteur) du narrateur second qu'il a introduit lui-même dans le récit, le docteur, qui occupe dès lors le centre de la scène. Cette mise en place d'une structure à deux niveaux emboîtés permet un dialogue qui tient en éveil l'attention des lecteurs et mime les échanges dialogiques réels tout en satisfaisant leur plaisir de la répartie vive et de l'écoute des histoires contées.

En revanche, la version harpmanienne du *Bonheur dans le crime*, quant à elle, pose comme cadre narratif un récit à la troisième personne où il n'y a pas de voix narratrice première à proprement parler.[9] Le narrateur auquel il a été fait référence jusqu'à présent est présenté d'emblée comme un 'il' qui se transforme rapidement en 'je':

> Comme il aimait raconter et que sa vie tournait récit à mesure qu'il la vivait, il raconta ceci: – Le vent se leva vers quatre heures. La tempête était prévue depuis deux jours et les autorités qui ont à veiller sur ces choses pensaient que la ville était prête à l'affronter. [...] J'avais tout Bruxelles à traverser, il me sembla prudent de partir tôt, or

---

[8]   Raymonde Debray-Genette, 'Un récit autologique: *Le Bonheur dans le crime*', *The Romanic Review*, LXIV, 1 (1973), 38-53 (pp. 40-42).

[9]   Si les théories communicationnelles du récit, désignées couramment sous le terme 'narratologie', présupposent un narrateur dans tous les récits fictionnels, les théories poétiques du récit auxquelles je souscris, quant à elles, réservent la notion de narrateur (ou voix narratrice, voire narrative) aux récits où le narrateur ou la narratrice sont explicitement désignés comme tels.   Sur cette question, voir Sylvie Patron, *Le narrateur. Introduction à la théorie narrative* (Paris: Armand Colin, 2009).

cela me jeta dans le plus fort de l'embouteillage. […] La relation s'arrêta là. Il n'avoua jamais à ses auditeurs ordinaires qu'il n'était pas seul dans la voiture, car ses récits préservaient toujours des zones de silence qu'il cultivait avec soin. Il savait qu'il était un virtuose de l'omission insoupçonnable et y prenait un plaisir discret, mais Dieu et le romancier ont des oreilles partout (B 11-12).

À la page suivante, le récit continue toujours à la troisième personne dans un paragraphe d'une bonne demi-page:

Il se rendit compte donc que tout était arrêté et freina bien à temps. […], mais quand il fut immobilisé, il devint évident qu'il ne pouvait pas détacher le regard de la grande maison qui se trouvait à sa droite, assez en retrait, à demi cachée par des arbres et quelques buissons au feuillage persistant. (B 13)

Très vite un dialogue s'engage entre les deux occupants de la voiture, mais l'utilisation du 'il' pour désigner le conducteur de la voiture persiste pendant quelques pages encore, le temps que le personnage entre confortablement dans son rôle de narrateur à la première personne et prenne en charge le récit. Cette prise en charge, qui réduira très fortement l'utilisation du 'il' pour identifier le narrateur[10], est signalée par les paroles suivantes prononcées par ce dernier:

Il y a ce qu'on m'a dit, ce que j'ai vu et ce que j'ai imaginé: pour finir, je ne distingue plus bien tout cela. J'y ai trop pensé je crois. Avant de vous rencontrer, je me tenais pour un homme paisible, respectueux des lois et de mes engagements, et je n'avais même pas remarqué combien cette histoire me troublait. (B 16)

Le retour à l'emploi soutenu de la troisième personne pour désigner les narrateur et narrataire a lieu quatre pages avant la fin du roman.

Au début, les lecteurs pourraient être tentés d'attribuer la présentation du récit du docteur-prêtre au narrataire, mais lui aussi se révèle, tout à la fin du roman et à leur plus grande surprise, être un autre 'il', car jusque-là aucun

---

[10]   L'utilisation sporadique du 'il' rappelle aux lecteurs, de manière non intrusive, la présence de l'auteure omnisciente, comme à la page 144: 'Il se tut brusquement, comme cela lui arrivait parfois, et son silence avait quelque chose de brutal, de définitif, qui forçait à tourner la tête vers lui, comme pour s'assurer qu'il était encore là'.

indice[11] n'avait signalé avec certitude qu'il s'agissait d'un jeune homme et non d'une femme:

> Le jeune homme le regardait en souriant: – Je sais tout? Vous ne savez rien de moi. Et vous ne savez pas grand-chose de vous, notamment dans l'essentiel, qui est que vous me plaisez. Dans ce temps où les miroirs nous harcèlent, vous ne savez pas que vous êtes beau. (B 230)

Ainsi les sentiments et intentions de ces deux personnages semblent, en dernière analyse, révélés par une instance omnisciente qui ne serait autre que l'auteure adoptant une position égale à celle de Dieu qui voit tout et entend tout. Harpman n'est certes pas la première à comparer le pouvoir du romancier au pouvoir divin, avec cette petite inflexion qu'il ne s'agirait pas ici de création, mais de transcription de ce qui a été entendu. Nous, les lecteurs, ne sommes bien évidemment pas dupes, mais acceptons bien volontiers ce pacte de lecture si plaisant. Nous entrons donc dans la fiction comme si elle était réelle, en feignant d'ignorer son caractère fictionnel; ici nous prenons cependant plaisir au geste métatextuel et quelque peu espiègle de l'auteure qui nous rappelle justement qu'il s'agit d'une fiction. Il est par ailleurs intéressant de noter que l'auteure reprend la petite phrase citée plus haut 'Dieu et le romancier ont des oreilles partout' dans un ouvrage intitulé *Dieu et moi* qui paraît en 2001, soit après la publication du *Bonheur dans le crime* et avant celle de *En toute impunité*.[12] Elle s'y met en scène dialoguant, ou plutôt croisant la parole comme on croise le fer, avec un personnage nommé 'Dieu' alors qu'elle vient à peine de rendre son dernier soupir. Avec beaucoup d'humour et de répartie cinglante, l'athée impénitente parvient finalement à renvoyer Dieu d'où Il était sorti, à savoir l'imagination de l'auteure-personnage, hantée par l'idée de sa propre mort. Ce court roman dialogique tout de mise en abyme permet de glaner ici et là des réflexions, certes attribuées à l'auteure-personnage, sur le travail de l'auteure réelle. La position de l'auteure en tant que productrice du texte fictionnel semble au centre de l'écriture harpmanienne. J'y reviendrai brièvement ci-dessous lors de l'analyse de *En toute impunité* à travers la référence à deux autres

---

[11] Le masculin 'Je parle à un sourd' (p. 227), signalait déjà qu'il s'agissait d'un interlocuteur et non d'une interlocutrice.

[12] Jacqueline Harpman, *Dieu et moi* (Paris: Mille et une nuits, 2001), p. 64.

ouvrages de Harpman, l'un un recueil de conférences et autres textes de l'auteure, dont l'une sur l'utilisation des pronoms de première et troisième personnes dans les récits de fiction, l'autre une nouvelle où Harpman change en cours de narration le référent du déictique 'je'.

Qu'elle soit intuitive ou entièrement consciente, la stratégie narrative mise en place dans le roman *Le Bonheur dans le crime* s'écarte de celle de la nouvelle aurévilienne malgré des caractéristiques communes notées en début de cet article. Et cet écart au niveau structurel soutient un déplacement significatif de l'objet. Ainsi, dans le cadre d'un colloque sur la nouvelle de langue française tenu en 1997, Madeleine Hage affirme en se référant au narrateur harpmanien:

Peu à peu, les émotions, les turbulences de sa vie intime, ses angoisses et ses peurs, ses souvenirs nous le rendent très présent. Les nuances du personnage qui se construit au fur et à mesure qu'il parle mettent d'autant plus en évidence l'absence de profondeur chez ceux dont il nous parle puisque seule l'intéresse en eux leur exemplarité, leur valeur de signe, non leur identité. [...] L'originalité du *Bonheur dans le crime* est d'avoir prolongé cette tendance à étoffer la partie topique jusqu'à son point limite où le rapport entre récit et discours topique s'inverse. Le texte devient alors bi-polaire, l'encadrement cessant d'être un soubassement métadiscursif pour se transformer lui-même en un récit, celui d'une quête identitaire et amoureuse. L'enjeu du roman est ainsi déplacé du récit qui nous était présenté comme central vers les marges, qui occupent progressivement le centre.[13]

Paque note également:

[...] l'une des réussites propres au récit harpmanien est sa structure narratologique qui favorise un effet spéculaire entre le raconté et le racontant, entre l'histoire et son récit. Minimale au départ et quasi limitée à un échange de phrases laconiques, du genre *je ne dirai plus rien/mais si, continuez*, la mise en scène narrative prend progressivement de l'importance pour, en fin de compte, dominer le récit enchâssé.[14]

---

[13]   Madeleine Hage, 'Jacqueline Harpman et *Le Bonheur dans le crime*. D'un genre à l'autre?', *La nouvelle de langue française aux frontières des autres genres, du Moyen Âge à nos jours* (Louvain-la-Neuve: Academia Bruylant, 2001), p. 301.
[14]   Jeannine Paque, op. cit., p. 98.

En fait, le déplacement décrit par Hage et Paque est fondamentalement soutenu par un encadrement premier où le narrateur-personnage est d'abord un 'il' désigné comme tel par une instance auctoriale omnipotente. Somme toute, le roman ajoute un degré à la nouvelle: autrement dit, ce que raconte le docteur Torty, récit enchâssé qui est au cœur de la nouvelle, correspond alors à un récit doublement emboîté dans le roman, donc à un troisième niveau, et relégué à un rôle spéculaire passant à l'arrière-plan.

En toute impunité: la récidive

Dans le deuxième roman qu'elle met en parallèle avec la nouvelle de Barbey d'Aurevilly, Harpman semble déléguer les pleins pouvoirs au narrateur principal et suit de plus près la structure narratologique à deux niveaux de celle-ci en construisant son propre texte, d'un bout à l'autre, comme un récit à la première personne. La voix auctoriale semble s'être effacée devant celle du narrateur; on pourrait tout aussi bien dire qu'elle s'y est métamorphosée. Le personnage de Jean Avijl, un architecte célibataire dans la soixantaine qui donne tous les signes de l'opulence, prend d'emblée en charge le récit premier:

> Je rentrais de F*** où j'avais eu à faire. La nuit était assez claire. Pour me distraire je regardais la lune en tentant, ce devait être la millième fois, de retrouver le moyen mnémotechnique qui permet de savoir si elle est en phase ascendante ou descendante, et je commençais à me demander si je ne m'étais pas trompé de chemin au carrefour précédent, car il me semblait que j'aurais dû être arrivé à l'autoroute depuis un moment. (I 12)

Le narrateur tombé en panne devant le domaine de La Diguière, 'au milieu de nulle part, entre ailleurs et ailleurs' (I 13), y est logé moyennant paiement, le temps que sa voiture, dont il faut commander les pièces de rechange, soit réparée. Par la suite, dans une seconde partie distincte qui occupe plus ou moins la moitié du livre et correspond à sa seconde visite à La Diguière, l'été suivant – soit quelques douze mois plus tard –, le narrateur continue son récit qui comprend la transcription d'un récit second, enchâssé, celui de Madeleine qui 'travaille pour les dames de la Diguière' (I 19), mais qui fait tout aussi bien partie de la famille. La narratrice seconde prend alors ce narrateur premier comme interlocuteur auquel elle relate et confesse, à demi-mots mais avec force détails, le crime que les habitantes de La Diguière,

toutes complices consentantes sinon actives meurtrières, ont commis pour
sauver leur belle demeure en péril.

Le narrateur premier est non seulement responsable de sa propre
narration, mais il se charge également de transcrire celle de Madeleine; il se
pose de la sorte comme remplissant également le rôle d'écriveur:

> C'est là que je pris mes premières notes. Je suis grand écriveur – terme sorti d'usage,
> mais que mon vieux Larousse de 1906 définit encore: *qui écrit beaucoup, qui aime à
> écrire*- j'aime à jouer avec la syntaxe et la grammaire, mais j'aime aussi le mouvement
> de la plume sur le papier, le plaisir sensuel de former les lettres, bien alignées,
> arrondies, reliées. Je n'use du clavier que par nécessité [...]. (I 45).

Ce mot est repris ailleurs par Harpman et semble faire quelque peu écho au
scripteur chez Roland Barthes; l'accent est mis de part et d'autre sur
l'écriture.[15] Dans la première des quatre conférences qu'elle a données en
1993 à l'université de Louvain-la-Neuve, dans le cadre de la chaire de
poétique, Harpman précise sa notion d'écriveur, qu'elle n'utilise par ailleurs
qu'au masculin:

> Je vais d'abord tenter de définir qui est l'écriveur. Je me rends compte que je détourne
> un peu le sens normal du terme: Littré le définit comme celui qui aime à écrire
> beaucoup de lettres. Je l'entends comme la part de quelqu'un qui se met en position
> d'écrire, pour donner à lire. [...] cette part-là a des activités de la plus haute
> importance: elle va constamment juger, organiser, choisir parmi ce qui se propose,
> trier, éliminer les scories, mettre en forme, structurer, corriger [...].[16]

---

[15] Dans un article au titre aussi révélateur que provocateur, 'la mort de l'auteur', Barthes
récuse la prétention de certains critiques à déchiffrer le sens unique d'un texte, comme si
l'auteur y avait enfermé un message dont il, ou plus exactement sa personnalité, sa vie,
son époque, détiendraient la clef. Pour Barthes, 'l'écriture est destruction de toute voix, de
toute origine. L'écriture, c'est ce neutre, ce composite, cet oblique où fuit notre sujet, le
noir-et-blanc où vient se perdre toute identité, à commencer par celle-là même du corps
qui écrit'. Voir Roland Barthes, 'La mort de l'auteur', *Œuvres complètes* (Paris: Seuil,
1994), p. 491. Au terme d'auteur, le théoricien substitue celui de scripteur; la référence
n'est plus la voix qui s'exprime, mais la main qui écrit. Enfin, au règne de l'auteur succède
celui du lecteur, lieu où s'inscrivent les multiples écritures dont le texte se compose et que
le critique doit s'efforcer de démêler.

[16] Jacqueline Harpman, *Écriture et psychanalyse* (Wavre: Mardaga, 2011), pp. 51-53.

Tout se passe donc ici comme si, fiction oblige, le personnage de Jean Avijl se substituait à la personne qui a effectivement écrit le récit que nous, lecteurs, pouvons lire. Aussi retrouve-t-on essaimées dans tout le texte des références à l'acte d'écrire qui, entre autre, soulignent le caractère fiable du témoignage de première main du narrateur et confèrent un air d'authenticité à la narration: 'Je vais tenter d'assembler de façon cohérente la grande quantité d'informations que je reçus en une heure' (I 40) ou encore: 'Je voudrais bien reproduire textuellement les paroles de Madeleine, mais cela dura des heures et j'en suis incapable. Par-ci, par-là je les ai encore dans l'oreille et je peux les noter: pour le reste, je ferai ce que je pourrai' (I 177). Contrairement au narrateur premier de la nouvelle aurévilienne qui s'adresse à une silencieuse narrataire tout aussi anonyme que lui ou au narrateur second de Harpman, docteur et prêtre, qui dialogue quant à lui avec un narrataire qu'il tente de séduire, Jean Avijl ne possède pas de narrataire explicite. Son récit en subsume pourtant bien un, mais en creux, implicite et fictionnel, auquel les lecteurs réels pourraient être tentés de s'identifier: ce serait donc pour nous qu'il prend des notes et retranscrit minutieusement ses conversations avec les habitantes et les familiers de la Diguière.

Outre ce semblant d'immédiateté et cette impression de vraisemblance, la structure narratologique choisie ici comporte (a posteriori, bien entendu) au moins deux autres avantages importants au niveau de la réception de la narration par les lecteurs. Puisque c'est à travers le point de vue du narrateur, architecte célibataire, âgé d'une petite soixantaine d'années, que les lecteurs perçoivent l'histoire contée, le suspense et le motif du crime peuvent être développés et explicités.

D'une part, Avijl prend tout de suite conscience du dénuement dans lequel vivent les habitantes de la Diguière, à savoir la grand-mère, ses deux filles, ses deux petites-filles et Madeleine; il remarque les traces des 'tableaux retirés' (I 23); il note que '[t]out ce qui était beau avait été vendu, on avait acheté au plus bas prix ce qu'il fallait pour vivre' (I 24) et ajoute: 'le tout me parut à ras du délabrement' (I 27); 'ici on noue tout juste les deux bouts' (I 38) dit Madeleine. Il comprend donc que l'aînée des la Diguière, Albertine, se soit lancée dans une 'chasse au prétendant' (I 179), mais il ne peut que se sentir directement concerné et quelque peu mal à l'aise quand il assiste à une conversation téléphonique où Albertine rend compte de ses progrès:

Il ne me semble pas que je sois puritain, ni bégueule: j'étais effaré. Les cheveux se dressaient sur ma tête devant cette grand-mère qui discutait avec ses filles, ses petites-filles – et sa servante, car Madeleine participait avec ardeur aux échanges – du plus riche des maris qu'elle pourrait attraper dans ses filets. Puis je me gourmandais: elle faisait ouvertement ce que quantité de gens font en silence, on sourit devant les demoiselles qui épousent des quinquagénaires ventrus en mimant la passion, plus rarement les dames *liftées* prennent de jeunes hommes, et je savais bien que, célibataire tenace mais pourvu, j'avais été l'objet de certaines attentions dont j'avais dû, parfois à regret, me protéger. (I 55)

Bien que charmé par ces dames et demoiselles, le narrateur est parfois soupçonneux et parsème sa narration d'indices qui l'imprègnent de suspense, à commencer par sa personne: '[v]oyaient-elles en moi un riche parti pour leur mère?' (I 76). Quelques réflexions prémonitoires signalent cependant le danger: '[c]'est ainsi que se décida ce séjour à la Diguière que je ne devais jamais oublier' (I 26). Plus inquiétantes encore sont les paroles apparemment innocentes des benjamines:

– Tout de même… quelques clous sur la route? une opportune flaque d'huile?
– Tu as une âme de criminelle!
– Pour un pneu crevé ou un pare-chocs cabossé?
– Qui vole un œuf vole un bœuf.
– Qui crève un pneu crève un vieux? (I 50)

Il parle de 'piège' (I 133) pour le mari potentiel d'Albertine et lors de sa seconde visite, apprenant de Madeleine la mort de ce dernier, quelques mois à peine après les noces, il remarque en entendant Madeleine dire '[i]l n'y a rien de mystérieux dans tout cela, n'est-ce pas?', [c]ette phrase elle-même y mettait du mystère' (I 172) et deux pages plus loin: '[a]lors elles ont fait ce qu'il fallait pour sauver leur vie [dit Madeleine]. Je me demandais ce qu'elles avaient fait [dit Avijl]'. (I 175)

D'autre part, de par sa profession, Avijl peut parfaitement apprécier le motif qui a poussé les habitantes de la Diguière au meurtre, à savoir leur passion pour leur domaine. Dès son premier contact avec la maison et ses dépendances, il est frappé par leur extrême beauté et s'extasie devant les 'proportions parfaites […] une beauté naturelle' (I 19), il parle de 'proportions si justes, si gracieuses [qu'il se] senti[t] gagné par l'émotion.' (I 26). Il s'exclame enfin: '[j]'étais devant une des plus belles maisons que j'eusse jamais vues' (I 27). Pour expliquer la frénésie qui avait atteint le mari d'Albertine et qui lui coûta la vie, car c'est son enthousiasme immodéré pour la demeure, sa passion, qu'ont craint filles et petites-filles, Avijl explique: '[j]e pense qu'il était tombé amoureux de la Diguière, ce qui, en vérité, me paraît tout naturel, et qu'il l'imaginait, en effet, rétablie dans son ancienne splendeur' (I 224-25).

Par ailleurs, si le narrateur endosse le rôle d'écriveur et permet à la narration de se suffire à elle-même, sans intervention d'auteur(e), la présence auctoriale se manifeste cependant, avec humour et sans que le nom de Harpman soit prononcé, à travers les mentions des différentes versions du *Bonheur dans le crime*:

> Je voulus reprendre le faux *Bonheur dans le crime* que j'avais acheté la veille, mais, malgré la meilleure volonté du monde de ma part et un style acceptable de la part de l'auteur, j'avais le rythme forcené de Barbey dans l'oreille et je ne tins pas jusqu'à la deuxième page. Je pensai aux livres que j'avais aidé à déplacer. [...] Je crus voir un *Orlando*, qui me fit penser que je fréquentais trop peu Virginia Woolf et le pris: non! c'était un *Orlanda*, et du même auteur sans vergogne qui, vraiment! n'avait pas d'inspiration pour ses titres s'il lui fallait toujours reprendre ceux des autres! (I 58-59)

Le titre même avec son mot 'crime' ainsi que les références au diable et aux *Diaboliques* ajoutent à l'atmosphère de suspense déjà ébauchée, même si la complicité en clin d'œil produite par la critique de l'auteure par un de ses personnages produit un effet opposé et fait sourire les lecteurs qui peuvent y déceler une transgression d'un ordre textuel, purement ludique. On peut également dépister la présence de l'auteure dans l'avant-propos ou avertissement aux lecteurs. Cet élément paratextuel placé juste avant le récit proprement dit, donc avant que le narrateur ne soit mentionné, ne peut être attribué qu'à l'auteure. Il met l'accent sur le terme 'passions', réitéré tout au long du roman et présente le coupable comme manquant de conscience. Ce début renvoie aux dernières phrases du narrateur qui, apparemment, a décidé de ne pas dénoncer ses hôtesses de quelques jours:

> Ces gracieuses criminelles vivent dans un parfait bonheur et une impunité scandaleuse. Voilà qui aurait bien plu à Barbey d'Aurevilly. Il faudrait peut-être que je me décide à lire cet autre *Bonheur dans le crime*, que j'ai acheté le soir où je suis tombé en panne tout près de la Diguière. (I 285)

Et la boucle est bouclée.

La préoccupation du choix des pronoms personnels et de la structure narrative d'un texte littéraire apparaît clairement dans deux ouvrages signés Harpman. L'un est un recueil de conférences et autres textes de réflexion qui datent pour la plupart de 1993, récemment rassemblés et publiés sous le titre *Écriture et psychanalyse.* L'autre est une nouvelle intitulée *Le Placard à balais* parue en 2003. Les premiers textes sont donc contemporains du *Bonheur dans le crime*, alors que l'autre précède de peu la parution d'*En toute impunité*. Une des quatre conférence a pour titre 'Je, Il, Elle…' et pose la problématique du choix des pronoms dans la rédaction romanesque. Harpman y parle d'elle-même, mais aussi de Mauriac, de Proust, de Balzac et de Woolf. Elle montre comment un 'il' ou 'elle' peuvent être plus subjectifs qu'un 'je' pour l'écrivain et précise: 'Alors, qu'en écrivant, on nomme un de ces "moi" possibles Je, Il ou Elle, c'est affaire de liberté créatrice. Proust est plus libre avec le faux Je de la *Recherche* qu'il n'était avec le trop vrai Il de *Jean Santeuil*'.[17]

Le Placard à balais, quant à lui, raconte l'histoire d'une jeune épouse qui découvre le plaisir des sens avec un premier amant de hasard dans… un placard à balais et qui fomente le meurtre de son mari trop sérieux. Barbey d'Aurevilly y est évoqué, mais ce qui est davantage intéressant, c'est le jeu des interventions d'auteure aboutissant à une métalepse[18] très révélatrice des préoccupations d'Harpman:

> Je me rendis compte qu'Hortense était passée de la première à la troisième personne du singulier, je n'étais plus Mme d'Afflighem: elle n'en existait que davantage. Je la sentais courant à l'amant dans ce Bruxelles des années 20 que je n'ai pas connu et que j'imagine à travers les cartes postales fanées […].[19]

Insensiblement le personnage de l'épouse infidèle est passé du 'je' au 'elle' pour laisser place à une voix narratrice de plus en plus envahissante qui

---

[17]   *Écriture et psychanalyse*, ibid., p. 84.

[18]   Voici la métalepse telle que Gérard Genette la définit: '[j]e crois raisonnable de réserver désormais le terme de métalepse à une manipulation […] de cette relation particulière qui unit, dans un sens ou dans un autre, l'auteur à son œuvre, ou plus largement le producteur d'une représentation à cette représentation elle-même'. Voir Gérard Genette, *Métalepse. De la figure à la fiction* (Paris: Éditions du Seuil, 2004), pp. 13-14.

[19]   Jacqueline Harpman, *Le Placard à balais* (Bruxelles: Le Grand miroir, 2003), p. 32.

s'identifie comme auctoriale et qui semble créer l'histoire au fur et à mesure que les mots s'inscrivent sur la page. Que de possibilités! Il semblerait que Harpman est souvent tentée d'intervenir en personne ou en personnage dans la fiction qu'elle écrit, et qu'elle ne cesse d'inventer des stratégies, les unes plus ingénieuses que les autres, pour y parvenir.

Conclusion: structures narratives et effets romanesques

Dans *Le Bonheur dans le crime* comme dans *En toute impunité*, les narrateurs harpmaniens sont témoins des dialogues qu'ils reproduisent ou, du moins, ils en ont reçu une version de première main à travers leur rôle de confidents. Dans le premier, c'est une instance anonyme, identifiable à l'auteure, qui endosse la transcription. Dans le second, ce rôle est rempli par le narrateur et cette différence structurelle amène deux effets différents. Dans le premier cas, l'auteure recourt à la troisième personne et peut ainsi ménager la surprise du sexe masculin et du jeune âge de l'interlocuteur et par conséquent révéler d'une manière aussi soudaine qu'inattendue l'homosexualité du docteur, clef du texte en quelque sorte. Cet élément est en effet crucial dans la mesure où, tout au long du roman, l'accent est davantage mis sur le processus de narration et les relations amoureuses vécues comme infraction à l'interdit entre le docteur-prêtre et son jeune interlocuteur que sur l'histoire des habitants de la maison à secrets. En effet, la relation homoérotique des premiers renvoie directement à la relation incestueuse des seconds, le frère et la soeur jumelle qui habitent une maison dont les passages et pièces secrètes ont toujours abrité l'intimité. Dans le second roman, les lecteurs suivent pas à pas le narrateur dans sa rencontre avec les habitantes de La Diguière et partagent son effroi devant la découverte de leur crime. La structure permet d'installer et de maintenir le suspense et de disséminer des indices et prémonitions, apparentant le récit au genre policier. De cette manière, l'attention des lecteurs ainsi que leur désir de poursuivre leur lecture sont savamment entretenus. De plus, la maison des amants criminels ne tient que peu de place dans la nouvelle de Barbey d'Aurevilly, si ce n'est dans son éloignement à l'abri des regards indiscrets des villageois qui connaissent le couple tout en ignorant leur liaison. En revanche, elle passe du statut d'adjuvant dans *Le Bonheur dans le crime* de Harpman au statut d'objet de passion et motif du crime dans *En toute impunité*.

Les deux romans harpmaniens à l'étude confirment ainsi l'immense talent créatif de leur auteure et montrent les enjeux des choix narratifs opérés. Sur un thème aurévillien, les lecteurs ont la chance de compter non pas une, mais deux variations amplifiées. Dans la conférence déjà citée, Harpman écrit curieusement à propos de publications postérieures à *La mémoire trouble*: '[..] je commis deux romans à la première personne du singulier',[20] comme on dit 'commettre un crime'. Et si toutes ces références au crime s'opèrent au travers de jeux intertextuels, se rapportant aux *Diaboliques*, et de jeux intra– ou métatextuels, se rapportant aux oeuvres de Harpman elle-même ou encore à son travail d'écriture, elles diffusent savamment une impression de transgression qui implique la complicité des lecteurs avertis, pour leur propre bonheur et en toute impunité.

---

[20]   Jacqueline Harpman, *Écriture et psychanalyse*, p. 73.

Marc Quaghebeur

Dire et dépasser un 'affolement figé': *La Mémoire trouble* de Jacqueline Harpman

Publié 21 ans après *Les Bons sauvages,* qui paraît chez Julliard en 1966, *La Mémoire trouble* marque le retour de Jacqueline Harpman sur une scène littéraire qu'elle va occuper massivement durant la dernière décennie du XXe siècle. Sorti de presse chez Gallimard en mars 1987, ce roman voit le jour au moment où la proclamation de la belgitude a produit l'essentiel de ses effets et modifié certaines données du champ littéraire francophone belge dans lequel la romancière avait pris ses marques à l'heure du triomphe de l'esthétique néo-classique.

La Mémoire trouble s'inscrit d'autre part dans un champ littéraire renouvelé. C'est en effet le moment où des voix de femmes (Lalande – Fabien – Malinconi notamment) s'y sont non seulement fait entendre mais esquissent l'importante présence qui sera la leur, aux sens générique et qualitatif, dans les années nonante (Lamarche, Buysse, Nothomb, etc.). Ce roman, que la critique et le grand public négligent souvent, s'il brasse et engendre bien des thèmes et variations que l'œuvre ultérieure de Jacqueline Harpman déclinera les uns après les autres – mais de façon moins polyphonique – constitue une sorte d'hapax[1] dans le corpus de la romancière. Ne serait-ce que par l'incertitude relative et le tremblé de ces pages bruissantes que la maîtrise classique de l'écriture ne parvient pas à figer. Le roman recourt d'ailleurs, et d'innombrables fois, à la métaphore musicale.

L'immuable musicalité: le tragique

Dès les premières pages, au moment où Charlotte Adorna revenue d'Amérique latine passe une première soirée chez Bernard Tardieu et sa femme – moment où 'son regard tourné vers Bernard était en contradiction

---

[1]   Qui plus est, il est publié chez Gallimard – ce qui ne sera pas le cas des ouvrages ultérieurs.

avec l'axe de la tête penchée vers le bébé' –, la narratrice insiste sur l'insuffisance du langage.[2] Elle le fait d'une façon que n'eussent pas désavouée les symbolistes belges:

> c'est un regard que je ne peux pas lire, comme un message qui serait écrit dans un alphabet que je ne connais pas, mais dont j'entends la tonalité, une langue dont je sens la musique, un message clair dans une langue inconnue, sans complaisance, sans hésitation, qui sera reçu de son destinataire, qu'il ne faudra pas redire, définitif. (MT 15)

Cette formulation, qui constitue en somme une part du rêve de l'esthétique néo-classique, est toutefois confiée à un autre art que celui de la langue. À soi seul, ce décalage est significatif de la singularité de ce roman. Le son dépourvu de mots se révèle en effet seul capable – certes, avec d'innombrables références littéraires qui parsèment le texte, à l'égal des motifs musicaux – de restituer l'évidence et le trouble. Celui-ci est d'ailleurs clairement inscrit dès la troisième page du récit à travers une remarque de la narratrice anonyme. Celle-ci insiste sur la permanence du trouble que produit en elle, depuis toujours, l'histoire des cinq jeunes enfants aisés qui constitue la matière du roman:

> comme un chien affamé aux abords d'un village, qui est comme une morsure dans mon ventre, comme un nœud dans ma gorge, une bête devenue si familière que depuis longtemps il ne m'est pas possible de ne pas connaître son nom: la curiosité, ce vautour, à quoi j'appartiens et qui ne me laissera plus de repos (MT 9).

En effet, a-t-on envie d'écrire... Au vu de l'œuvre à venir, du moins. Reste qu'en ce récit qui débute par la double perception, dans le chef de Charlotte, du changement[3] et de l'immobilité, l'objectif est de retourner à l'immobile, sorte d'équivalent de l'Éternel sur Terre.[4] C'est d'ailleurs ce que permet

---

[2]   Jacqueline Harpman, *La Mémoire trouble* (Paris: Gallimard, 1987), p. 15. Les citations extraites de ce texte seront suivies de l'abréviation MT et du numéro de page.

[3]   Le premier paragraphe du livre affirme qu'"après six ans d'absence elle ne reconnaissait ni la route ni les rues'. Mais le second, qu''elle eut un petit choc de douleur devant la maison de ses parents, tellement, là, tout était semblable' (MT 7).

[4]   Dans son livre *Un monde sans limites* (Ramonville Saint-Agne: Érès, 2001), Jean-Pierre Lebrun qui commente des propos de Nacht, dans son étude 'À l'aise dans la barbarie',

d'atteindre, comme miraculeusement ou magiquement, la mort par arrêt cardiaque, à vingt-trois ans, de la femme de Bernard Tardieu. Son décès prélude en effet au rassemblement, dans une sorte de nouveau Moulinsart[5] (la maison des Leynier), de Géraldine Leynier et d'Antoine Meyssac, puis de Charlotte Adorna et de Bernard Tardieu qui se sont mariés. Le grand-père Lechamps se chargea, pour sa part et pour l'essentiel, d'élever l'enfant de sa fille et de Bernard.

Les quatre survivants du quintette tragique dont parle ce roman aboutissent ainsi à une vie sortie des saccades du pulsionnel et du refoulé. Ce n'est donc pas eux mais la voix narrative, dont le commentaire trame le livre, qui clôt le récit. Bien sûr, sur fond de métaphore musicale reprenant le motif du quintette:

> J'écoute le deuxième mouvement du quintette de Schumann où le piano et les cordes répètent toujours la même phrase – ou plutôt, tout à coup je viens de le comprendre, les mêmes mots. Dans cette musique que j'ai écoutée toute ma vie, ce sont toujours les mêmes mots qui m'ont été dits, et que soudain je viens d'entendre, ces mots que les cordes et le piano se répètent l'un à l'autre, redisent obstinément, comme si jamais aucun n'entendait l'autre, comme des sourds acharnés, enfermés dans leur silence et qui ne savent même pas qu'on leur parle, les mêmes mots qui me sont dits depuis toujours et que tout à coup, j'entends:
> La mort, mon âme. (MT 167)

L'actant aveugle, et l'Amphytrion qui écrit

Ce constat, sans doute une des clefs de l'œuvre entier d'Harpman,[6] est dressé par une instance narrative dont l'identité et le statut ne sont jamais précisés.

---

rappelle que le but foncier de la pulsion de mort est 'l'abolition d'une tension'. Citant toujours Nacht, il précise ensuite que la 'pulsion de mort serait sans doute mieux nommée pulsion d'immobilité', et qu'elle est en ce sens 'la pulsion incestueuse par excellence' (p. 143). Toutes choses qui se trouvent au cœur de ce roman. Celui-ci se termine d'ailleurs par 'La mort, mon âme'.

5   Dans l'univers d'Hergé, il s'agit du château dans lequel Tintin, le capitaine Haddock et le professeur Tournesol s'installent à partir de la fin de l'album *Le Trésor de Rackham le Rouge*.

6   Cela donne bien sûr l'admirable mouvement de reprise incessante de la scène originaire qui noue le récit mais explique aussi sa progression à travers les récits des quatre survivants, comme des deux observateurs dont ils nourrissent l'imagination.

Elle intervient, dès la troisième page du récit – et très clairement.[7] Une instance voyeuriste et commentatrice, intériorisante et extériorisante à la fois, qui a beaucoup du profil de la romancière. Une romancière foncièrement immergée dans le destin de ses personnages d'ailleurs,[8] et qui ne peut s'empêcher de confirmer que:

> L'histoire de Charlotte et de ses amis a toujours fait régner le trouble en moi. Leurs silences, leurs départs et les morts n'ont pas quitté mon esprit et quelque chose n'a jamais cessé d'insister, qui me ramène là-bas, fait rôder ma pensée autour de certains mots, de silences [...]. (MT 9)

Extra et intradiégétique donc, cette instance-personnage trame et ponctue un récit où foisonnent d'autre part les références au théâtre. Elle ne se met jamais dans la position du metteur en scène mais du rapporteur – bref, de l'écrivain. Et si, comme il sied dans l'esthétique néo-classique, le référent se doit d'être épuré ou éludé,[9] ce personnage-narrateur a tout d'une femme,[10] même s'il n'est jamais présenté comme tel, car il renvoie subtilement à l'auteur(e) qui donne, dans ce livre, un de ses textes les plus personnels.

Cette instance narratrice-spectatrice se voit en outre redoublée par une femme plus étrangère encore au quintette sacré, mais qui entend jouer son rôle dans la partition: mademoiselle Lechamps, la jeune femme de Bernard.

---

[7]   'Je crois qu'à ce moment-là Charlotte ne s'était pas encore demandé si elle reverrait Bernard et les autres: voilà qui m'est bien difficile à concevoir et pourtant tout m'assure qu'il m'est bien ainsi. [...] Elle m'intrigue, je ne comprends pas son calme, et quand je veux me détourner des questions qu'elle éveille en moi, je n'y parviens pas. D'où vient qu'on puisse être si peu occupé par ce qui se passe en soi?' (MT 9).

[8]   'Je la regarde descendre la passerelle, aller vers la porte, puis marcher dans les longs corridors de l'aéroport, attendre sa valise, elle ne tremble pas, c'est moi qui m'interroge, moi qui suis en proie à son retour. Mais si pendant tant d'années tout cela était éteint, pourquoi ce réveil?' (MT 9).

[9]   Le récit se passe dans une assez grande ville qui n'est pas nommée mais a beaucoup de Bruxelles et de la Belgique. Les deux bourgeoisies qui se mêlent dans cette sorte de club des cinq renvoient clairement aux mondes catholique et laïc du royaume. Le brouillage de piste, qui induit par exemple une allusion à la fête nationale française du 14 juillet, constitue un faible écran par rapport aux sources de la fortune du père Leynier: 'il vendait du plastique au Congo' (MT 140).

[10] À l'époque, nombre de femmes écrivains – à commencer par Marguerite Yourcenar – invoquaient une sorte de transgénéréité de l'écrivain. Équivalent de la transcendance de la littérature par rapport à l'Histoire?

Celle-ci, qui correspond au parfait modèle de l'épouse ouverte des années 1950-1968,[11] sort du ciel sans nuages de sa vie conjugale au moment où elle entrevoit – à l'heure du retour de Charlotte d'Amérique latine, et sans pour autant le comprendre – l'existence d'un passé de son époux sur lequel elle n'a aucune prise. En fille de scientifique qu'elle est, mais en ignorante des pulsions qui la meuvent, elle entend l'élucider.

Le récit dispose ainsi d'un actant dédoublé. Une investigatrice investie dans le présent d'un des personnages, d'une part; une commentatrice en osmose avec le passé du quintette magique, de l'autre.[12] Le modèle auquel renvoie le récit n'est pas pour autant celui de l'enquête policière mais de la tragédie en cinq actes qui constitue non seulement un renvoi au classicisme mais un retour à l'immobile; et un sacre de la mort. La fiction s'achève donc sur la mort de l'investigatrice prise au piège des filets qu'elle a cru tendre. C'est en effet avec le retour inattendu de mademoiselle Adorna[13] 'qu[e la femme de Bernard] sut pourquoi elle l'avait épousé, il y eut un basculement, changement de décor, fin de l'acte 1, l'exposition est achevée, les points d'interrogation sont en place' (MT 26). Une structure dramatique sous-tend donc le récit. Le ponctueront d'ailleurs, de temps à autre, des renvois à *Phèdre*, à *Athalie* ou à *La Walkyrie*.

Trois grandes métaphores picturales – véritable art de la contemplation – emblématiseront toutefois un récit qui ne révélera rien: 'Rien ne peut être nommé, nommer c'est faire apparaître, appeler d'entre les morts, arracher aux abîmes' (MT 25), écrit Jacqueline Harpman. C'est donc, comme on l'a vu, à la métaphore musicale que recourt la romancière à chaque moment essentiel des retrouvailles ou des discussions des quatre survivants du drame.[14]

---

[11]   Le récit situe discrètement, mais clairement, le temps de son énonciation: 1965 (MT 88).

[12]   'Dans ce temps de ma vie où j'ai décidé de comprendre ce qui s'est passé, en moi ou entre eux, je n'en sais plus rien, où je sens que, quoi qu'il en soit, la paix de mon âme est à ce prix, je ne peux pas devenir complice du trouble de Charlotte. Ses raisons ne sont pas les miennes, et si je me livre à ses raisons, comment me délivrerai-je des miennes?' (MT 19).

[13]   Au moment du retour de Charlotte et de sa première visite chez Bernard et sa femme.

[14]   À l'heure des retrouvailles du quatuor concoctées par la femme de Bernard, retrouvailles dont elle est de fait exclue alors que chacun se comporte avec une parfaite civilité, le texte dit: 'Les instruments de l'orchestre n'ont même pas besoin de temps pour s'accorder les uns aux autres: ils ne s'étaient pas désaccordés. La symphonie continue, jamais

Les mousquetaires de l'innommable

Celui-ci s'est joué, en 1955 (MT 27), dans les jours qui suivirent la réussite des études des cinq enfants modèles.[15] La narratrice, qui ne cesse de tenir des propos d'écrivain en pleine phase d'écriture,[16] énonce tout aussi clairement le fait que ce récit singulier du corpus Harpman a à voir avec une élucidation profonde d'un moment de vie et d'Histoire: 'Voilà, j'ai décidé que le temps des reculs était fini, que j'étais au moment de ma vie où il s'agit de comprendre, et je vois bien que j'ai toujours peur des mots' (MT 29).

Si la fiction parle de personnages qui obtinrent leur diplôme en 1955 (MT 27), l'action se déroule dix ans plus tard, à l'heure du retour de Charlotte. L'envoi qui clôt le livre pourrait, quant à lui, s'intituler, comme chez Dumas, *Vingt ans après* – les quatre personnages étant en somme les quatre mousquetaires de Jacqueline Harpman. Cela situe clairement la chronologie du roman. Octave Leynier meurt trente ans avant le rassemblement des deux couples dans la 'grande maison' (MT 156) de ses parents, moment qui correspond quasiment à celui de la fin du silence littéraire de la romancière. Est-il dès lors impossible d'avancer qu'en ce récit, qui ne présente rien pour autant des caractères de l'autobiographie, se joue (ou se rejoue) – et se dénoue, comme sur la scène psychanalytique – quelque chose de fondamental pour l'auteur? Activation et réactivation qui expliquent, à maints égards, la singularité de ce livre dans l'œuvre de Jacqueline Harpman.

Anonyme mais omniprésente, la narratrice peut prendre congé d'une phase de son histoire au terme d'un roman qui a approché celle-ci par vagues successives. Comme il en va de la parole en analyse, ces reprises infinies tournent autour des conséquences tragiques d'une aube qui parut absolue. Dans cette histoire, dont il est dit que 'la lumière avait pris [Octave Leynier] pour amant' (MT 31), la narratrice confesse que 'ses yeux ne sont pas construits' pour supporter la lumière; qu'elle 'ne voit bien que dans le noir'; et que la pleine lumière 'crèverait' ses yeux (MT 25). À l'inverse, son double prosaïque, la femme de Bernard, croit pouvoir faire toute la lumière sur le

---

interrompue, les rires voltigent, les phrases s'enlacent, les mots se touchent et se caressent' (MT 152).

[15]   'Je crois que nous étions des enfants, Bernard, et pis: des enfants sages' (MT 124).

[16]   'J'écris "étrange disposition d'humeur" et cette hypocrisie m'atterre. En vérité, je pensais: quelle humeur perverse. Le mot m'a fait peur, et deux lignes plus haut, je peux voir "jouir de son talent" et "s'amuser toute seule" qui sont pourtant assez clairs' (MT 29).

'mystère' (MT 28) que lui a laissé entrevoir Charlotte Adorna. Elle est en effet partie en Amérique latine[17] quatre ans après que ses amis d'antan ont achevé leurs études. À ce hiatus, ils ne font jamais allusion.

Le roman indique fort bien le jeu de rôles que se partagent l'actant aveugle et le narrateur dissimulé:

> En vérité, cette femme me surprend. Elle n'a pas, occupée par le biberon, vu le regard entre Charlotte et Bernard qu'il me faisait si peur de surprendre, mais la manière dont elle a perçu leur silence m'étonne, il n'est pas si fréquent de *voir entendre,* justement, cela qui n'a pas été dit. (MT 28) (c'est moi qui souligne).

Or les retrouvailles très policées de Bernard et de Charlotte, comme les rencontres que la femme de Bernard ne va cesser de mettre en œuvre avec les protagonistes du *mystère*, entraînent la rupture de ce qui avait été suturé. Elles déclenchent une violente déchirure qui emportera la pseudo-manipulatrice. Celle-ci est métaphorisée, dès le début du roman, par la rupture d'une couture du chemisier de Charlotte.[18] Cette déchirure, le texte a pour objet de l'apaiser définitivement au terme d'une opération d'élucidation verbale qui s'opère par une reprise infinie du motif central, comme par l'évacuation du tiers incongru qui la rend possible (la femme de Bernard).

Ce que *La Mémoire trouble* entend à la fois raviver, élucider et évacuer, dépasse de loin la pure anecdote que paraît conter ce livre. Elle concerne cinq jeunes personnes de la bonne société de l'après-guerre. Ce qui s'est exactement passé dans la nuit merveilleuse qui suivit la proclamation de leurs diplômes, le lecteur ne le saura jamais – n'étaient les ondes délétères des propos abjects et obscènes du père Leynier.[19] Comme toujours dans l'esthétique néo-classique, tout est dit mais voilé; inscrit comme en marge, incidemment. Alors que Charlotte Adorna discute avec Géraldine Leynier, et que toutes deux se remémorent la façon qu'eut chacun des membres du groupe, de réagir et de fuir le suicide d'Octave, comme les obscénités proférées par le père de Géraldine, celle-ci évoque la culpabilité qu'elle

---

[17] Autre trait générationnel assez précis.

[18] 'Une peur la traverse, dont, avant même qu'elle l'ait reconnue, elle s'écarte si furieusement qu'elle déchire une couture' (MT 19).

[19] Même si le thème de l'inceste se trouve par exemple dans d'autres textes de Jacqueline Harpman, *Le Bonheur dans le crime* bien sûr, mais aussi son intérêt pour l'histoire des Labdacides.

ressent à chaque retrouvaille-reconstitution du groupe qui s'est disséminé après la tragédie. Mais subitement, elle ne peut s'empêcher de dépasser l'individuel pour entrer dans l'Historique…

Elle parle alors, et avec violence, de 'ce nom de dieu de vingtième siècle qui ne laisse pas d'échappatoire aux gens' (MT 133). Or, la femme à laquelle s'adresse cette fille de la grande bourgeoisie catholique industrieuse qu'est Géraldine Leynier est Charlotte Adorna. L'origine sociale, comme les convictions politiques de ses parents, plonge dans une tout autre tradition: la profonde histoire du XXe siècle que fut le communisme. L'adieu que permet l'écriture de ce livre ('Et maintenant, je le sais, ils vont quitter Octave' (MT 144)) pourrait donc bien être aussi un adieu à certaines convictions ou illusions que métaphorise le récit. À quelque chose, en tous les cas, d'un COMMUN perdu presque aussi vite qu'il n'avait été atteint.

L'abject et l'aurore, le sexe

Celui-ci s'articule et s'emblématise autour d'une scène que le roman ne cesse de remoduler. Elle apparaît dès la vingt-deuxième page du récit. Elle est définie comme le 'plus beau matin du monde' (MT 23). Dans sa première occurrence, la scène voit 'la silhouette longue et étroite' d'Octave Leynier tirer un 'rideau très blanc, très délicat, qui tamise la lumière du jour naissant' (MT 23).[20] Charlotte Adorna, Géraldine Leynier, Bernard Tardieu et Antoine Meyssac se trouvent également dans cette chambre. Tous prennent le café.

Dans cette scène de groupe à l'aube – reprise sept pages plus loin –, Octave 'ébloui-éblouissant' (MT 30) constitue non seulement la figure de proue de l'image mais celui qui va se rendre compte de l'arrivée inopinée du père. L'image renvoie clairement au motif apollinien tel que l'Antiquité nous l'a légué:

> Octave debout devant ce rideau que dans un instant il va écarter, […] Octave dans le petit jour, avec ce halo de soleil sur sa blondeur, le long corps nu, nimbé d'or, cheveux, duvet, toison, fourrure, le poil blond qui prenait la lumière et la gardait, il était entouré de soleil comme on l'est d'un habit, la clarté du matin émanait de lui, son corps lumineux était le jour qui se lève, il ruisselait d'or, il brillait tant qu'il faisait monter des larmes, il avait capté la lumière qui jouait et se roulait sur sa peau, qui jouissait de lui, la lumière l'avait pris pour amant, il était debout le bras tendu, offert

---

[20]   Prénom qui est par excellence celui de l'aube de l'empire.

au jour qui le caressait, radieux, aimé du matin dans son débordement de joie, livré au halo du soleil, la grâce incroyable de ses gestes faisait trembler d'émotion, Octave si beau qu'on ne respirait plus, si tendre, si fier de donner tout ce ravissement [...]. (MT 31)

Tel un motif musical, cette image augurale unique revient au fil des pages et des remémorations de chacun des survivants.[21] Ainsi, au retour d'une soirée en compagnie de Géraldine Leynier, Charlotte Adorna – elle a tenu à qualifier de 'solitude déclarée' (MT 67) sa vie après ce pur moment collectif –, parle des dix années qui suivirent le drame comme d''un lieu qu'elle n'aurait pas habité' (MT 68). N'était la présence d'une 'image [qui] courait dans son esprit, apparaissait, s'évanouissait: celle d'une fenêtre ouverte, la brise du matin soulève un rideau de voile blanc, il y a des rires, [...] vivre ne soulève pas d'interrogation, [...] cela a existé, cette fraîcheur, cette aube, ce soleil dans le jardin, et même si tout a débouché sur l'horreur, sur cet homme fou, est-ce que ce n'est pas une autre folie de ma part, une manière de m'accorder à sa folie que de toujours refuser que je me souvienne du bonheur, de la grâce, du sourire...' (MT 68-69)

Car l'augural lumineux coïncide, à peu de chose près, avec le déclenchement de la folie du père Leynier. Le souvenir de ses éructations obscènes intervient donc de plus en plus, au fil du récit, dans les remémorations mélodiques et psychanalytiques de la scène. Sa fille, Géraldine, en arrive ainsi à parler d'un 'étrange inacceptable'; de 'l'ordure qu'il y avait dans [s]a tête [...] c'est ça qui a tué Octave, découvrir cette horreur dans la tête de son père' (MT 93). Elle dit se souvenir de chaque mot prononcé par son père, mais ne pouvoir ni vouloir les répéter de peur de retomber dans la paralysie qui en découla.[22]

---

[21] 'Et c'est ça le dernier moment de bonheur d'une vie, dans une seconde il va tourner la tête vers le jardin, appeler aussitôt pour partager la lumière, et là c'est encore le bonheur, oui, mais si près du précipice que déjà je sens la chute [...]. En vérité, c'est comme s'il était mort dès l'instant où il a pâli' (MT 31-32).

[22] 'Je me souviens de tout, Antoine, de chaque mot qu'il a dit, mais je ne peux te les répéter. Je crois que je referais une polyo, il doit bien y avoir un virus qui passe, j'aime mieux ça en moi que les paroles de mon père. Tout y a passé. Je n'ai jamais lu, par la suite, quoi que ce soit de pornographique ou d'obscène qui n'ait été dit, ce matin-là, par mon père au sujet de ses enfants' (MT 93).

Peu auparavant, Charlotte avait passé une soirée avec Antoine. À la fin du repas, elle s'était demandé pourquoi tous quatre demeuraient si obstinément dans le silence; pourquoi ils acceptaient de continuer à subir Octave (MT 83), cet être dont le 'mouvement intérieur' était pourvu d'une 'grâce de danseur toujours sur le point de s'envoler, et qui ne devait que bien plus tard rester dans le souvenir comme le signe même de sa fragilité' (MT 85). Car les premières retrouvailles entre Charlotte, Antoine et Bernard – sans Géraldine, la sœur jumelle d'Octave qui somatisa presque à mort les événements – se sont déroulées sans 'tornades' (MT 53) ni réveil de volcan. 'Rien n'avait attisé le feu des profondeurs' (MT 54). Et la narratrice-spectatrice de commenter:

> Tant de naïveté chez eux me fait sourire, et quand j'y pense, je me demande si ce n'est pas toujours la naïveté qui a régné sur leur histoire. En vérité, je crois qu'il leur manquait le sens du péché et que c'étaient des gens d'avant la pomme. (MT 54)

D'avant l'Œdipe et d'avant la culpabilité? *La Mémoire trouble* n'entend pas se muer en commentaire savant. De la sorte, elle entre toutefois dans le mouvement concret qui amènera les uns et les autres à un au-delà de l'enfouissement de la Scène et de l'idéalisation d'Octave.

L'avalement et l'abandon, la mort du symbolique

Peu à peu, la remémoration de chacun en arrive à prendre relativement distance avec Octave, 'avalé par son père' (MT 141); avec Octave 'debout et déjà mort' (MT 140). Bernard, qui est issu du milieu laïc, dont la pensée ne cesse de 'travailler au cœur de la forteresse' (MT 138), est celui qui donne, peu avant la fin du roman, le plus de précisions factuelles sur la Scène. Cela se passe au cours d'une soirée passée en compagnie de Charlotte.

'Attentif et aimant' (MT 139) jusque-là, le père Leynier est rentré du Congo plus tôt que prévu. Il constate que la fenêtre de la chambre d'Octave est fermée alors que celui-ci dormait toujours fenêtre ouverte. Celle de Géraldine, en revanche, est ouverte. Le rideau vole au vent. Il se soulève, découvrant Octave nu, à quatre heures du matin, dans la chambre de sa sœur. Tous cinq sont en train d'y boire un café matinal. Le père Leynier bondit à l'étage et

> s'abreuve, gueule ouverte, sans voix, au péché d'Octave, *il s'en gorge*, et *s'en pénètre* de *partout*, ça l'*envahit*, ça le *prend*, ça le *fait gémir*, il *vacille* sous l'excès de la

possession, il *râle*, et nous regardons Octave capté par son père, absorbé, bu, et le seul mot qui sera dit viendra de Géraldine qui lève un peu, très peu, une main et qui murmure, à peine si l'on entend 'Non' […]. (MT 140) (c'est moi qui souligne).

Et Bernard de s'attarder alors sur l'impossibilité qui fut la leur, dix ans durant, de revenir sur ces minutes: 'pas parce que nous étions nus, ou pris en flagrant délit, ou ridicules, ou effrayés, ni parce que nous avions commencé à être responsables de la mort d'Octave' mais 'parce que c'est l'instant où a lieu cela que nous ne voulons pas savoir' (MT 140). Cet instant est celui de la dévoration, archaïque et moderne à la fois, du fils par le père. Dès lors, le commun acharnement des quatre survivants 'au silence, la façon dont, toutes ces années, [ils se sont] évités, n'était-ce pas la peur que l'un [d'eux] lâche un mot malheureux qui [les] affronte à [leur] condition d'abandonnés?' (MT 141).

Ainsi peut s'engendrer l'autre image plastique focale du livre, celle qui va désigner son terme et constituer l'exact antipode de l'image apollinienne. Tout aussi reliée aux arts plastiques, elle fait renvoi à *La Ronde de Nuit* de Rembrandt. C'est là que va se perdre la femme de Bernard:

Et le pas de quatre continuait devant elle, gestes accordés, voix qui s'entrelacent, réponses […]. On ne pouvait le recevoir que comme un tableau, il faut consentir à être devant sans être dedans. On est habitué à supporter sans douleur de ne pas entrer dans la Ronde de Nuit; mais y être assise, parmi le reflet des armures, les appels, le frémissement de la lumière, être au cœur même du mystère et qu'il se déroule hors de portée? (MT 160)

De l'aube apollinienne à *La Ronde de Nuit*

D'où sans doute aussi, les renvois à *Phèdre* ou à *Athalie* qui permettent au récit de dupliquer 'l'horreur d'une profonde nuit' (MT 162); mais également à *La Walkyrie* de Wagner. Le dernier acte de cet opéra, qui ne manque jamais d'engendrer des larmes chez Géraldine Leynier, met en scène un 'dernier dialogue entre la fille et le père. Il est contraint de la punir par une loi interne à quoi il ne peut pas se dérober, et la punition est terrible, mais la fille la reçoit avec bonheur, puisqu'ainsi elle sera réaccordée à son père […]' (MT 157), certes, au prix d'une punition: 'elle perdra [en effet] sa nature divine et deviendra une simple mortelle' (MT 157). C'est également une des clefs du roman.

Ce que les cinq partenaires de l'aube magique ont vécu n'est-il pas, aux dires de Charlotte, 'une évidence qui n'avait pas besoin de dénomination. De sorte que nous ne savons pas ce que nous avons perdu' (MT 136)? Et le texte de spécifier ce qui constitue sa démarche même et que la narratrice ne cesse de mettre en lumière de façon décalée: 'C'est peut-être pour ça que nous ne guérissons pas. On doit nommer le mal pour désigner le moyen de le guérir' (MT 136).

Constat d'autant plus clair que les remémorations de la Scène et de ses séquelles sont toujours ponctuées par la narratrice qui joue, dans *La Mémoire trouble*, le rôle d'identification que l'on a vu. Au moment où Bernard, le scientifique (qui réalise des dessins de fleurs très précis), est allé le plus loin dans l'analyse, la narratrice-spectatrice dit: 'Je regarde la page à demi écrite, puis le jardin, puis, avec réticence, ma pensée qui se déroule, et voilà qu'elle me mène à Bernard, sans que je l'aie projeté, moi qui ai tant voulu l'y forcer' (MT 136). Cette fois, c'est dans la 'faille' de Bernard qu'elle s'engouffre avec effroi. Pour elle, cet homme est

tranquille, une tour, murs épais, planchers solides, ronde et haute, bonne au regard, mais la forteresse parle des armées ennemies qui parcourent le pays, des guerriers en alerte, du siège interminable où les vivres s'épuisent, et si je veux garder la tour bien dressée au milieu de la plaine, *c'est pour qu'elle me protège toujours*, je tremble qu'elle se lézarde, j'ai vu trop de fortifications écroulées qui n'abritent plus que des rats et quelques nids d'oiseaux, je veux garder Bernard fort, Bernard a dit que, je ne renoncerai pas au délice de s'en remettre à des mains fiables, de se laisser guider, j'aime trop le bonheur clandestin de la reddition, l'abandon sans réserve et l'endormissement calme dans des bras attentifs. Mais quelles démissions devant *des vainqueurs mal choisis* m'ont donné tant de peur qu'il me faut rêver Bernard invulnérable pour, ah! enfin me livrer, déposer les armes, quitter la tour de guet, laisser le chagrin s'épanouir en moi sans craindre d'y perdre mon âme, et m'apaiser, me détendre, dormir... (MT 137) (c'est moi qui souligne).[23]

Ainsi se précise ce 'ça' qui ne cesse de hanter le texte, et qui s'y énonce très tôt. À la page 40 – moment où Antoine, sur le point de revoir Charlotte, s'interroge sur sa guérison –, la narratrice l'interrompt et prend la parole pour revenir à

---

[23]　Le roman se termine, rappelons-le, par ces mots: 'La mort, mon âme'... (p. 167).

ça, à l'innommable, à ces jours-là, pour lesquels on ne pouvait pas trouver de mots, qui étaient, dans la vie d'Antoine, et il en était sûr dans la vie des autres, les lieux de la nuit et de la terreur, les jours de la malédiction, du silence, ces jours opaques auxquels [l']esprit [de la narratrice] revient toujours, qui l'attirent, il y vole et il s'y brûlera. (MT 40-41)

Du commun, la survivance

Difficile de ne point voir dès lors, dans l'allusion à *La Ronde de Nuit*, une des nombreuses mises en abyme du processus qu'instaure le texte, et qui fait de ce roman plus qu'une fiction. Non qu'il cherche, comme la femme de Bernard, à percer un mystère qu'il a inscrit dans l'ordre de l'innommable; mais parce que langue, récit et fiction (menés à la façon de la reprise des motifs musicaux et des cercles de la parole de l'analysant) peuvent finir par approcher et épuiser à la fois cette scène et ce non-dit. Pour les placer dans une dynamique et une forme d'apaisement, et non plus dans un 'affolement figé' (MT 112).

La perfection quasi divine – hors péché originel, qui plus est; hors culpabilité donc – que connut ce quintette d'amis tout sauf révolutionnaires s'est brisée en cette aube plus nuancée que la rimbaldienne. Ce matin du monde s'est anéanti à travers un retour en force de l'immonde et un engendrement de l'innommable. L'effet de réel impensable est, qui plus est, venu du tenant même du symbolique, le père – et de sa parole. Au point de la lui faire perdre; de faire perdre la vie à son fils, aspiré par un retour en force de l'archaïque saturnien le plus enfoui; et de paralyser sa fille. Au malheur des jumeaux correspond, pour les trois autres membres du quintette, l'errance relative. Du moins jusqu'à ce que le temps, la parole et les manigances d'un tiers ne les rassemblent ainsi que la jumelle survivante, mais autrement.

Aux trois cinquièmes du récit, dans le troisième mouvement de la narration, apparaît une autre image décisive – et pour elle, et pour Octave, et pour le groupe – qui indique le basculement de l'Aube apollinienne vers *La Ronde de Nuit*. En faisant les cartons de son époux dans lesquels dorment syllabi, notes de cours, diplômes et cartes postales familiales, la femme de Bernard est tombée sur 'une photo prise à la foire, au tir à la carabine, quand le tireur atteint le milieu exact de la cible' (p. 101). Parfaite mise en abyme. Celui qui tient la carabine et fait mouche dans le miroir, c'est Octave, qui mourra trois mois plus tard. Le cliché immortalise ainsi, en même temps, et le groupe qui incarne le rêve du commun[24] qui a hanté le XXe siècle – y compris dans ses mouvances politiques auxquelles Jacqueline Harpman ne fut pas insensible –, et la victime solaire devenue la pièce qui fait à la fois défaut et obturation. Là où les mots et les intrigues n'ont rien pu, l'image donne à la femme de Bernard l'indication de la pièce manquante et présage sa propre mort.

Rien d'étonnant donc à ce que le XXe siècle et ses impasses aient été discrètement évoqués par le roman comme un désastre ainsi que je l'ai déjà signalé; ou à ce qu'il ne soit fait qu'incidemment référence au communisme. Dans ce monde d'enfants aisés et/ou privilégiés, tout sauf fauteurs de désordre,[25] quelque chose a toutefois eu lieu. Quelque chose qui est de l'ordre du commun et du solaire; mais qui fut presque immédiatement déchiré.

Cela renvoie à une expérience profonde du siècle écoulé. Harpman l'incarne avec les modulations qui lui sont propres, et dans les milieux qu'elle n'a cessé de décrire et de mettre en scène, et qui en semblent tellement éloignés. C'est ce tremblé, si subtilement rendu par le titre du livre, qui indique sa singularité et en fait le prix, au sein de l'esthétique néo-classique comme de l'œuvre de Jacqueline Harpman.

---

[24]   Voir à cet égard notamment les travaux de J.-C. Bailly et J.-L. Nancy dans *La Comparution* (Paris: Christian Bourgois, 2007) et d'autres ouvrages.

[25]   'des enfants sages' (p. 124).

Estrella de la Torre Giménez

La Dormition des amants: un roman-mémoire du XVIIᵉ siècle au cœur du XXIᵉ siècle

Jacqueline Harpman nous surprend en 2002 avec la publication d'un faux roman historique et d'un faux roman mémoire *La Dormition des amants*. L'écrivaine, se situant dans un XVIIᵉ siècle réinventé, construit un réseau de personnages dominé par une princesse espagnole que personne ne pourra récupérer dans les livres d'histoire car elle n'y figure pas, comme il leur arrive à la plupart des personnages. La romancière déclarait à Isabelle Blandiaux, en août 2002, qu'elle n'avait rien à voir dans le choix de l'époque où se développe l'action de son roman:

> (…) je n'ai pas choisi. Quand ces premières phrases sont arrivées, il y avait un brasero, une tente, une reine, des guerres qui ne me situaient pas à l'époque actuelle. Ou bien je laissais tomber, mais je n'en avais pas envie, ou bien je continuais et je m'instruisais sur ce début du XVIIᵉ siècle que je ne connaissais pas bien.[1]

La Dormition des amants reste entièrement soumise à l'activité psychique de la 'mémoire'. C'est par l'activité de la mémoire, qui lui permet de constituer une conscience de soi, que Girolamo, le narrateur, s'ouvre à l'existence au fur et à mesure que le fait la véritable héroïne de son récit, María de la Concepción. La constitution des deux personnalités résulte de la prise de conscience de l'enchaînement de chaque moment de conscience dans une unité organique liée. Tout le récit n'est qu'une impressionnante plongée dans l'inconscient humain. Son métier de psychanalyste a permis à Jacqueline Harpman de s'introduire à l'intérieur de ses personnages et de construire un roman-mémoire anachronique. Centrée dans un XVIIᵉ siècle fictif, la romancière s'éloigne des mémorialistes de cette période qui

---

[1] Isabelle Blandiaux, 'Jacqueline Harman, romancière de l'inconscient', 9 août 2002, http://www.dhnet.be [consulté le 27 janvier 2010].

écrivaient surtout pour les autres et dont les descriptions étaient faites pour éclairer, non pour faire rêver. Il n'existait aucune nostalgie dans leurs œuvres. Harpman par contre en composant son roman nous fait penser à Baudelaire qui proclamait dans 'Le Balcon': 'je sais l'art d'évoquer les minutes heureuses'.[2] La romancière, à travers la narration de Girolamo, se glorifie de ramener à la vie ce qui est mort. Comme les romantiques elle sacralise la mémoire, qui triomphe de tout et abolit le temps.

Girolamo, le je-narrateur de tout le récit, ne pense pas uniquement à donner sa version particulière de faits historiques au sein desquels sa maîtresse et lui-même ont essayé de survivre, car son dessein fondamental consiste à se questionner sur lui-même et sur María de la Concepción, et surtout sur leur vie sentimentale qui va primer sur le reste de leurs actions. Le narrateur bâtit tout son récit sur la découverte des raisons qui les ont poussés à leur éternel jeu d'actions et réactions à la découverte du bonheur. Ce qui compte pour Girolamo c'est 'l'histoire privée': tout ce qui l'entoure 'fait partie de l'Histoire publique '[3] et cela c'est le travail des historiens. Comme tous les romans-mémoires, *La Dormition des amants* montre avec intensité le processus de création postérieure à l'événement en cours dans l'entreprise de recréation du passé. Le 'je' de la narration, Girolamo, construit le lien entre l'événement et la mémoire grâce à la capacité du langage à construire la subjectivité considérée par Benveniste comme: 'unité psychique qui transcende la totalité des expériences vécues et les assemble, et qui assure la permanence de la conscience'.[4] Girolamo n'accorde aucune importance à son style, les mémoires ne devront être lus qu'après sa disparition et à ce moment il ne sera pas 'vexé'.

Comme il arrive dans la plupart des récits construits sur des souvenirs que l'on veut récupérer dans le présent de la narration, les JE de *La Dormition* sont plusieurs. Le 'moi' du narrateur est le centre du récit. Dès le début de l'histoire l'eunuque Girolamo laisse voir clairement son rôle: 'Je ne suis point le héros de cette histoire, seulement l'historien' (DA 17). Mais en réalité il joue le double rôle de personnage et de narrateur. Il apparaît comme

---

[2]   Charles Baudelaire, *Les Fleurs du mal* (Paris: Garnier-Flammarion, 1964 [1868]), p. 63.

[3]   Jacqueline Harpman, *La Dormition des amants* (Paris: Grasset, 2002), p. 330. Les citations extraites de ce texte seront suivies de l'abréviation DA et du numéro de page.

[4]   'De la subjectivité dans le langage' in *Problèmes de linguistique générale, 1* (Paris: Gallimard, 1966 [1958]), pp. 259-60.

l'éternel témoin et co-protagoniste de l'histoire de son sosie, María de la Concepción, le véritable sujet des mémoires.

Jacqueline Harpman ne veut pas s'exclure de son récit. Elle apparaît déguisée dans la figure d'un 'petit garçon' que le lecteur a connu à travers les constantes allusions que Girolamo fait au présent de la rédaction des mémoires, un personnage apparemment secondaire mais que le narrateur a toujours considéré dans sa juste valeur. Sans lui, il n'aurait pas pu accomplir sa tâche:

> Depuis des jours, le petit garçon tient l'encrier sans défaillance. Il le remplit à temps, me donne à boire quand j'ai soif et ne dort que si je me suis endormi. Sa fidélité me touche.
> -   Comment t'appelles-tu? lui ai-je demandé.
> -   Harpman. (DA 335).

Le petit agit en secrétaire du narrateur mais comme lui-même l'assure: 'Je suis rapide et vigoureux: je pourrais, si vous êtes fatigué de tenir la plume, écrire sous la dictée pendant des heures' (DA 335). La romancière justifie son rôle de rédactrice de l'histoire se plaçant dans un second plan; elle/lui se limite à soutenir les outils fondamentaux pour celui qui écrit. À la question posée par Isabelle Blandiaux ('Après avoir exploré tant d'esprits humains, en quoi celui du narrateur de *La Dormition des amants*, Girolamo, vous a-t-il intéressé?'), Jacqueline Harpman avouait son éloignement dans la création du personnage: 'C'est lui qui racontait, qui avait tout vu. C'était naturel. Je n'ai fait que suivre. J'ai le sentiment que je dois aller déchiffrer ce qui est écrit quelque part'.[5]

L'introduction qui précède le premier chapitre des mémoires résume de manière exemplaire tout un passé à partir d'un présent régi par la mort toute récente de la reine. Girolamo reproduit ses derniers mots, ses dernières réactions face à une mort qu'elle savait imminente et contre laquelle elle se révoltait: 'Je ne veux pas mourir, disait-elle, d'une voix de plus en plus rauque. (…) elle luttait farouchement, cherchant peut-être un poignard pour tuer la Mort qui l'attendait en ricanant' (DA 11). Le narrateur résume tout un caractère, celui d'une princesse espagnole, élevée par un père qui la voulait libre et cultivée, une femme indomptable: '(…) une femme qui n'a jamais

---

5   Blandiaux, op. cit.

pleuré que de rage et qu'un orgueil fou a portée à travers les drames, les deuils, les échecs et les triomphes!' (DA 12). Mais ces quelques lignes liminaires dévoilent le grand secret du narrateur: 'Je l'ai aimée, à en mourir, mais de la seule façon qui fût possible à un homme de ma sorte, lettré, indispensable, eunuque: en silence' (DA 12).

Les derniers mots de ce chapitre introductoire nous font imaginer une scène de nécrophilie: '(…) j'irai m'étendre à ses côtés, le long de ce corps qui refroidit si vite et ainsi mon corps qui n'a jamais pu s'échauffer sera enfin en harmonie avec le sien. Ce sera l'unique nuit d'amour de ma vie' (DA 12). Rien ne nous fait présumer que ces derniers mots révèlent une fin romantique des protagonistes qui rapproche le récit de Harpman du drame shakespearien *Romeo et Juliette*:

> Mon récit est achevé, ma tâche est accomplie: bientôt, lorsque tout le monde dormira, j'irai dans le grand coche paré des emblèmes du deuil, je soulèverai le couvercle, je boirai le contenu de la petite fiole de poison que j'ai demandé à Ange de me procurer et je m'étendrai aux côtés de la bien-aimée. Je l'entourerai de mes bras et nous commencerons, tête contre tête, la longue dormition des amants (DA 371).

Il proclame souvent son désir de mourir avec son éternelle aimée, mais la mort que l'on croyait métaphorique – 'Il est intolérable de survivre à l'amour' (DA 336) – se résume en un suicide prémédité à partir du moment où il aura fermé les yeux de María.

Si Girolamo rédige les mémoires de sa maîtresse c'est pour accomplir ses derniers vœux: '(…) la tâche de raconter toute l'histoire me semble bien ardue. Je ne peux pourtant pas m'y dérober, c'est ce que la reine exigeait de moi et je suis seul à pouvoir témoigner de la vérité' (DA 11). Mémoires commencés juste après la mort de la protagoniste et dont le temps de la rédaction n'ira plus loin du jour de son enterrement, ils auront comme support la figure du personnage-narrateur, l'eunuque Girolamo, témoin et co-protagoniste de l'histoire de sa maîtresse. C'est son regard et ses oreilles qui nous transcrivent l'évolution d'une existence, celle de la reine María de la Concepción, une femme qui n'aurait jamais conçu sa vie sans l'avoir vécue à côté de son confident, son éternel amour jamais avoué. Si Girolamo raconte l'histoire de sa maitresse, en réalité il ne fait que raconter la sienne; il est impossible de les séparer, tellement elles sont imbriquées. Le reste des personnages ne sont que des satellites qui n'existent que grâce à eux et autour d'eux. Girolamo narrateur est inclus comme personnage dans la narration, il devient racontant et raconté.

Toute l'histoire s'inscrit sur la narration diachronique de la vie de la reine, mais la réalité s'avère être double car le narrateur est toujours obligé de parler de lui-même au fur et à mesure qu'il essaye de remémorer les moments clés de la vie de sa souveraine. La protagoniste principale reste soudée pour toujours à celui à qui elle a chargé de rédiger ses mémoires. Le 'moi' du narrateur va se doubler en deux 'moi' inséparables.

Les frontières entre un mémoire et un journal restent souvent effacées tout au long de la narration. Girolamo se voit obligé de rapporter les événements qui se produisent autour de lui pendant les jours qui s'écoulent entre la mort de María et son enterrement, délais de temps que le narrateur s'est donné pour finir les mémoires de sa maîtresse et de sa propre existence. Le rappel journalier des événements vécus par Girolamo, assorti des réflexions qu'ils ont suscitées, en restera une simple énumération; son présent ne compte pour lui qu'en raison de sa relation directe avec le passé narré. Le récit des faits présents est toujours très bref, quelques petits renseignements lui servent pour nous mettre au courant à propos de son travail de rédacteur des mémoires, de son empressement pour les finir avant l'arrivée du cortège funèbre à l'endroit où sa bien aimée doit être enterrée.

Mais ce sont les passages inattendus du passé au présent de la narration qui confèrent à *La Dormition des amants* son caractère d'ouverture vers l'énigme qui a dominé l'existence de Girolamo dont lui-même n'a jamais été conscient. C'est la rédaction des mémoires qui l'aide à comprendre la raison de tous ses bonheurs mais aussi de tous ses malheurs. Châtré depuis son enfance, il n'avait jamais connu les plaisirs de la chair, son amour pour María avait été mystique, c'était de la pure adoration. María ne fut jamais aussi naïve, elle aimait l'homme, le contact direct avec son corps:

Aujourd'hui, j'ai compris bien des choses qui, à l'époque, échappaient à ma naïveté, la principale étant que María savait ce dont mon état la privait, alors que je l'ignorais et que j'ignorais tout autant ce dont j'étais moi-même privé. Je l'aimais sans réserve, de la façon la plus absolue, je me sentais aimé d'elle, et je me croyais content ainsi (DA 175).

Eunuque, elle m'a aimé plus que son époux, plus que son fils, plus que son père. C'est au bout de ce terrible récit que je découvre avoir été le mieux aimé (DA 371).

Histoire en boucle, à la fin on revient au point de départ. Récit rétrospectif, le présent de l'histoire, représenté par la mort de la reine, est récupéré au moment même de son enterrement. Quelques jours ont suffi à Girolamo pour reconstruire à toute vitesse deux existences qui, en réalité, s'avèrent être une seule. Le passé est raconté en fonction de la situation actuelle du narrateur et du sujet des mémoires, la reine María. Girolamo dira le passé à travers sa conscience actuelle, leur passé est revécu dans le présent, la démarche de son récit est régressive. Jacqueline Harpman se complaît à multiplier les étagements, les va-et-vient temporels dans un type de narration alternativement régressive et progressive autour de la mémoire active du narrateur.

L'énoncé se fait réflexif; le narrateur, réintégré comme personnage, est simultanément porteur du regard et du discours; il parlera de lui-même tel qu'il se voit et du monde tel qu'il le voit:

> La place que j'occupais auprès de la reine paraissait naturelle (…) peut-être mon état d'eunuque suscitait-il parfois quelque perplexité, accompagnée éventuellement d'un sourire, peut-être aussi n'y pensait-on plus beaucoup (DA 253).

Girolamo est rarement objectif quand il écrit à propos de sa souveraine, la perfection devient son trait distinctif. Jacqueline Harpman réinvente une nouvelle Julie, mais son personnage, la reine María de la Concepción, a toujours eu besoin de son sosie, Girolamo, pour soutenir cette perfection. En se sentant mourir il lui faudra la main de son autre 'je' pour transcrire leur existence et pour qu'elle reste pour toujours un exemple d'amour partagé mais jamais avoué.

Jacqueline Harpman, pour bien reproduire la symbiose presque parfaite entre les deux personnages, paraît récupérer le mythe de l'androgyne qui constitue l'axe de son roman *Orlanda*. María et Girolamo pourraient se concevoir comme un cas atypique d'androgyne. Deux personnes, une femme et un homme, qui vivent indépendamment, qui possèdent leur propre univers existentiel, se complémentent si étroitement qu'en réalité ils ne sont qu'une seule et même personne. Ils reconstituent le mythe platonicien: 'En ce temps-là, il y avait l'androgyne, un genre distinct qui, pour le nom comme pour la forme, faisait la synthèse des deux autres, le male et la femelle'.[6] Emanuel

---

6   Platon, *Le Banquet* (Paris: Flammarion, 2007), pp. 114-15.

Swedenborg développe dans son livre *L'Amour vraiment conjugal* une idée selon laquelle l'amour entre l'homme et la femme peut créer de ces deux êtres un être complet, et que cet amour persiste même après leur mort, de sorte qu'ils peuvent ainsi demeurer à jamais unis l'un à l'autre.[7] Une très belle métaphore illustre l'éternelle union de Girolamo et María. Après une nuit où ils ont dormi ensemble, comme ils le faisaient d'habitude, leurs chevelures apparaissent nouées: '– Voilà que nous ne formons qu'un, Girolamo! – C'est que je vous appartiens, Madame, et ne suis qu'une partie de vous' (DA 125).

Si, au seuil de la mort, María propose à Girolamo de composer ses mémoires c'est parce qu'elle continue à exister dans le corps de son autre 'je'. Elle a agi toute sa vie comme un homme. D'une culture inhabituelle pour les femmes de son temps, libérée de toute sorte de contraintes, elle domine les différentes situations, agit avec décision, rien ne va la différencier des hommes qui l'entourent, Girolamo, par contre, castré depuis son enfance, pourrait symboliser le côté féminin de sa maîtresse. Tant que l'un des deux restera vivant l'autre ne disparaîtra pas.

Comme dans tout roman-mémoires, l'importance de *La Dormition des amants* réside dans les possibilités d'analyse et d'exploration des personnalités du narrateur et du personnage narré. Jacqueline Harpman assume le caractère entièrement fictif de son roman-mémoire, même si elle cherche à donner à son récit toutes les apparences formelles ou événementielles d'une biographie réelle, dont l'acte d'écriture ne se distingue que comme acte de pure *création* et non de *recréation* en référence au réel.[8] Le caractère subjectif de ce mode de narration permet l'existence de personnages à la psychologie subtile et complexe.

Comme dans le reste des mémoires, dans celui rédigé par Girolamo se produit la corrélation entre l'auteur et un destinataire. Il s'agit d'un destinataire collectif, un public celui de la postérité, qui entretient avec l'auteur fictif de *La Dormition* une relation très directe et personnelle. Girolamo ne donne jamais l'occasion aux lecteurs de douter des possibles invraisemblances qui pourraient survoler son récit des mémoires de sa

---

7 Emanuel Swedenborg, *Les Délices de la sagesse sur l'Amour Conjugal* (Paris: Treuttel et Würtz, 1824).
8 Voir Loïc Thommeret, *La Mémoire créatrice* (Paris: L'Harmattan, 2006), pp. 20-21.

maîtresse. Auteur externe, Girolamo reste toujours un témoin direct. Les souvenirs ne lui ont pas été rapportés par d'autres personnages, il n'écrit qu'à propos de ce qu'il a vu. Comme lui-même le reconnaît, il n'a été obligé de se séparer de María que deux fois, quand elle s'est mariée et quand elle a accouché de son premier fils, le dauphin Renaud. Les raisons s'avèrent très différentes: dans le premier cas le protocole le lui empêchait; dans la seconde occasion c'est la reine qui l'obligea à faire un voyage absurde pour l'empêcher de souffrir devant ses propres souffrances au moment de l'accouchement.

Si les mémoires ont pour sujet le *mémorable*, ils n'ont pas à faire grande place à l'intériorité de l'auteur. Les expériences et les réactions d'une conscience sont de caractère trop intime pour atteindre les mémoires. Les auteurs se limitent à transcrire les événements de portée publique, ceux qui engagent les intérêts nationaux, ceux qui touchent à la vie de cour, rapporter les aventures hors du commun.

Mais Girolamo n'est pas un simple transcripteur des exploits de sa reine, il a connu ses actes les plus personnels et intimes, ce qui provoque que son intériorité reste transparente au fur et à mesure qu'il élabore les mémoires, mais à cause de leur symbiose c'est au même temps l'intériorité de Girolamo qui transparaît.

Son récit nous permet de connaître les hardiesses d'une femme du XVIIe siècle capable d'arrêter les hémorragies d'une femme de sa cour après avoir accouché d'un enfant, hémorragie que les médecins n'avaient pas pu soigner; capable de mener à bien actions diplomatiques à la place de son mari, le roi Édouard; preste à commander toute une armée. Girolamo ne nous cache rien des pensées les plus intimes de cette femme qui s'éloigne des stéréotypes féminins de son contexte historique. Femme s'appuyant sur des raisonnements logiques, elle ne croit pas en Dieu et ose l'avouer à son éternel confident; reine, de qui on attend un dauphin pour le trône de la France, et qui ose dire: 'je n'ai aucune envie de faire un enfant' (DA 174). D'après le portrait rendu par Girolamo rien ni personne ne pouvait l'arrêter:

> (…) traverser au galop tout ce que l'on peut trouver dans les chroniques pour ne m'attarder que sur ces secrets dont María voulait qu'ils ne fussent pas perdus, qu'une trace en restât car, disait-elle, puisque mes grands projets ont échoué, ma gloire est plus dans ce que je fus que dans ce que je fis (DA 295).

Le temps et l'espace restent superflus, ils ne constituent que des décors pour y insérer l'évolution d'une histoire d'amour entre deux âmes jumelles qui ne pourront jamais rencontrer le plaisir dans leurs corps si ce n'est dans l'éphémère d'un instant. Le temps que mettent en jeu les mémoires reste conditionné par son sujet, c'est-à-dire le moi de l'auteur. Dans le récit de Harpman il couvre la vie de la reine María mais aussi de celui qui la rédige. Les allusions répétitives aux luttes internes entre catholiques et protestants aident à insérer l'histoire dans un XVIIe siècle où les éternelles guerres de religion traversaient l'Europe et obsédaient les monarques français. Comme d'habitude, rien ne correspond à la réalité historique, mais dans son ensemble il est assez illustratif du problème réel que l'Europe souffrait dans cette période:

> Grâce à la fermeté de monsieur Corvisier soutenu dans ses efforts par le maréchal de Montcordin, un calme relatif régnait dans le royaume. Les protestants suivaient Argenton et Vermendois qui par fidélité au roi prêchaient la pondération et les catholiques les plus agités retenaient leur impatience. Les choses n'allaient pas si doucement à Vienne où Frédéric dépité par le recul du Horzburg attendait le moment de la revanche. La blessure d'amour-propre aiguisait une piété furieuse, et nous regardions avec inquiétude l'Empire se convulser. Edouard ne voulait pas être pris dans les guerres des autres, mais n'était pas sûr d'y échapper (DA 154-55).

Mais María aura le courage d'avouer à Girolamo sa méconnaissance des problèmes religieux qui les menaçaient: 'Voilà près d'un siècle que les pays sont à feu et à sang autour de la religion et je me rends compte que mon père a oublié de nous faire instruire sur le protestantisme' (DA 155).

Un imaginaire continuel circonscrit le récit. De grands personnages du XVIIe siècle comme Galilée, Harvey, Shakespeare ou Jean-Baptiste Van Helmont attirent María et son mari, le roi de France Édouard, mais le portrait de la souveraine sera chargé à Xavier Mellery, un des peintres de l'école Symboliste belge. C'est comme si Jacqueline Harpman voulait réunir deux époques dans la personne de cet artiste, un peintre dont Camille Lemonnier avait dit:

> On lui a reproché l'aspect gris de sa peinture. La lumière, en effet, n'y ruisselle presque jamais; il l'entrevoit à travers des sourdines et l'égoutte en clartés apâlies silencieuses, comme ses personnages. La mobilité des choses soumises à de brusques variations comme l'eau, le ciel, les heures du paysage, ne correspond pas à son talent

attentif, appliqué et lent. Il est l'homme des impressions patiemment dégagées, d'un certain mystère de la vie graduellement élucidée, des mouvements dont il est permis de suivre trait par trait les passages successifs. Quelque chose de la placidité des portraits de Holbein, de Pourbus, de Cranach, semble régner en ses personnages, d'une apparence parfois archaïque en leur calme concentré.[9]

Ce sont des appréciations d'un critique d'art qui confirment le commentaire de Girolamo quand il nous décrit la manière dont la reine fut peinte:

> Il mit María devant un mur sombre, ferma les rideaux pour éviter que la lumière ne tombât sur elle, la pria de porter une robe noire et de défaire ses cheveux, toutes choses à quoi elle obéit sans rechigner, et il se mit à l'œuvre, en s'éclairant d'une seule bougie (DA 153).

Girolamo se permettra même de réfléchir à propos d'un futur écrivain, appelé Stendhal, et d'un de ses romans, dont il ne se rappelle le titre, où un tel Fabrice del Dongo 'qui doit transmettre un message', 'erre sans jamais en trouver le destinataire' (DA 266).

À la question posée par Isabelle Blandiaux à propos de l'amour absolu existant entre María Concepción et Girolamo, qui ne pouvait pas s'éteindre car il ne pouvait pas se consommer, Jacqueline Harpman a répondu:

> Fantasmatiquement, c'est l'amour des jumeaux. C'est du moins l'image que l'on se fait de la gémellité. Deux êtres totalement proches, en résonance complète l'un avec l'autre. Ils ne peuvent pas se passer l'un de l'autre, mais ils y sont obligés. Il y a une limite à leur lien et c'est ce qui le rend si violent et pathétique.[10]

L'utilisation du mot 'dormition' à la fin du récit: 'je l'entourerai de mes bras et nous commencerons, tête contre tête, la longue dormition des amants' (DA 371), pourrait servir à résumer parfaitement l'union sentimentale maintenue par les deux protagonistes le long de leur existence. Leur amour platonique avait ressemblé à ce qui arrive à certaines plantes dont les graines n'arrivent pas à germer pendant un certain temps à cause d'une possible immaturité physiologique. L'amour entre 'María de los Lloros' et 'Girolamo

---

[9]   Camille Lemonnier, *L'école belge de peinture, 1830-1905* (Bruxelles: Éditions Labor, 1991), p. 189.

[10]   Isabelle Blandiaux, op. cit.

de los Cojones Perdidos' restera toujours en dormition; seule la mort sera capable de faire germer l'union de deux corps.

Jacqueline Harpman a réussi à nous faire aimer les mémoires, un genre apparemment oublié dans notre siècle, une époque où les individus disparaissent en faveur de la collectivité, où l'amour est rarement conçu comme un sentiment perdurable.

Martine Renouprez

Le détournement du roman sentimental chez Jacqueline Harpman

Ce que Dominique n'a pas su s'inscrit, selon moi, dans la tradition du roman sentimental ou du roman d'amour qui présente certains invariants que nous allons exposer.[1] Ceux-ci constituent une bonne partie de la trame narrative du roman de Jacqueline Harpman mais, en même temps, le récit les déjoue en montrant l'impasse des histoires d'amour qui se répètent dans la littérature rose, et y superpose deux autres modes d'être, l'un réparateur et l'autre transgressif.

Ellens Constans relève trois invariants dans les séries de roman sentimental. Premier invariant: la visée du récit. *Elle* est à la recherche du véritable amour qui doit se concrétiser dans le mariage.[2] Deuxième invariant: l'amour se noue entre deux protagonistes, tous deux sujets et objets de la quête amoureuse. Troisième invariant: un programme narratif résumé de cette manière: deux solitaires se rencontrent et prennent conscience de leur intérêt l'un pour l'autre. Des conflits apparents les opposent, mais ils

---

[1] Jacqueline Harpman, *Ce que Dominique n'a pas su* (Paris: Grasset, 2007); les citations extraites de ce texte seront suivies de l'abréviation CDS et du numéro de page. La distinction entre l'appellation 'Roman sentimental', apparue au début du XXe siècle dans les journaux et la critique, et le 'Roman d'amour' désignant vers 1920 les productions de romans bon marché est d'ordre idéologique, le premier désignant la grande littérature, le second le genre paralittéraire. Ellen Constans montre que tous deux reprennent les mêmes invariants du genre. Voir son article 'Roman sentimental, roman d'amour: amour... toujours', *Le roman sentimental*, Actes du colloque des 14–15–16 mars 1989 (Limoges: Trames, Travaux et mémoires de l'Université de Limoges, 1990), pp. 21-33.

[2] Françoise Helgorsky propose le schéma actantiel suivant: 'Elle (*sujet* et *destinataire*) est à la recherche du bonheur, c'est-à-dire d'un objet double, amour + toujours, qui se révèle obligatoirement dans le mariage. Cet objet lui sera accordé par *un donateur* qui n'est autre que le partenaire masculin, l'Homme, contre des *opposants* variés et avec l'appui de divers *adjuvants*'; 'Harlequin: l'unité dans la diversité et vice-versa', *Les mauvais genres, Pratiques*, 54 (1987), 5-19 (p. 9).

finissent par s'avouer une passion réciproque qui les unit dans l'amour fusion.[3]

Le roman de Jacqueline Harpman prend le relais du *Dominique* d'Eugène Fromentin, en abordant son récit d'un autre point de vue.[4] Je le résumerai de cette manière: deux sœurs, Julie et Madeleine d'Orsel, rencontrent Dominique de Bray. Julie en tombe éperdument amoureuse, mais se rend immédiatement compte que Dominique aime passionnément Madeleine. Cette dernière ne remarque pas cet amour et se marie avec le comte Alfred de Nièvres, mais son mariage est malheureux et sans enfant. Elle comprend alors trop tard la passion de Dominique et la partage violemment, mais vainement, cette passion ne pouvant jamais se concrétiser, ce qui tue Madeleine.

Les figures de Madeleine et Dominique reproduisent la trame traditionnelle du roman sentimental, à l'exception de son dénouement. Pointons-y les trois invariants: 1. Madeleine est à la 'recherche du bonheur, amour + toujours, qui doit se révéler obligatoirement dans le mariage'.[5] Son père lui trouve trois prétendants issus de leur classe sociale. Mais l'idéal matrimonial est démenti. Elle est violée par son mari le soir de ses noces, ce qui la dégoûte de la vie conjugale. Elle n'en laissera jamais rien paraître. Convention sociale oblige. 2. Madeleine et Dominique deviendront sujets et objets d'une quête amoureuse, inaboutie car empêchée par les convenances. 3. En matière de trame narrative, le récit donne ceci: un état initial où les actants, Madeleine et Dominique, vivent dans la solitude; une complication: le mariage de Madeleine et son échec; une dynamisation: la prise de conscience d'une passion réciproque entre Madeleine et Dominique; une ébauche de résolution: les longues promenades à deux et les aveux muets des

---

[3]   Yves Reuter en établit le modèle quinaire de cette manière: 'État initial (la disjonction: solitude de l'Homme et de la Femme); complication (la rencontre); dynamique (prise de conscience et acceptation au travers du conflit apparent); résolution (les aveux réciproques) et état final (vie commune dans l'amour fusion)'; 'Le roman sentimental: système des personnages et circulation sociale de la thématique amoureuse ', in *Le roman sentimental*, op. cit., pp. 209-23.

[4]   *Dominique*, le roman d'Eugène Fromentin, a été rédigé en 1863 dans la mouvance du Romantisme. Voir Eugène Fromentin, *Dominique*, in *Œuvres complètes* (Paris: Gallimard, 1984), pp. 368-564.

[5]   Reuter, op. cit., p. 211.

regards et tremblements; un état final dysphorique: la mort de Madeleine par chagrin d'amour.

Pointons trois écarts du roman de Jacqueline Harpman par rapport au roman sentimental. Le premier est bien entendu sa publication chez Grasset et non dans une série Harlequin. L'horizon d'attente, chez Harpman, du lecteur ou de la lectrice est donc différent.

Le second écart est la fin déceptive du roman. Chez Harlequin, la lectrice anticipe une fin heureuse, ce qui lui garantit le plaisir du texte à travers les aléas des phases de séduction et d'incompréhension. Ici, l'expectative de la lectrice de roman sentimental est trompée: à la disjonction du départ ne correspond pas l'euphorisante conjonction tant attendue, et entrevue comme possible, du couple Madeleine/Dominique. Ici, pas de *happy end*.

Enfin, dans les séries sentimentales – c'est sans doute son trait narratif le plus significatif – la focalisation est interne: la narration est déterminée et limitée le plus souvent par le regard de l'héroïne, ce qui favorise la complicité et l'identification de la lectrice avec celle-ci. Complicité renforcée par le fait que l'héroïne est plutôt commune, et en tout cas décrite comme moins belle que la ou les rivales. Dans le roman de Harpman, c'est la perspective de Julie que nous saisissons, narratrice homodiégétique d'un récit qu'elle construit, en confrontant ses souvenirs et le témoignage de Dominique relaté par Eugène Fromentin. C'est elle, la passionnée, l'héroïne à laquelle le lecteur sera invité à s'identifier. Ce n'est cependant pas elle que le héros va aimer, mais la rivale, sa sœur, d'un coup de foudre scellant une passion unique et irrémédiable. Julie le comprend au premier regard de Dominique pour Madeleine et elle s'efface, se tait et souffre en silence, d'où le titre du roman, *Ce que Dominique n'a pas su*, cause énoncée et explication de l'échec du bon déroulement du genre sentimental où, selon sa logique, Julie aurait dû s'unir à un Dominique au regard dessillé, dans une passion partagée.

Dans les romans sentimentaux, la protagoniste est introduite immédiatement, dès la première page, et il ne faut pas attendre la vingtième pour que le héros fasse lui aussi l'objet d'une description.[6] Dominique et Madeleine incarnent le prototype de la perfection, 'topos *irréaliste*, affublant

---

[6]   Voir Julia Bettinotti, Hélène Bédard, Jocelyn Gagnon, Pascale Noizet, Christiane Provost (sous la direction de Julia Bettinotti), *La Corrida de l'amour: Le roman Harlequin* (Montréal: XYZ, coll. 'Études et documents', 1990), pp. 35-43.

un seul individu de toutes les caractéristiques physiques culturellement assignées à la beauté masculine' du héros[7] et féminine de la rivale, la narratrice se jugeant, pour sa part, beaucoup plus banale. Les premières lignes du récit de Julie énoncent cette perfection sur le mode de l'amère dérision:

> Dominique n'a vu que Madeleine, ses cheveux cassonade et son teint de crème fouettée. Elle avait les yeux en amande, la bouche en cerise: une pâtisserie au miel. Sans doute mon beau, mon méchant Dominique aimait les douceurs. Moi, je suis noiraude, petite, et, pour rester dans la métaphore alimentaire, j'ai le cheveu chocolat foncé, pas noir comme les admirables chevelures des Hindoues qui se déroulent quand elles les libèrent, c'est une eau qui coule et les enveloppe de nuit. Les miens sont légèrement ondulés et tous les soirs ma mère les emballait dans des papillotes. (CDS 13)

Mais, qu'on ne s'y méprenne pas, même si l'humour particulièrement qualificatif de Harpman dans cet extrait la différencie en regard des romans à l'eau de rose qui en sont totalement dépourvus, elle insiste à leur instar sur cette perfection: 'Comment une fille peut-elle être aussi parfaite que le fut Madeleine? Que l'on se fie à ma malveillance: c'est en vain que je lui ai cherché un défaut' (CDS 19). Tenant son rang, Madeleine représente l'idéal du code idéologique catholique, au discours moralisateur, de la haute bourgeoisie et de l'aristocratie:

> Ma sœur était chaste, cela va de soi, industrieuse, elle avait toujours un ouvrage à la main et quand elle eu fini de broder son trousseau, elle s'attaqua au mien. [...] Fidèle, constante, pieuse sans excès, avec cela joyeuse, aimant à rire et excellente au whist: comment ne pas l'aimer? Même moi qui avais de si bonne raisons de la détester, il est certain que je l'aimais. (CDS 19)

Quant au héros, il répond au cliché du genre: ses traits masculins sont sur-connotés: il est grand, fort, un peu sauvage, au regard obscur:

> Son enfance de petit paysan l'avait rendu robuste, il avait le pas plus souple que ne l'ont les hommes grandis dans les salons, mais le geste était retenu [...]. Le front large, le cheveu rebelle au peigne, le regard sombre, un teint hâlé [...] grand [...]. Il surprenait

---

[7] Ibid., p. 36.

par des manières de grand félin mal domestiqué qu'il ne perdit jamais tout à fait et qui
me firent toujours frémir. (Ibid.)

Le cadre B.C.-B.G. de la narration s'apparente aux romans sentimentaux
de Delly.[8] Ce bon chic-bon genre se décline d'abord par l'élite sociale. Dans
ce roman-ci, il s'agit de la 'petite aristocratie de province aux manières
raffinées' (CDS 50). Ensuite par le patronyme aristocratique des
protagonistes, précédé parfois d'un titre de noblesse: Madeleine et Julie
d'Orsel, filles des familles aristocratiques d'Orsel et de Clansayes; Olivier
d'Orsel auquel son oncle, Jean d'Orsel, rappelle qu'il doit tenir son rang ('Au
faubourg Saint-Honoré, où ta naissance exigera que tu prennes ta place, on
vitupère encore contre Charles le Régicide' [CDS 33]); Dominique de Bray,
orphelin, vivant chez l'une de ses tantes, mariée au Baron Ceyssac de
Sainterive, un homme de bonne famille – 'les de Bray n'eussent pas cédé
pour un homme sans naissance' (CDS 44); le comte de Nièvres, futur mari de
Madeleine.[9] Tout ce petit monde réunit la constellation sémantique de la
distinction, de la beauté et de l'élégance et bien sûr, ils jouissent de biens
considérables et évoluent dans un environnement spatial digne de leur
condition:

Il parla de Nièvres, village et château, de sa maison de Paris, fit allusion à ce qu'il
attendait d'une épouse, où Madeleine put reconnaître les devoirs qu'on lui avait
décrits, et lui envoya des fleurs les soirs de bal. (CDS 93)[10]

---

[8]   Sur le B.C.-B.G. des romans dellyens, voir Ellens Constans, 'Du bon chic-bon genre dans
      un mauvais genre: le roman d'amour de Delly', *Guimauve et fleurs d'oranger: Delly*
      (Québec: Nuit blanche, 1995), pp. 95-115.
[9]   Le comte 'avait la mise et le maintien d'un parfait homme du monde, il s'inclina très
      élégamment sur la main de ma sœur' (CDS 89).
[10] Julie et Madeleine vivent dans un endroit spacieux: 'Les gens du pays nomment château
      ce qui n'est, en vérité, qu'une fort grande maison. Elle n'est pas très ancienne, elle n'a pas
      de douves qui plongent dans le haut Moyen Age, ni de remparts ni de tours de guet. Le
      bâtisseur fut Jean, le père de mon arrière-grand-père, qui étant le puîné, n'héritait pas de la
      demeure familiale, une vieille forteresse presque inhabitable. [...] Orsel est au milieu d'un
      parc, orientée de façon à ce que le soleil entre partout. On y voit clair et il y fait chaud
      toute l'année, les pièces sont grandes, les couloirs spacieux, on peut y courir, on respire,
      c'est une maison sans mystère, faite pour vivre à l'aise' (CDS 56-57); 'autant j'ai
      fidèlement détesté Alfred de Nièvres, autant j'ai adoré sa demeure. Elle date du début du

Les patrimoines familiaux – bijoux, demeures, parcs et châteaux – font l'objet de descriptions insistant sur leurs origines, leur transmission par héritage, signes évidents de leur richesse.[11] Comme dans les romans dellyens, les opposants au bonheur de Madeleine sont du même milieu, mais des indices négatifs permettent de les identifier. Intuitive, Julie les détecte immédiatement chez le comte de Nièvres: 'il dansait à ravir, bavardait agréablement, se montrait excellent cavalier [...]. Je serais incapable de dire pourquoi il me déplaisait' (CDS 91).[12] Et sa répulsion va s'accentuant: 'pourquoi avais-je une telle aversion envers Nièvres? je ne voyais rien dans cet homme bien élevé qui la justifiât et je ne pouvais la surmonter ' (CDS 95). Elle tente de dissuader sa sœur de ce mariage, argumente qu'elle n'a que dix-neuf ans et qu'elle n'aime pas Nièvres. Mais Madeleine, ignorante du sentiment amoureux, soucieuse des conventions sociales et obsédée par la nécessité de se marier au plus vite, accepte ce prétendant. En se mariant, elle accomplissait, pensait-elle, son destin.[13] Elle déchante la nuit même de ses noces et s'enferme dans la frigidité, pour, plus tard, faire chambre à part:

> Elle ne broncha pas, elle n'attendait aucune attention de l'homme qui l'avait violée. Le soir, lorsqu'ils furent au lit, il voulut lui grimper dessus. Elle fut ferme: – Non, Monsieur. Vous attendrez que je sois cicatrisée. Il attendit huit jours, après quoi Madeleine ferma les yeux et serra les dents. (CDS 128)

XVIe siècle, n'a pas été touchée par les guerres et n'a jamais quitté les mains de la famille, c'est dire qu'elle est extraordinairement intacte. Tout au plus si le comte, homme en cela novateur, y a ajouté quelques conforts comme l'eau courante et les toilettes à l'anglaise. J'y ai compté une trentaine de pièces, réparties en douze appartements meublés et entretenus avec le plus grand soin: cela témoigne d'une grande fortune' (CDS 130).

[11] 'La veille du départ, mon père mit au cou de Madeleine le collier de ma mère: Seigneur! elle fut encore trois fois plus belle! Les topazes faisaient briller les yeux noisette et les cheveux caramel [...] Toi, tu auras les saphirs, me dit-il, ta mère en avait décidé ainsi, ils s'accorderont mieux à la couleur de tes yeux' (CDS 87).

[12] 'Nièvres cachait quelque chose, je ne pouvais pas m'en douter. Je fus comme si je le savais' (CDS 109).

[13] 'Comme toute fille de ce monde-là, Madeleine était destinée au mariage et n'attendait rien d'autre' (CDS 55); 'Apparemment, elle ne se posait aucune question, ne discutait ni sa condition ni l'avenir qui lui était proposé, elle allait paisible de tâche en tâche, sûre du bien-fondé de tout' (CDS 56).

Malgré ces nuits abominables, Madeleine incarne 'l'épiphanie de la perfection féminine' à la Delly, elle subit et assume les épreuves, elle affronte les obstacles et résiste aux agressions nocturnes avec une apparente sérénité et une élégance patricienne.[14]

Venons-en à Freud, puisque Jacqueline Harpman est psychanalyste. Freud avait pointé l'inconséquence de la double morale sexuelle pour les hommes et pour les femmes, qui octroyait une liberté relative aux premiers mais exigeait la chasteté des secondes et leur virginité avant le mariage. Cette morale vouait la plupart du temps le couple à l'échec, et il ne restait plus aux femmes 'que le choix entre un désir inapaisé, l'infidélité ou la névrose'.[15] Le couple Madeleine/Alfred de Nièvres est en quelque sorte l'illustration de l'observation de Freud. L'infidélité est bien entendu à portée de main de Madeleine puisqu'elle éprouve une passion pour Dominique, passion réciproque, mais tous deux sont trop respectueux des bienséances pour devenir amants.[16] L'esprit puritain de Dominique soutient Madeleine dans sa fidélité. Tous deux se savent éperdument amoureux, se taisent et souffrent, ce qu'ils prennent pour de la vertu. Ne reste à Madeleine que le refoulement, au départ, de sa passion, et ensuite l'hystérie, dont elle offre une scène à sa sœur lorsque celle-ci devine son absence de sentiment envers son époux.[17]

Freud estimait que la femme ne pouvait pleinement s'épanouir que dans une deuxième relation, adultère ou remariage, la première ayant épuisé son hostilité envers l'agression du premier mari qui l'a déflorée: 'La femme ne

---

[14] 'Ma sœur offrait si bien les apparences d'une femme heureuse que je laissai mes inquiétudes se dissiper' (CDS 132). Voir Constans, 'Du bon chic-bon genre', p. 108.

[15] Sigmund Freud, 'Un type particulier de Choix d'objet chez l'homme' (1910) et 'Sur le plus général des rabaissements de la vie amoureuse' (1912), in *La Vie sexuelle* (Paris: PUF, 1969), p. 49, cité par Annik Houel, *L'Adultère au féminin et son roman: Renouveau en psychologie* (Paris: Armand Colin, 1999), p. 117.

[16] 'La princesse de Clèves craignait l'enfer, ma sœur avait été élevée dans l'idée qu'on ne commet pas l'adultère et ne savait pas très bien pourquoi' (CDS 305).

[17] 'Ce ne furent plus des sanglots, mais des spasmes qui la secouaient de la tête aux pieds, je la vis hoqueter, cherchant son souffle comme si elle se noyait, elle s'accrocha à moi, enfonça les ongles comme des griffes dans mes épaules, [...] je lui donnai une violente gifle qui eut la vertu de la saisir d'étonnement au point d'arrêter ces espèces de convulsions. [...] Il me fallut des années pour apprendre que je venais d'assister à une petite crise d'hystérie et que j'avais, d'instinct, administré le traitement adéquat' (CDS 259).

retrouve sa faculté de tendresse que dans une liaison qui n'est pas permise et qui doit rester secrète.'[18]

Dans le roman de Harpman, le couple formé par Jean d'Orsel, père de Madeleine et de Julie, et Marie Ceyssac de Sainterive exemplifie cette seconde chance d'épanouissement de la femme. Marie de Bray, de son nom de jeune fille, a vécu la même mésaventure que Madeleine et comprend d'ailleurs celle-ci immédiatement.[19] Ayant remarqué l'attirance de son père pour Mme de Sainterive, Julie, au fait de la mésaventure matrimoniale de celle-ci, réussit à avertir son père par l'intermédiaire de son cousin Olivier. Ce père aura su comment s'y prendre car, peu de temps après, Julie observe un changement important chez Marie:

> C'était subtil, il fallait s'y attendre pour le percevoir, je n'avais plus devant moi la personne discrètement effrayée dont on ménageait les pudeurs sans même y penser car elle suscitait la délicatesse, mais une femme sûre d'elle qui prenait plaisir à l'intérêt qu'éveillait son récit. Cela m'intrigua, je tournai les yeux vers mon père et vis de l'amour dans son regard. On me croira, je pense, si je dis que malgré mon jeune âge, j'étais experte dans ce genre de diagnostic! Olivier avait donc accompli sa mission! (CDS 175)

Le père, de plus, annonce une 'liaison amoureuse que le mariage ne légitimerait pas' (CDS 179). Au couple Madeleine/de Nièvres, insatisfaisant, se superpose donc cet autre couple d'Orsel/de Sainterive, réparateur.

---

[18]   Sigmund Freud, 'Le tabou de la virginité' (1918), in *La Vie sexuelle*, op. cit., p. 75, cité par Annik Houel, op. cit., p. 118. 'Après que la réaction a été vécue jusqu'au bout, un deuxième mariage peut aisément prendre une tournure bien plus satisfaisante', 'La féminité', *Nouvelles Conférences d'introduction à la psychanalyse* (1932) (Paris: Gallimard, 1984), p. 173, cité par Houel, op. cit., p. 144.

[19]   'L'époux jouissait de revenus décents, certes, mais en dépit d'une éducation aussi soignée que possible, il avait quelque chose d'un peu rustre qui déplaisait [...]; il avait la réputation d'avoir sauté toutes les filles de ferme du coin, on disait même qu'il ne trouvait pas gênant de les forcer. Marie compta sans doute sur les vertus rédemptrices du sacrement: au lendemain des noces, elle était pâle et terrifiée. La pâleur ne disparut qu'après le veuvage' (CDS 45); 'Papa la regardait d'un air soucieux, ce qui semblait naturel après ces larmes, mais les façons de madame de Sainterive me laissèrent tout à fait perplexe: elle alla vers Madeleine, la prit par la taille, lui baisa la joue, lui dit qu'elle était jolie comme un cœur, vraiment!' (CDS 168).

Il en existe cependant un troisième qui rompt tous les tabous et renverse les normes, le couple Julie/Olivier. N'oublions pas que c'est à Julie, narratrice homodiégétique, que le lecteur et la lectrice sont invités à s'identifier. Et cette Julie transgresse toutes les frontières.

Elle transgresse celle du temps, tout d'abord, ce qui donne au récit un côté invraisemblable. L'époque du roman n'est pas indiquée concrètement, mais des indices permettent de le situer au milieu du XIXᵉ siècle: 'Le siècle n'avait pas encore pris la tournure puritaine qui allait faire Gustave Flaubert provoquer le scandale avec sa *Madame Bovary*, on n'avait pas oublié les libertinages aristocratiques du XVIIIᵉ, mais la guillotine était passée par là' (CDS 187). Julie se situe, dès le départ, dans l'esprit de l'auteure du XXIᵉ siècle, Jacqueline Harpman: 'J'ai choisi cet écrivain – elle croit en toute sincérité être l'auteur de ce récit – car elle a déjà écrit l'histoire d'un personnage secondaire' (CDS 11). C'est donc Julie qui écrit sous la plume de Harpman, comme elle sonde aussi l'esprit des lecteurs du *Dominique* d'Eugène Fromentin, curieuse d'un savoir qui n'existait pas à son époque.[20] Elle traverse donc le temps, plus d'un siècle et demi![21] 'Je suis très vieille maintenant,' avoue-t-elle en fin de roman (CDS 357), jouant ainsi d'un des artifices préférés de l'auteure, celui de la régénération de soi et de son propre savoir à chaque nouvelle génération grâce à une sorte d'immortalité du protagoniste que l'on retrouve dans *Le temps est un rêve* ou *Le passage des éphémères*.[22]

Julie et Olivier transgressent aussi la frontière des bienséances. Ils pensent librement.[23] Elle et Olivier n'hésitent pas à envisager l'adultère comme l'unique solution au mariage malheureux: '– Que devient une femme malcontente en ménage? – Mère de famille ou adultère. Parfois les deux'

---

[20]   'Mon savoir s'explique très simplement: je le prends dans l'esprit des lecteurs. Pendant qu'ils sont dans Dominique, moi je suis dans leur âme, je m'y promène à mon gré' (CDS 74). Voir aussi CDS 281.

[21]   'Les rapports ont tellement changé entre les générations depuis un siècle et demi – même davantage – qu'il serait probablement difficile de faire concevoir l'extravagance de mon projet à une fille d'aujourd'hui' (CDS 151).

[22]   Jacqueline Harpman, *Le temps est un rêve* (Bruxelles: Le Grand Miroir, 2002); *Le Passage des éphémères* (Paris: Grasset, 2003).

[23]   'Julie, chez les hommes, cela n'est pas aussi simple que chez les animaux. Ce fut à mon tour de rire: – Il faut passer par l'église et se faire marier par le curé. Sans quoi, c'est le péché. – Tu en parles bien librement. – C'est que j'y pense librement' (CDS 69).

(CDS 211). Conviction répétée un peu plus tard par Olivier: 'Que veux-tu Julie! L'amant est le destin naturel des femmes mal mariées' (CDS 240).

Ils transgressent l'interdit de l'inceste. Constatant avec clairvoyance les conséquences désastreuses du mariage, Julie demande à son cousin Olivier, orphelin élevé auprès de ses cousines comme un frère – ils se nomment d'ailleurs frère et sœur –, de l'initier à la sexualité. C'est un calcul raisonné. Julie dissocie l'amour du désir et du plaisir. Sur ce point-là, elle échappe au leurre de la plupart des femmes, incapables d'imaginer le plaisir sans l'amour, aveuglées en cela par la nécessité narcissique d'être aimée.[24] Voici ce qu'elle avance comme argument à son cousin: 'Je t'aime beaucoup. J'ai toute confiance en toi. Tu as eu des maîtresses, tu dois savoir comment traiter une femme. Tu me feras de bons débuts' (CDS 123). Un pacte est scellé qui n'implique entre eux aucune fidélité, renouant ainsi avec la tradition libertine du XVIIIe siècle; 'Olivier paracheva mon éducation, j'étais la meilleure des élèves, assidue et, bientôt, inventive' (CDS 230).

Enfin, Julie, comme dans *Orlanda*,[25] transgresse la barrière des genres: elle se déguise en garçon et prend pour nom Jules Dorsel afin de pouvoir étudier la médecine, discipline interdite aux femmes à son époque. Un garçon, trompé par son apparence, l'entreprend, ce qu'elle accepte bien volontiers:

Je crois utile d'informer les générations qu'il n'est pas facile pour une fille de se faire baiser sans révéler qu'elle n'est pas un garçon, il fallait interdire le devant et offrir au plus vite la partie de ma personne qui prêtait le mieux à confusion. (CDS 278)

L'humour incisif, l'esprit d'à propos de Julie, ainsi que sa concision dans la narration des faits contrastent avec les longues descriptions contextuelles et psychologisantes de Dominique dans le roman de Fromentin dont Harpman ne retient que quelques éléments clé de la trame pour révéler le dessous des cartes du point de vue féminin. En comparant les deux romans, nous voyons non seulement que Dominique n'a pas su mais qu'il n'a rien compris.

---

[24] 'Piera Aulagnier-Spairani a d'ailleurs décrit ce type d'exigence amoureuse comme un des aveuglements spécifiques à la femme: "Cet étrange leurre qui veut que ce désir, elle ne puisse l'accepter que pour autant qu'il se revêt de l'habit de l'amour"', in Houel, op. cit., p. 154.

[25] Jacqueline Harpman, *Orlanda* (Paris: Grasset, 1996).

Même si la technique narrative et les motifs invariants des romans sentimentaux se retrouvent dans le roman de Harpman, nous sommes évidemment loin des perspectives du roman Dellyen ou Harlequin. Une révolution est opérée dans le cadre conventionnel du genre à travers la libération féminine offerte par le comportement de la protagoniste. Le lecteur ou la lectrice y est d'abord invité(e) à la transgression. Une transgression salutaire et nécessaire, quelle que soit l'époque: 'Les règles ont changé, mais il faut toujours les enfreindre car les règles servent à étouffer les âmes' (CDS 358). Psychanalyste, Harpman sait que la transgression est nécessaire à la jouissance et liée aux interdits relatifs à la sexualité dans l'enfance, surtout l'interdit de l'inceste. Ensuite, elle nous amène à réfléchir à cette question lancinante présente dans plusieurs de ses romans: Pourquoi la passion? Pourquoi le désir se fixe-t-il irrémédiablement et définitivement sur une personne précise?[26] Pourquoi lui? Pourquoi elle? Ce sont les dernières lignes de son roman: 'Expliquera-t-on un jour cette étrange fureur qui s'empare de quelqu'un et l'asservit définitivement?' (CDS 359).

Des indices de réponses sont disséminés dans l'œuvre, notamment dans *La Plage d'Ostende*: le désir de fusion de Léopold et Émilienne évoque la complétude de l'androgyne,[27] la soudure des siamois, jumeaux parfaitement semblables se plaisant à se mirer l'un dans l'autre.[28] Un désir qui satisfait un besoin narcissique, celui entre autres du retour à la mère archaïque, pré-œdipienne, incarnée par l'amant dont les caresses renvoient aux premiers gestes d'amour de la mère: 'Léopold, l'amant, l'homme qui avait pris possession de moi quand j'avais onze ans, Léopold devint comme une mère,

---

[26] 'D'où vient que nous sommes si peu libres de choisir les objets de nos passions?' (CDS 297).

[27] 'Quand j'étais étendue sur Léopold, nous n'étions plus qu'une entité qui se contemplait et tournait le dos à tout ce qui n'était pas elle, androgyne, être idéal dont Platon a dit que les dieux furent jaloux;' Jacqueline Harpman, *La Plage d'Ostende* (Paris: LGF, 2009), p. 77. [Paris, Stock, 1991].

[28] 'le lien terrible [...] qui nous attacherait irrémédiablement l'un à l'autre, jumeaux définitifs, siamois emmêlés que rien ne séparerait' (ibid., p. 73); 'Nous faisions l'amour sans fermer les yeux, tentant chaque fois de nous enraciner l'un dans l'autre et de devenir inséparables comme des siamois emmêlés, au matin, nous serions un seul être accolé ventre à ventre, nos peaux seraient soudées, il faudrait bien qu'on nous laisse ensemble car nous écarter serait nous tuer' (ibid., p. 160).

il me berça, il murmura des paroles indistinctes et apaisantes.'[29] L'amour fusionnel serait ainsi régressif et reconstituant, il permettrait de rejouer l'amour fou, rêvé de la mère.[30] Peut-être est-ce là une des raisons cachées de la passion. Les narratrices cependant ne démontrent rien et n'épuisent pas la question, elles se contentent de témoigner du mystère du lien aveuglant, indestructible et définitif, qui unit soudainement deux destins.

[29] Ibid., p. 146.
[30] Voir Houel, op. cit., p. 163.

Jeannine Paque

L'Amour idéal ou le sexe au placard: un programme d'écriture

Entre l'extrême passion qu'aucune concrétisation n'entame et la relégation du sexe au placard, fût-elle accompagnée de détails croustillants, ou encore son renvoi au seul usage de la prostitution, on est en droit de soupçonner, à travers l'œuvre de Jacqueline Harpman, la volonté non sage mais résolue de signifier une érotique hors du commun, tendant vers l'absolu voire la mort, ou tout simplement de l'éconduire. Successivement, Jacqueline Harpman publie *La Dormition des amants* en 2002, qui lui vaudra en 2003 le prix triennal du roman de la Communauté française de Belgique et l'année suivante une petite nouvelle, *Le Placard à balais*.[1] Ces textes n'ont rien à voir l'un avec l'autre, à moins qu'ils n'aient tout à voir, bien entendu. L'un et l'autre dans des registres opposés et selon une hauteur différente traitent en effet de ce qu'elle a appelé autrefois 'les mouvements du cœur' plutôt que les mouvements du sexe qu'ils évoquaient tout autant. Et pour cause. Qu'on se limite à relire la quatrième de couverture de ces textes, il est remarquable que, pour *La Dormition*, l'amour invoqué, entre une reine de France et d'Espagne et un eunuque, soit éperdument le seul 'qui reste toujours intact, que rien n'altère et qu'aucun exaucement n'affadit', tandis que la phrase retenue pour *Le Placard* et destinée à marquer les esprits soit la suivante: 'J'avais vingt-deux ans et j'étais mariée depuis six très longues années à un homme poli qui, deux fois par semaine, me laissait le ventre humide et collant'.[2] Que le phrasé soit excessif et même caricatural, dans la dernière citation, et le ton d'une ironie indéniable, n'occulte pas la constatation sous-jacente: le coït conjugal, loin de procurer du plaisir, est tout simplement régulier, normalement ennuyeux, soit, mais encore déplaisant et surtout

---

[1] *La Dormition des amants* (Paris: Grasset, 2002); *Le Placard à balais* (Bruxelles: Le Grand miroir, 2003).

[2] *Le Placard à balais*, op. cit., p. 9.

dépourvu de sens. Or il y aurait selon ce qu'enseigne à force *La Dormition* un amour possible, à l'écart de tout 'exaucement', dont nous savons qu'il est dû à l'incapacité de l'un des partenaires, éperdu, sublime. L'amour idéal, improbable ou condamné à la brièveté ou au malheur et le plaisir des sens sont-ils vraiment distincts voire antagonistes? N'y aurait-il donc pas, selon Harpman, une voie moyenne où l'amour puisse s'accomplir totalement, soit que le plaisir impose au cœur ses évidences ou que le sentiment extrême implique avec la même intensité un 'émoi', selon le vocabulaire harpmanien pour désigner le plaisir, l'orgasme? Qu'elle décrète, dès son premier roman publié, qu'il n'y a pas d'amour heureux, ou que tout amour heureux porte en soi sa propre condamnation, elle n'aura pourtant de cesse de formuler très concrètement l'espoir d'autres perspectives. Il y aurait constamment, dans les textes de Harpman, l'obsession de dire la sexualité, mais aussi son déni.

Le capital érotique du texte harpmanien

Dès ses tout premiers écrits, dont le très classique *Brève Arcadie*, Jacqueline Harpman réserve une part importante à l'érotisme et même à l'activité sexuelle de ses personnages, rarement nommée mais objet constant d'allusions.[3] Il s'agit alors d'un fruit défendu mais combien attirant, irrésistiblement bon pour la santé, et dont la consommation est considérée comme un des beaux-arts ou comme une nécessité vitale. Ce sont surtout les filles, jeunes ou moins jeunes qui vont en éprouver le désir, ou le désir du désir. C'est en elles que le sentiment et surtout la sensation s'éveille: elles les analysent, leur donnent une voix et finalement une réalité, car en général, elles prennent l'initiative et devancent la concrétisation. Tantôt, comme dans les premiers romans, elles en ont assez d'une jeunesse ignorante et ignorée, mal éduquée ou trop peu, et surtout exclues de ce qu'elles aspirent à connaître, la vraie vie du moins celle que leur imagination leur souffle. Tantôt l'idylle jeune est vouée à l'échec, malhabile à distinguer les sens et le cœur, et parce que le désir, le plaisir, si toutefois il existe, ne rendent pas heureux, ne suffisent même pas à rendre la vie supportable. En ces années-là, qu'on se réfère au temps de l'histoire ou de la narration par Harpman, les filles sont en quête d'identité, aspirent à l'âge adulte, fût-ce avec l'aide d'un mentor initiateur et ont une virginité à perdre de toute urgence. En même temps que ses personnages, l'auteure fait le procès d'une époque où on

---

[3]   *Brève Arcadie* (Paris: Julliard, 1959).

cultivait l'hypocrisie et une certaine forme d'ignorance: le plaisir du sexe était encore caché aux filles ou tout simplement exclu. Entre la passion rêvée et le quotidien d'une relation fût-elle réussie sur le plan technique, il n'y a selon Harpman, que peu de rapport. Comme si finalement ces deux aspects d'une union étaient antagonistes.

Il faut chercher, tendre vers le *véritable amour*, qui ne se trouve que dans une relation sublime avec un aîné, séducteur, qui subsume tous les rôles (ami, frère, père, amant…). Mais, la maxime de La Rochefoucauld est bien là: 'Il en est du véritable amour comme de l'apparition des esprits: tout le monde en parle, mais peu de gens en ont vu'.[4] Et cette question: 'Faut-il orner d'amour le désir?', une question qui traversera toute l'œuvre de Harpman, en fait. Quant à en décider, nous parviendrons peut-être à apporter 'la réponse exacte' qu'elle a toujours cherchée.

Mais est-ce bien là l'essentiel? Notre écrivaine semble bien plus intéressée par la quête elle-même et ses difficultés, ses détours, ses impasses que par un réel appétit de certitudes improbables.

Le facteur important de cette stratégie d'hésitation pleinement assumée, le vecteur de la recherche infinie c'est ce personnage féminin qui va s'affirmant d'œuvre en œuvre, à partir des *Bons sauvages*,[5] en rupture, transgressif, inventif et d'ailleurs constamment soutenu par l'énonciation du commentaire: 'elle me plaît', dit la narratrice à propos de Clotilde, porte-parole, de la catégorie des femmes qui usent librement d'elles-mêmes. Soit une élite, qu'on ne s'étonnera pas de retrouver dans la *Mémoire trouble* où ces êtres d'exception symbolisent une sorte de provocation sociale, politique même, écho de celle qui est peut-être à l'origine du drame initial qui déclenche l'action et dont nous n'avons qu'une image approximative.[6]

Vingt ans plus tard (après *Les Bons sauvages*), au terme d'une maturation multiple, en âge, en harmonie familiale, en études, en connaissance de soi et du monde et à la faveur d'un environnement plus clément aux femmes, Harpman y va franchement. S'attaquant tour à tour aux tabous meurtriers (*La Mémoire trouble*), aux pratiques familiales castratrices (*La Fille démantelée*), elle va de l'avant et force le trait dans l'évocation de couples détestables, comme si la conjugalité, littéralement chevillée au sexe, selon les paroles

---

[4]   Maxime 76, épigraphe de *L'Apparition des esprits* (Paris: Julliard, 1960).
[5]   *Les Bons sauvages* (Paris: Julliard, 1966).
[6]   *La Mémoire trouble* (Paris: Gallimard, 1987).

mêmes d'une mère bavarde ou grossière, excluait toute possibilité de perspective d'amour heureux.[7] Ce 'roman', plus qu'une véritable autofiction sans doute, se situe probablement à l'origine de toutes les autres figures de l'érotisme et de la sexualité féminine en particulier, de la même façon qu'il exhibe en fait le fondement de la totalité de l'œuvre harpmanienne.

Compensation quasi obligée, attendue – mais il faudrait consulter les apports éventuels de la critique génétique –, l'exaucement de l'enfance avec *La Plage d'Ostende*.[8] Le personnage féminin brille ici dans toute sa splendeur: précocité, autodétermination. Tout problème de l'enfance ou autre sera réglé par l'amour. Telle est l'évidence: l'amour est l'explosion délirante de l'enfance exaucée. Cet amour, idéal dans tous ses aspects, tire en outre ses lettres de noblesse de son inscription dans une longue tradition, une série, des légendes, un mythe, et de sa *distinction*, au sens bourdieusien, sociale et culturelle.[9] Mais la matérialité de cette fusion entre deux êtres est de plus en plus explicite, non dans le réalisme des évocations, tout compte fait banales, mais sur le plan symbolique, jouant d'une monstruosité verbale, métaphorique excessive qui correspond bien à l'option euphémique. La perfection du couple est ici célébrée, mais il est adultérin, non conventionnel, effet de la seule passion. Aussi est-il fragile, menacé et à terme condamné. Toute autre formule de conjugalité, hors cette exception, une fois de plus, est haïssable, objet d'horreur même, avec l'évocation du viol conjugal précisément.

Harpman ira plus loin lorsqu'elle ose célébrer la rébellion, la transgression, le bonheur dans le crime et, dans l'inceste réussi entre frère et sœur (*Le Bonheur dans le crime*), et sublimer la sphère parfaite que permet de réaliser cette quasi-gémellité: réunion idéale, semble-t-il, aux yeux du narrateur homosexuel de cette histoire, en tout cas.[10] Originalité de la configuration, selon un procédé que l'auteure exploitera dorénavant: la mise en texte de l'intention, l'illustration symbolique. Ici une maison: 'elle exigeait un secret, ils furent tenus de l'inventer'.[11] De même le raccourci qui exprime la relation spéculaire et l'identité dans la réunion: 'Ils marchaient

---

[7]   *La Fille démantelée* (Paris: Stock, 1990).

[8]   *La Plage d'Ostende* (Paris: Stock, 1991).

[9]   Cf. J. Paque, *Jacqueline Harpman. Dieu, Freud et moi: les plaisirs de l'écriture* (Avin, Luce Wilquin, 2003).

[10]   *Le Bonheur dans le crime* (Paris: Stock, 1993); Bruxelles, Espace nord, 1999.

[11]   Ibid., p. 53. Toutes les citations de ce roman se réfèrent à l'édition Espace nord.

radieux vers la lumière et le crime', c'est-à-dire le fait de se loger dans la sphère, la forme parfaite.[12]

Croit-on saisir une définition de l'amour parfait enfin, réalisable, obtenu à ce prix? Et au prix de victimes alentour? (Notons, accessoirement, car ce n'est pas mon propos, que crime et impunité vont souvent de pair chez Harpman). Rien n'est moins sûr, car si 'l'amour se moque du sexe', la monstruosité s'avère délicieuse. Mais tout cela n'est peut-être qu'une pose sinon un artefact purement littéraire, comme cette désinvolture ou la feinte de ne pas connaître les abîmes dévoilés.

Par contre, ce n'est pas le cas de ces femmes qui, avec 'la petite', peuplent *Moi qui n'ai pas connu les hommes*.[13] Aux frontières de la science-fiction, sans y verser autrement que dans le non-sens librement consenti, cette histoire permet à une communauté de femmes d'échapper à leur prison en même temps qu'à leur condition traditionnelle et, grâce à l'intelligence de l'une d'entre elles, de vivre au mieux dans l'harmonie, qu'elles errent ou organisent finalement un modèle inédit de société. Que le titre du roman signifie le constat d'un avantage ou d'une privation, la 'petite' qui l'énonce, héroïne et narratrice, ne peut pas autrement définir sa virginité et l'absence en elle de tout désir sexuel même envers une femme. C'est que l'écriture, comme on le saura a posteriori, et ailleurs, est un substitut puissant, à toute vie affective, à toute sexualité.

Les rôles et situations sont renversés dans *Orlanda* puisqu'il s'agit d'abandonner le territoire contraint de la féminité pour le masculin.[14] Un attrait que l'on soupçonne souvent à travers les frustrations et les colères des jeunes filles. Changer de sexe est une aspiration fondamentale pour l'héroïne Aline dont Harpman va décrire malicieusement les étapes: elle déploie un luxe de détails pour rendre compte de la visibilité, la tangibilité de cette transformation vers la virilité, dont l'avantage s'apprécie immédiatement lors d'un premier rapport fulgurant, homosexuel évidemment, dans les toilettes d'un train. Rien de littéral ou plat cependant, car l'auteur excelle dans le style euphémique et piquant à la manière des libertins du XVIIIᵉ siècle: de riches métaphores jubilatoires pour traduire l'émotion, la sensation, la jouissance du rapport érotique. Il n'empêche qu'ici, Harpman se montre plus directe que

---

[12] Ibid., p. 225.
[13] *Moi qui n'ai pas connu les hommes* (Paris: Stock, 1995).
[14] *Orlanda* (Paris: Grasset, 1996).

jamais dans la nomination et dans le choix de ses périphrases les plus précises, dans une organisation à tonalité licencieuse, lorsqu'il s'agit d'évoquer les attributs et l'activité sexuelle masculine. Mais l'érotisme est ailleurs, plus intense, et la beauté célébrée d'une autre façon, dans le registre de la perfection, hors sexe, peut-on dire, et dans cette fusion du couple formé par Aline et son double masculin, théâtralisée par le décor et la position symbolique en V: c'est là une manière d'anticiper *La Dormition des amants* et son union idéale.[15]

Lequel roman présente tout de même un autre cas de figure. L'auteur analyse entre autres cet étrange plaisir complexe, que partagent, entre sexe et passion, la reine et son quasi-frère, un eunuque, émoi d'autant plus grand qu'aucun exaucement ne l'affadit.

La liste serait longue encore des exemples qui prouveraient que chez Harpman seule l'exception est vraiment digne d'intérêt et que l'imagination l'emporte sur la réalité. D'autres bonheurs dans le crime vont d'ailleurs se répéter, avec une exhibition plus nette, dans les situations, dans les mots aussi. Avec une distinction explicite entre 'ce qui se passe en bas' et 'ce qui se passe en haut'. Il me semble qu'alors, et notamment dans *Ce que Dominique n'a pas su*, Harpman va conter davantage de frasques sexuelles, que ces scènes soient virtuelles ou réelles, avec de plus en plus de dérision.[16] On s'éloigne ainsi des 'mouvements du cœur' ou même du corps. Le sexe est soit idéalisé mais par la transgression, soit diabolisé. Et cette diabolisation trouve à s'exprimer tout naturellement dans cette remontée vers la malédiction première qu'est (pour les freudiens) l'œdipe.

Harpman y va fort en s'appropriant tout à la fois le mythe et ses interprétations dans *Mes Œdipe*.[17] Avec la distance, l'effraction et l'humour qu'on lui connaît. Cette analyse se terminera par cela, laissant de côté l'amusante bluette *Avant et après*.[18]

Entre merveilleux et réalité terre à terre, il y a 'cette étrange douleur que celle de ne pas souffrir'. Il faut imaginer Œdipe heureux quand il apprend son crime. Comment distinguer en effet entre 'étreinte abominable' et 'bonheur absolu'? Ni demi-dieu, ni héros, Œdipe est simplement humain,

---

[15]   *La Dormition des amants* (Paris: Grasset, 2002).

[16]   *Ce que Dominique n'a pas su* (Paris: Grasset, 2008).

[17]   *Mes Œdipe* ((Bruxelles: Le Grand miroir, 2006).

[18]   *Avant et après* (Bruxelles: Le Grand miroir, 2008).

comme l'étaient les figures désacralisées de *La Lucarne*, où, déjà, Antigone, Marie et Jeanne, ces héroïnes quelquefois sanctifiées, sont enfin dépouillées de leur auréole mythique et se révèlent sous la critique facétieuse de Harpman des femmes en vie, en révolte et parfaitement transgressives.[19] Œdipe, lui aussi, assume totalement son humanité, s'en crève le cœur plutôt que les yeux et finalement meurt avec les honneurs, et immortel, selon Harpman.

Sans qu'il y ait catégorisation nette des pratiques sexuelles, on peut s'interroger sur l'intention qui engendre de telles histoires. S'agit-il de donner un aperçu de la variété des comportements humains dont la connaissance doit être familière à l'auteure qui est aussi psychologue et psychanalyste? D'explorer, d'exhiber la richesse inventive d'une imagination sans cesse en alerte? D'exploiter le potentiel dramatique des situations d'exception, ou simplement d'étaler son goût de l'intrigue démultipliée à la façon d'un polar ou d'un roman de science-fiction...?

Au lecteur d'interpréter. N'y aurait-il d'érotisme que mental et textuel? Le recours à la périphrase, à l'euphémisme n'est pas seulement un plaisant exercice de style mais aussi une manière de tenir le sexe à distance. Soit qu'on le tourne en dérision, qu'on le médicalise ou qu'on l'assigne au fantasme, il ferait partie de ces choses que l'on n'ose pas dire dans la réalité quotidienne mais qu'on ne se lasse pas de traiter dans le jeu de l'écriture.

---

[19] *La Lucarne* (Paris: Stock, 1992).

Maria Snårelid

La Plage d'Ostende: le préœdipien dans le rêve d'un amour absolu

Dans une vingtaine de romans, nouvelles et pièces de théâtre, Jacqueline Harpman a exploré, depuis son début littéraire en 1959, l'identité féminine. L'intrigue harpmanienne typique tourne autour de grandes questions existentielles comme l'amour, la mort, la construction identitaire et les relations familiales. Parmi ces dernières, il y en a une qui est d'une importance exceptionnelle pour la compréhension de l'œuvre et pour notre étude: la relation mère-fille. En fait, la qualité de cette relation semble être à la base des relations humaines ultérieures, mais elle se manifeste aussi dans l'œuvre comme la source de la création littéraire elle-même. Cela ne veut pas dire que la mère n'ait pas d'importance pour les fils ou que le rôle du père soit sans importance pour le développement de la fille; seulement, dans les romans de Harpman, la relation mère-fille joue un rôle central dans l'avènement identitaire de la femme.[1]

De ce point de vue, le thème de la passion amoureuse autour duquel se déroule le plus souvent l'intrigue ne serait que le thème d'une intrigue de surface subordonnée au véritable drame qu'est celui de la relation mère-fille. Même si notre analyse confirme cette hypothèse, elle montre surtout combien ces deux thèmes s'intègrent l'un à l'autre. En réalité, une lecture orientée vers la relation maternelle a permis de révéler le rôle clé de la dynamique amoureuse dans l'œuvre de Jacqueline Harpman. Ainsi apparaît clairement que l'amour n'est pas seulement un des thèmes principaux, il est également le lieu de croisement entre les 'cures' de l'écrivain: la littérature et la psychanalyse, situées toutes les deux entre narcissisme et idéalisation, mécanismes inhérents à ce que Julia Kristeva nomme, en suivant l'exemple de Freud, l'éternelle renaissance du sujet.[2]

---

[1] Voir notre thèse de doctorat: 'Entre identification et différenciation: étude de la relation mère-fille dans *La Fille démantelée* (1990), *La Plage d'Ostende* (1991) et *Orlanda* (1996) de Jacqueline Harpman'.

[2] Julia Kristeva, *Histoires d'amour* (Paris: Éditions Denoël, 2007), pp. 15-16.

Pour explorer le lien entre la relation mère-fille et la dynamique amoureuse, nous nous appuyons sur l'idée du narcissisme primaire développée par Kristeva. Cette notion désigne un moment délicat dans la relation avec la mère et se décrit d'autant mieux comme un état de crise latent dans le psychisme humain. Dans cette position de crise identitaire, l'abject, c'est-à-dire le sujet à venir, oscille entre le désir de se distancier du corps maternel et la pulsion opposée cherchant à revenir chez elle pour s'intégrer de nouveau dans la fusion symbiotique qu'il a vécue avant la séparation douloureuse, appelée par Kristeva blessure narcissique.[3] Dans *La Plage d'Ostende*, roman au sein duquel est racontée de manière rétrospective la passion amoureuse d'Émilienne pour Léopold, vécue pendant une vie entière, cette oscillation entre le vide et la plénitude, entre le néant et l'être, se reflète dans une relation amoureuse rythmée par des moments de bonheur total et des moments de manque et de désespoir.[4]

Dans ce qui suit, nous allons explorer la manière dont le préœdipien, analogue à une image idéalisée de la position de fusion symbiotique avec la mère, structure la narration du roman. À cet égard, l'œuvre harpmanienne qui se scinde en deux périodes séparées d'une longue interruption (1967-1987), fait preuve d'une assez grande constance. Déjà les romans du premier versant témoignent d'une conception de l'amour fondée sur la figure de deux êtres formant un tout, impliquant une unification profonde de deux amants. Dans *La Fille démantelée*, roman qui, comme les autres romans auxquels nous nous référons dans cet exposé, appartient au second versant, l'union symbiotique avec la mère pendant le séjour *in utéro* est décrite comme un espace mythique dans la conscience de la narratrice: 'je parcours un pays d'une grande beauté, les forêts et les prairies se succèdent, les collines et les larges vallées, ces longues allées qu'on nomme drèves dans mon pays'.[5] Selon Marianne Hirsch, le préœdipien apparaît comme la base de toutes les relations idéales et/ou idéalisées de la femme, surtout chez des écrivains féministes des années 70.[6] Dans leurs textes, la recherche d'un amour absolu

---

3   Ibid., p. 35.

4   *La Plage d'Ostende* (Paris: Stock, 1991). Les citations extraites de ce texte seront suivies de l'abréviation PO et du numéro de page.

5   Jacqueline Harpman, *La Fille démantelée* (Tournai: Labor. 2000) [1990], pp. 79-80.

6   Marianne Hirsch, *The Mother-Daughter Plot. Narrative, Psychoanalysis, Feminism* (Bloomington and Indianapolis: Indiana University Press, 1989), p. 133. Au lieu de considérer la separation de la mère comme indispensable dans le développement psychique de la femme, Hirsch envisage une forme d'interconnexion entre un corps et un autre, entre une personne et une autre, existant comme deux sujets. Plutôt que les filles

est un moyen pour la femme de revivre l'union symbiotique avec la mère, son premier objet de désir, ce qui est également le cas dans *La Plage d'Ostende*. Pourtant, avec ce roman, le revers de ce rêve est également objet d'exploration.

Outre les allusions aux mythes qui sont structurés autour d'une unité des deux comme le mythe de l'androgyne de Platon[7] et celui de Tristan et Yseut, le préœdipien dans *La Plage d'Ostende* s'articule à travers une mise en scène mettant en jeu un rapport logique entre le portrait de la mère, la belle Anita, et celui de l'amant, Léopold, le beau. Plus précisément, nous voyons en Émilienne, l'héroïne, une femme qui reconnaît dans la personnalité de l'amant, la personnalité de sa mère. Tous les deux se caractérisent par la beauté, l'égocentrisme et par une 'légèreté' qui est parfois analogue à de la puérilité, et – bien que par des manières très différentes – tous les deux sont dotés d'un talent artistique. Cela s'observe dans la manière dont ils s'acharnent tous les deux à 'peindre' leurs autoportraits au moment même de mourir – Léopold avec un pinceau sur une toile, Anita s'embellissant au moyen de produits cosmétiques devant la glace du miroir. Cette symétrie se répète également à travers la vie de l'héroïne, lorsqu'enfant elle vit auprès de sa mère puis en tant qu'adulte et maîtresse de Léopold. Quand le mari d'Anita, chef d'usine, est au travail, Anita entretient une relation symbiotique avec sa fille, mais sitôt le mari rentré, elle entre dans une relation fusionnelle avec lui. Pour sa fille, l'héroïne du roman, cela implique qu'elle se trouve dans une position où elle est alternativement tout, et/ou rien pour sa mère, expérience qu'elle revit plus tard dans sa relation avec l'amant dans son rôle de seconde femme.

Il y a cependant une dimension implicite dans le texte qui permet d'envisager un autre type de relation entre le personnage de la mère et le choix de Léopold comme objet d'amour de l'héroïne. Sans que cela ne se prononce jamais de façon explicite, la manière dont la narratrice raconte les événements insinue qu'à l'époque où débute le récit, la mère est une des maîtresses clandestines de Léopold. Cela pourrait expliquer pourquoi Anita qui 'aimait à parler' (PO 9) a tant de difficulté à trouver les mots devant Léopold dans la scène inaugurale. Selon cette perspective, la volonté de la

---

parlant pour leurs mères, les mères devraient parler pour elles-mêmes, peut-être, comme le propose Hirsch, avec 'deux voix'. La question ultime concerne de nouvelles perspectives: 'But what if they inhabit the same body, what if they are the same person, speaking with two voices?', ibid., p. 199.

[7] Plus précisément, c'est dans le discours d'Aristophane dans *Le banquet* de Platon que l'on retrouve la figure de l'androgyne.

fille de conquérir l'amant de sa mère correspondrait peut-être au désir inconscient de la fille de retrouver l'intimité avec sa mère, mais aussi comme une volonté de 'régner sur elle' (PO 10).

Cette interprétation résulterait d'une ambiguïté qui est partout présente dans l'œuvre de Jacqueline Harpman. Dans le cas actuel, cette ambiguïté donne lieu à une interprétation basée entre autres sur le fait que Léopold peint le portrait d'Anita dans son atelier comme il le faisait pour toutes ses maîtresses à l'époque, et, nous devons le souligner, selon la logique du roman, le verbe peindre équivaut à aimer: 'C'est pourquoi personne n'a jamais vu mes dessins: on ne se montre pas faisant l'amour'(PO 49). En plus, il y a un passage où Anita parle de l'importance d'avoir des secrets, ce dont le diamant constitue l'emblème par excellence:

> Personne ne connaît personne, continua-t-elle, et je suis sûre que tu as tes secrets. Garde-les bien. C'est la seule chose qu'on peut réellement posséder, les objets sont des illusions. [...] L'éclat des pierres détourne le regard du visage, on est distrait de l'expression, elles aident à dissimuler (PO 118).

Cependant, mise à part la ressemblance des caractères et une éventuelle liaison clandestine, c'est aussi la manière dont la scène initiale autour d'Émilienne, sa mère et Léopold 'au thé d'Isabelle André' retentit dans un passage qui raconte la rencontre entre Léopold et Émilienne à l'aéroport de Bruxelles qui nous amène à faire une telle interprétation (PO 16). À notre avis, c'est comme si ce dernier passage plaçait l'incipit du roman dans une lumière explicative et (partiellement) nouvelle. Les deux scènes s'articulent autour de l'insignifiance de la fille qui se trouve à côté des adultes rayonnant d'un bonheur amoureux. Ainsi, l'insignifiance d'Émilienne, qualifiée de 'brume indistincte' (PO 9) dans l'incipit du roman, se reproduit dans le souvenir que raconte Esther plusieurs années plus tard: 'Simplement tu continuais à briller parce qu'il était là et ton éclat n'avait rien à voir avec ma présence, lui seul pouvait te le conférer et *moi je n'étais rien*' (PO 302) [nos italiques]. On voit par là se créer l'impression d'un miroir dans lequel le comportement de la fille se reflète et se répète dans le comportement de la mère.

De la même façon, la description de la beauté étincelante d'Anita dans l'incipit du roman résonne dans la manière dont Esther décrit sa mère lors de sa rencontre avec Léopold: 'On ne peut pas décrire cela, à peine si j'en croyais mes yeux, tout à coup tu étais nimbé de lumière, tu es devenue la beauté même' (PO 301). L'impression d'un rapport entre les deux scènes se renforce par un passage vers la fin du roman. En lisant en cachette les cahiers de sa mère, Esther découvre qu'elle avait exactement le même âge que sa mère lorsqu'elle est tombée amoureuse de Léopold: 'Toi aussi, à onze ans!' (PO 301). Pourtant, à l'encontre de sa mère, l'amour passionné qu'éprouve Esther pour Léopold est un amour qui ne se réalise jamais. Quand il est confronté aux sentiments amoureux d'Esther, Léopold lui déclare que son amour est impossible: 'J'*appartiens*, vois-tu, je ne suis pas un homme disponible' (PO 305) [nos italiques].

Le choix du verbe 'appartenir' dans le sens 'aimer' nous donne l'occasion d'aborder la présence du précedipien dans le vocabulaire amoureux du roman. En fait, la toute première phrase montre déjà que le verbe 'aimer' est remplacé par le verbe 'appartenir': 'Dès que je le vis, je sus que Léopold Wiesbeck m'*appartiendrait*' (PO 9) [nos italiques]. Ce mode d'expression dit justement que Léopold 'fera partie de moi', vision qui, à notre avis, renvoie à la fusion symbiotique avec la mère. Il paraît donc parfaitement logique que la narratrice se sert du verbe 'reconstituer' pour décrire le sentiment d'un équilibre retrouvé lors d'une de ses rencontres si nombreuses et si désirées avec Léopold: 'c'est que j'étais *reconstituée*, l'amputation intolérable était finie, j'habitais de nouveau mon corps' (PO 192) [nos italiques].

Plus loin, le verbe 'amputer' est utilisé pour désigner le sentiment de vide qu'éprouve Émilienne lorsque Léopold s'éloigne d'elle, même temporairement: 'Quand j'eus soif il le sut avant moi, comme j'avais toujours su qu'il avait soif avant lui. Il se leva pour aller chercher un verre d'eau et tout le temps où il ne fut pas là, je me sentis *amputée*' (PO 75) [nos italiques]. Outre la figure des deux amants comme couple unifié, formant une unité des deux, cette citation met en relief l'unité spirituelle des amants. Cette fusion est également exprimée en terme de réaction chimique et corporelle. C'est par exemple le cas lorsqu'Émilienne raconte sa façon d'être transformée par la beauté de Léopold. Elle dit en être 'imprégnée' et parle d'elle-même et de son corps en termes de chimie:

> Ma substance corporelle s'était modifiée: j'avais été faite de chair et d'os, il s'y ajouta Léopold, comme le sel se dissout dans l'eau, qui devient eau salée, ou comme le chlore s'unit au sodium et forme un autre corps qui n'a plus les mêmes propriétés que ses constituants (PO 12).

Outre la mise en scène de l'amour comme celle de la naissance d'un nouvel être, la citation reprend un vocabulaire rattaché au corps, lieu d'expression de l'inconscient et signe d'une relation indifférenciée dans le monde harpmanien.

L'insistance sur le côté corporel des deux amants 'soudés' l'un à l'autre se manifeste également dans une métaphore fréquente, qui, plus que toute autre, reproduit la figure des deux moitiés formant une unité selon l'idée de Platon. En fait, cette métaphore ancrée dans le corporel revient régulièrement tout au long du récit pour illustrer l'unité spirituelle des amants, qui, après avoir fait l'amour s'étendent l'un sur l'autre:

> Je m'étendis sur lui, le torse sur son torse, le ventre sur son ventre, les jambes sur les
> siennes et il m'entoura étroitement de ses bras comme pour sentir encore plus fort mon
> poids (PO 77).

L'idée du préœdipien comme étant un état pré-langagier, où, comme l'exprime Cixous, la langue de la mère s'apparente à une musique ou à un chant,[8] ne se manifeste pas seulement à travers un vocabulaire amoureux ancré dans le corps mais aussi dans de nombreuses métaphores d'origine musicale. C'est le cas de la métaphore peut-être la plus significative de la conception d'un amour absolu dans l'œuvre, notamment l'amour dépeint comme un état de résonance harmonieuse entre deux personnes, l'unisson. Dès le moment où Émilienne, encore très jeune devant le chevalet, se rend compte qu'une telle résonance existe entre elle et Léopold, elle est sûre de sa future victoire amoureuse:

> Je fis effort pour me détourner de ce que je voyais et n'entendre que cet unisson entre
> lui et moi, dont la première note avait eu lieu. Je m'isolai du monde, entrai en moi, là
> où aucun doute n'avait jamais pénétré, dans ce lieu prodigieux où mon bien-aimé et
> moi ne formions qu'un seul être (PO 31).

Le cas inverse, c'est-à-dire le manque de réciprocité dans l'affection amoureuse qui caractérise par exemple le mariage entre Léopold et Blandine, est décrit en terme de 'trompettes [qui] ne résonnèrent pas' (PO 53).

Jusqu'ici, nos considérations sur le préœdipien ont fait apparaître une image idéalisée d'un amour absolu. À cette image s'oppose cependant une perspective plus sinistre. Cela devient particulièrement clair à travers les nombreuses descriptions de la plage dans le roman.[9] La plage autour de

---

[8]   Hélène Cixous, *La Venue à l'écriture* (Paris: Union Générale d'Éditions, 1977).

[9]   À notre avis, la métaphore de la plage, déjà indiquée par le titre du roman, fait allusion à la figure de l'androgyne, l'idéal de Platon, qui, dans le roman actuel symbolise non seulement l'amour fusionnel entre les amants mais aussi la fusion symbiotique vécue avec la mère pendant la phase préœdipienne.

laquelle s'articule la narration n'est pas un paradis de plage estival. Au contraire, la plage que Léopold ne cesse jamais de peindre représente une plage gelée d'hiver. La fusion symbiotique des amants y est mise en relief par le fait qu'il n'y pas de frontière entre mer et sable: 'La plage était presque blanche sous le faible soleil, le sable et la neige se confondaient' (PO 60). Le côté fatal de leur amour s'exprime dans la manière dont Émilienne se souvient du jour où elle, toujours jeune fille, se trouve sur la digue à côté de Léopold fasciné par la lumière et la vue sur 'la mer gelée [qui] faisait peur: arrêtée, suspendue, immobile, fauve au milieu d'un saut et qui peut à tout instant retomber et détruire' (PO 60).

Même si la peinture intitulée *La Plage d'Ostende* est souvent mentionnée tout au long du récit, ce n'est qu'après la mort de Léopold vers la fin du roman que la narratrice décrit le paysage complètement dévasté dont elle donne une représentation véritable avec ces mots:

> Il a longuement regardé *La Plage d'Ostende* [...] cette description de silence et du froid, la terre comme elle sera dans quelques millions d'années, quand le feu central et le soleil seront éteints [...](PO 314).

La manière dont la plage est représentée montre qu'il y a un prix à payer pour avoir fait l'expérience d'un amour fondé sur une fusion symbiotique. Ainsi est mis en relief le caractère néfaste de la passion amoureuse vécue par l'héroïne, pour qui aucune autre relation intime, maternité ou amitié n'a d'importance. Même si le roman ne porte aucun jugement moral sur son comportement, l'œuvre harpmanienne en offre des explications possibles – bien ancrées dans la psychanalyse – mais aussi des images opposées dont la conception d'amour est transmise à travers la figure du dialogue: 'J'ai entendu dire des musiciens qu'ils n'aiment ni jouer ni chanter l'unisson: je suppose qu'on s'y trouve sur des voix parallèles et qui vont sans se croiser, ce n'est pas le dialogue'.[10] On pourrait peut-être dire qu'en envisageant des relations établies entre deux personnes qui ne renoncent pas à leur individualité, ces images opposées présentent une sorte d'alternative aux relations indifférenciées. Cela implique l'existence d'un Tiers qui empêche la confusion identitaire entre les deux individus. Ce Tiers que Freud nomme 'le père de la préhistoire individuelle'[11] est à comprendre comme une forme présumable du moi à venir, rendu possible à travers une sorte d'identification

---

[10] Jacqueline Harpman, *Orlanda* (Paris: Grasset, 2000), p. 206.
[11] Julia Kristeva, *Histoires d'amour*, op. cit., p. 38.

venant du dehors censée remplacer la relation symbiotique mère-enfant.[12] Kristeva en parle en terme d'"instance tierce supplémentaire à l'auto-érotisme de la dyade mère-enfant' et de 'modalité antérieure (chronologiquement et logiquement) à celle du Moi œdipien'.[13] Dans l'œuvre de Harpman, la fonction de ce Tiers est souvent attribuée à la littérature elle-même. Dans le processus d'individuation entrepris par la narratrice de *La Fille démantelée* à travers l'écriture-même du roman, Casablanca apparaît comme l'image emblématique d'un monde littéraire qui vient se placer entre l'héroïne et sa mère. À notre avis, c'est la présence de ce Tiers qui rend possible l'interconnexion entre mère et fille envisagée par Hirsch (cf. note 6). De ce point de vue, l'écriture harpmanienne est à concevoir comme le discours d'une mère parlant pour elle-même, mais avec deux voix: mère et fille. Il est cependant à noter que dans le monde harpmanien, ces deux voix de la femme sont complétées par une voix que nous qualifions de plurielle dans notre projet de recherches doctorales. Dans *La Plage d'Ostende*, l'écriture des cahiers qu'est le roman lui-même joue le rôle de ce Tiers entre l'héroïne et son amant. Pourtant, il importe de le souligner, chez Harpman, le rêve d'un amour absolu ne cesse jamais d'exister, c'est tout au plus si l'héroïne peut atteindre un équilibre entre l'aspiration de fusionner avec l'autre aimé et celle de garder sa propre individualité. À notre avis, c'est dans la tension entre unisson et dialogue, c'est-à-dire entre identification et différenciation, que le drame harpmanien a lieu.

---

[12] Ibid., p. 38.
[13] Ibid., p. 33.

Gina Blanckhaert

Le brouillage des frontières entre la réalité et la fiction chez Jacqueline Harpman

Durant une dizaine d'années nous nous sommes plongée dans l'œuvre littéraire de Jacqueline Harpman. Plus l'œuvre de Harpman nous est devenue familière, plus nous nous sommes rendu compte de la présence de parallèles entre les différents récits, sur le plan lexical, grammatical, thématique, narratif, discursif... Les nombreuses parentés entre les récits a suscité notre curiosité et une envie de procéder à une lecture de l'œuvre qui serait intégrée et transversale. Plus spécifiquement, nous avons été tentée par la question de savoir comment Harpman écrit et comment son écriture transcende les frontières d'un texte à l'autre. Nous avons entrepris, en d'autres termes, une recherche sur la question de savoir si le constat de ces différents parallèles au niveau de l'écriture harpmanienne reposait sur un fondement poétique.[1] Nous avons donc voulu considérer cette œuvre comme un tout, dans une tentative de chercher une dynamique plus profonde, une matrice commune qui puisse expliquer le *fonctionnement* de l'écriture harpmanienne. Nous nous sommes focalisée, ainsi, sur le *processus* de l'écriture, plus que sur l'écrit comme produit statique. Cette approche s'est confortée au constat que la très grande majorité des récits harpmaniens ont recours à un narrateur ou une narratrice *qui est en train d'écrire*. Dans presque tous ces récits, le *processus* de l'écriture, l'acte d'écrire des narrateurs harpmaniens ne joue pas seulement un rôle dans l'histoire, il se présente comme une activité capitale puisqu'il fournit aussi le *récit* que nous lisons. Vu l'importance de l'acte d'écrire dont le mécanisme méritait une étude plus approfondie, nous avons émis une première hypothèse de base, selon laquelle l'œuvre de Harpman dispose

---

[1] Je définirai la poétique comme l'étude de la mise en place des formes littéraires et de leur fonctionnement, c'est-à-dire comme l'étude de la création narrative et des effets que les formes créées ressortissent sur l'interprétation du récit. Aussi l'adjectif 'poétique' signifie-t-il dans ce travail 'lié à la création et au fonctionnement du récit'.

d'une unité poétique, d'une matrice commune, qui serait liée à cet acte d'écrire omniprésent.

Or, le mécanisme de l'acte d'écrire permet au narrateur ou à la narratrice qui écrit, de se situer à la fois *hors de* l'histoire (car il la produit) et *dans* l'histoire (où il figure comme personnage). Dédoublant le narrateur en un sujet écrivant et un objet écrit, l'acte d'écrire est situé *entre* l'extradiégèse et la diégèse, se profilant comme un acte performatif *et intermédiaire*. A plus d'un endroit, les récits des narrateurs et narratrices harpmaniens portent témoignage d'une fascination pour l'intermédiarité qui caractérise leur acte d'écrire. C'est ce qui nous a incitée à compléter la première hypothèse par une seconde, à savoir que l'intermédiarité joue un rôle déterminant au niveau de l'acte d'écrire comme unité poétique de l'œuvre. Autrement dit, il est devenu possible de dédoubler notre première hypothèse comme quoi l'œuvre de Harpman possède une unité poétique qui est à situer au niveau de l'écriture même, en une seconde qui la précise, à savoir que c'est l'intermédiaire qui confère au thème de l'écriture cette faculté de nœud poétique de l'œuvre.

Manifestations de l'intermédiaire

Vu ces deux hypothèses, il nous a semblé logique de consacrer la première partie de notre travail à l'analyse des différentes manifestations de l'intermédiaire qui parcourent les romans et récits harpmaniens. Nous avons pu découvrir quatre mécanismes, dont le premier concerne, comme nous venons de le mentionner, l'intermédiaire de l'acte d'écrire, compris entre extradiégèse et diégèse. Nous avons été frappée par des passages comme celui-ci:

> je me demande quelle étrange lubie me prend, pourquoi je me souviens de ce jour avec une telle précision (…), ce qui me porte à relater (…) l'enterrement de Gustave (…) Mais je me laisse faire, je revois...[2]

La narratrice-écrivain de *L'Orage rompu* signale ici — et elle n'est pas la seule narratrice à le faire — qu'elle *se laisse écrire*, qu'elle 'se laisse faire' par un récit qui s'impose à elle et qui la force dans une position d'objet passif, ce qui se traduit par les nombreux pronoms *objet* que contient le

---

[2] Jacqueline Harpman, *L'Orage rompu* (Paris: Grasset, 1998), p. 14.

passage. Or, en même temps, c'est elle qui écrit et elle est donc aussi le sujet actif du même acte d'écrire. Les narrateurs et narratrices, ainsi, écrivent, tout en se laissant écrire, ce qui situe l'acte d'écrire dans un intermédiaire entre activité et passivité. Tout en réduisant le sujet de l'écriture à un objet direct, de tels passages mettent néanmoins l'accent sur une 'étrange lubie' qui travaille les narrateurs-écrivains comme une énergie puissante. C'est comme si les narrateurs-écrivains de Harpman étaient emportés comme malgré eux par une vague puissante qui les amène à la création. Un tel emportement dans l'acte, entre activité et passivité, caractérise aussi le mythe de Pygmalion et Galathée, dont il arrive à Harpman de parler. Pygmalion, en train de créer la statue dont il tombe amoureux, se questionne lui aussi sur l'ardeur qui le dévore de l'intérieur et qu'il *subit*, comme les narrateurs écrivains harpmaniens:

> Mais quelle est donc cette ardeur interne qui me dévore? Qu'ai-je en moi qui semble m'embraser? Quoi! dans la langueur d'un génie éteint sent-on ces émotions, sent-on ces élans des passions impétueuses, cette inquiétude insurmontable, cette agitation secrète qui me tourmente et dont je ne puis démêler la cause?[3]

Une même structure où l'actif et le passif s'absorbent dans un acte subi en même temps qu'il est exécuté, se rencontre encore dans le paradigme du nourrisson suçant le pouce. Privé du sein maternel, le nourrisson tente de reproduire l'acte de téter qui lui procure du plaisir et se met à sucer son pouce. Lors de cet acte devenu symbolique, le nourrisson est à la fois sujet actif et objet passif, il suce et se laisse sucer, incité par une représentation intériorisée liée au souvenir du sein maternel.[4]

Une seconde caractéristique de l'intermédiaire harpmanien concerne le brouillage des frontières entre la fiction et la réalité. Le lecteur qui serait au courant de la biographie de Harpman ne manquerait pas de découvrir, d'abord, maints éléments autobiographiques, qui ont quitté la réalité pour réclamer une place dans la fiction harpmanienne. Dans certains récits,

---

[3] Jean Jacques Rousseau, *Pygmalion, scène lyrique* (*Œuvres complètes* II (Paris: Gallimard, Bibliothèque de la Pléiade)), p. 1224, cité dans Louis Marin, *Des pouvoirs de l'image* (Paris, Seuil, 1993), p. 105.

[4] Paul Moyaert, 'Pulsion, formation du moi et langage', J. Florence, A. Vergote, J. Corveleyn, R. Bernet, P. Moyaert, L. Cassiers, *La psychanalyse: l'homme et ses destins* (Louvain: Peeters, 1993), pp. 215-18.

l'auteur va même jusqu'à mettre en scène un personnage qu'elle baptise 'Jacqueline Harpman'. Le questionnement par Harpman-l'auteur du statut du récit harpmanien passe par la mise en scène d'un personnage, d'un double de cette même Harpman-auteur, présente au sein de la fiction sous forme de Harpman-personnage racontant et écrivant. Voici un passage qui illustre ce point:

> Les murs deviennent transparents, je vois des étagères chargées de livres, j'écris sur une petite table de bois clair, il n'y a pas de pile à droite car j'utilise un bloc, je soulève et retourne la feuille au bas de chaque page. Au secours! Je sais tout! Mon prénom est Jacqueline, mon nom est Harpman, je suis une femme et chaque seconde qui se passe me rapproche de la mort.[5]

De tels jeux narratifs font que le lecteur hésite devant ce nom, l'attribuant à un personnage fictif, mais ne pouvant s'empêcher de penser aussi à l'auteur réel. En résulte une déstabilisation et une mystification de la frontière entre la fiction et la réalité.

Ce brouillage se renforce par la présence importante de vérités générales et de maximes morales qui, bien qu'elles apparaissent en fiction, s'appliquent à la réalité du lecteur et l'appellent à réfléchir et à se réfléchir dans le miroir qu'elles lui tendent. Elles invitent donc le lecteur à traverser lui aussi la frontière entre la fiction et la réalité. Le titre *L'Apparition des esprits* est en effet tiré de la maxime 76 de La Rochefoucauld, reprise dans son intégralité dans l'épigraphe du roman: 'Il en est du véritable amour comme de l'apparition des esprits: tout le monde en parle, mais peu de gens en ont vu'.[6] La maxime invite le lecteur, dès le début de sa lecture, à prendre part à une fiction qui 'connaît'. À en croire Serge Doubrovsky, 'l'écriture aphoristique est une manifestation permanente de la supériorité du scripteur sur le lecteur'.[7]

Finalement, le discours harpmanien contient des réflexions variées sur les ressemblances entre la réalité et la fiction, sur l'illusion et l'irréalité et sur le

---

[5] Jacqueline Harpman, 'La Lucarne', *La Lucarne* (Paris: Stock, 1992), p. 237 [explicit].
[6] Jacqueline Harpman, *L'Apparition des esprits* (Bruxelles: Ancre Rouge (coll. 'Ancrage')), 1999.
[7] Serge Doubrovsky, 'Vingt propositions sur l'amour-propre: de Lacan à la Rochefoucauld', Shoshana Felman, Melitta Schmideberg, Serge Viderman, e.a., *Les machines analytiques* (Paris: Aubier, 1980), p. 63.

roman comme univers parallèle qui est de l'ordre du croire. Harpman joue plusieurs fois sur un rapport d'assimilation entre le réel et le fictif, qui est de l'ordre de la ressemblance. Dans l'épigraphe de *La Dormition des amants*, le rapport de ressemblance de la fiction à la réalité se fait particulièrement prégnant: 'Toute ressemblance avec des personnages qui auraient existé ou des événements qui se seraient produits ne peut être attribuée qu'à l'intrusion intempestive d'un univers parallèle' (*La Dormition des amants*, épigraphe). Parodiant la formule habituelle, Harpman avertit le lecteur que l'histoire n'est point un récit historique mais une fiction, malgré les ressemblances possibles avec la réalité.[8] L'opposition entre le réel et le fictif n'a chez Harpman rien d'absolu: on a plutôt ici l'image d'un réel et d'un fictif comme espaces poreux qui s'infiltrent et s'absorbent l'un dans l'autre.

L'intermédiaire se traduit aussi par le recours fréquent à la préposition 'entre'. Celle-ci installe un intermédiaire au sein des phrases mêmes qui composent le récit. L'analyse des 30 ouvrages de Harpman montre que la préposition 'entre' affecte tous les éléments clefs qui composent les récits: les personnages, les objets diégétiques, les repères temporels et spatiaux, les sentiments et pensées. Anodin à première vue, le mot 'entre' héberge, à chaque occurrence, des structures dichotomiques sous-jacentes qui structurent les récits des narrateurs-écrivains harpmaniens. Dans le passage suivant, la préposition 'entre' concerne un entre-deux au niveau de la constellation des objets diégétiques qui, parfois, considérés dans l'isolement d'un seul passage ou d'un seul texte, semblent être des détails peu importants:

> Clotilde se glissa entre une rangée de casseroles et une lessive qui séchait pendue au plafond étroit, buta contre un réfrigérateur, se rattrapa au réchaud et pénétra enfin tout à fait étourdie dans une petite pièce envahie par d'autres objets.[9]

Les objets – des casseroles et une lessive – semblent révéler peu sur le passage intermédiaire dans lequel s'oriente Clotilde. Ce qui importe plus, ce sont les verbes 'glisser' et 'pénétrer' qui marquent un manque de stabilité et

---

8   Harpman joue ici le rôle de l'auteur innocent qui veut se protéger contre toute accusation possible qui se baserait sur une comparaison entre la réalité et la fiction parce que son 'histoire fictive' aurait pu se passer dans la réalité, même à l'insu de l'auteur.

9   Jacqueline Harpman, *Les Bons sauvages* (Bruxelles: Labor, coll. 'Espace Nord', 1998), p. 93.

effacent les frontières précises. Les verbes suggèrent donc plus une zone vague qu'un passage clair et univoque. De plus, l'intermédiaire dans ce passage se caractérise par une bipolarité, à savoir le haut et le bas (le haut du plafond par rapport à la rangée des casseroles) et le chaud et le froid (le réchaud et le réfrigérateur) ce qui insinue des mouvements oscillatoires d'un pôle vers l'autre. L'intermédiaire s'exprime donc, finalement, sous la forme de bipolarités. Contrairement à la préposition 'entre' qui met en scène une structure dichotomique *explicite*, les bipolarités se composent de deux pôles contradictoires qui embrassent *implicitement* ce qui se trouve entre eux. L'intermédiaire qui en résulte n'est donc plus syntaxique ou syntagmatique, mais paradigmatique. Les structures bipolaires concernent les couples chaud – froid, blanc – noir et petit – grand, qui figurent çà et là, ensemble ou isolément, dans les récits. Les bipolarités figurent aussi dans les passages où les narrateurs parlent de leur propre acte d'écrire. Que les adjectifs 'petit' et 'grand' constituent une bipolarité, s'illustre le mieux dans les passages où ces adjectifs apparaissent l'un à côté de l'autre: 'L'acte de vente, quelques lettres, des coupures de presses collées *avec grand soin sur les pages d'un petit registre*: mon métier m'a appris l'art de dépouiller et d'interpréter rapidement ce genre de documents' (nous soulignons).[10] Le fait que l'adjectif 'grand' s'emploie ici au sens figuré et l'adjectif 'petit' au sens littéral, accentue encore le contraste qui s'installe entre les deux pôles. Bien qu'il ne soit guère question ici d'un intermédiaire explicité à l'aide de la préposition 'entre', le passage suppose implicitement l'existence d'un intermédiaire remplissant le passage entre les deux pôles 'grand' et 'petit'.

L'intermédiaire Harpmanien à la lumière des théoriciens

Afin de mieux comprendre ces quatre principales caractéristiques et de mieux en saisir le fonctionnement, nous avons consulté des théoriciens de l'intermédiaire, aussi bien des philosophes que des théoriciens de la littérature et des psychanalystes. En effet, le concept d'intermédiaire, même s'il n'a jamais fait l'objet, à notre connaissance, d'une étude systématique où il serve d'outil d'analyse littéraire, est loin d'être une page vierge.

Nous avons commencé par consulter les philosophes. Saint Augustin, d'abord, parle d'un intermédiaire du temps, plus spécifiquement du temps présent, composé de parcelles fugitives qui réalisent sans cesse le passage

---

[10] Jacqueline Harpman, *Du côté d'Ostende* (Paris: Grasset, 2006), p. 34.

entre le passé et l'avenir, l'avant et l'après. Aussi le Créateur en train de créer ne peut-il se situer, d'après le père de l'Église, qu'entre un avant et un après.[11] Søren Kierkegaard, en second lieu, définit l'homme comme un être paradoxal car intermédiaire entre corps et âme. L'homme est un 'inter-esse', un être entre réalité et idéalité.[12] Avec Gaston Bachelard, on passe le cap de la philosophie existentielle à la philosophie fonctionnelle. Bachelard se demande comment l'homme doit se servir de la *pensée* afin d'obtenir un résultat scientifique. Il trouve la réponse dans une position intermédiaire entre l'objectivisme empirique lié à la raison et le domaine de l'imagination, entre le concret et l'abstrait.[13] Pour Paul Ricoeur, enfin, la conscience de l'homme n'est pas transparente mais obscure à elle-même. C'est grâce au *récit* que l'homme peut opérer des médiations entre l'expérience de la réalité et sa *compréhension* de la réalité.[14]

Ces conceptions philosophiques se complètent, en second lieu, d'un certain nombre d'idées émises par des théoriciens de la littérature. Ils recourent à l'intermédiaire dans le contexte de l'autobiographie, où l'auteur constitue le pivot d'un processus d'écriture compris entre l'auto et le bio, c'est-à-dire entre le moi conscient de lui-même, écrivant au présent, et le parcours de sa vie situé au passé. Lorsque le sujet écrivant se fictionnalise, l'autobiographie se transforme en autofiction, un genre qui, d'après Serge Doubrovsky, 'fonctionne dans l'entre-deux' de la réalité et de la fiction.[15]

Du côté du lecteur aussi, la réception de l'œuvre peut être décrite en termes d'intermédiaire. D'après Wolfgang Iser, l'œuvre se reflète dans le lecteur sur le mode d'un *jeu* qui l'invite à prendre ce qu'il lit comme relevant

[11] P. Pedro Calixto-Ferreira, 'Le temps et l'histoire dans *La cité de Dieu*', *Itinéraires Augustiniens*, 23 janvier 2000. Voir www.assomption.org/Ressources/Itineraires Augustiniens/IA23/TpsEtHistoire.html.

[12] Gregor Malantschuk, 'Index terminologique. Principaux concepts de Kierkegaard', dans Tisseau, Paul Henri, Jacquet-Tisseau, Else-Marie (éd. et trad.), *Søren Kierkegaard. Œuvres complètes*, Tome XX (Paris: Editions de l'Orante, 1986), p. 44.

[13] Gaston Bachelard, *La formation de l'esprit scientifique. Contribution à une psychanalyse de la connaissance objective* (Paris: Vrin, 1967 [1934¹]), discours préliminaire, je souligne.

[14] Paul Ricoeur, *Finitude et Culpabilité* (*Philosophie de la volonté II*) (Paris: Aubier, 1988 [1960¹]), p. 23.

[15] Serge Doubrovsky, 'Autobiographie/vérité/psychanalyse', *Autobiographiques: de Corneille à Sartre. Perspectives Critiques* (Paris: PUF, 1988), pp. 69-70 [nous soulignons].

d'un 'comme si', 'comme si' c'était la réalité, tout comme l'enfant qui joue.[16] Michel Picard ajoute que ce jeu permet au lecteur de croire au texte, de prendre l'illusion pour une réalité.[17]

L'œuvre elle-même, enfin, située entre son auteur et le public auquel elle s'adresse, thématise l'intermédiaire à travers des métaphores comme l'arbre, le feu, l'hymen, le seuil et le pli qui sont associées à l'ardeur créatrice, à la page vierge ou à la force du neutre.[18]

À côté des philosophes et des théoriciens de la littérature, l'intermédiaire apparaît aussi en psychanalyse, que ce soit chez les théoriciens de la littérature parlant de psychanalyse, chez les psychanalystes parlant de littérature ou en psychanalyse pure.

Les théoriciens littéraires, en premier lieu, invoquent la psychanalyse afin d'explorer le processus littéraire. Shoshana Felman, par exemple, se concentre sur l'intermédiaire du référent: ce qu'il y a de référentiel se produit, selon elle, dans une situation de dialogue qui se joue, dynamiquement, dans un entre-deux de la langue et de la réalité.[19] Peter Brooks, quant à lui, considère le texte littéraire comme un système d'énergies, dont émane la force de l'art narratif, et qui mène à une *vérité* intermédiaire.[20] Pour Daniel Gunn, enfin, l'art crée un espace potentiel, intermédiaire entre la réalité extérieure et la vie intérieure, qui nous permet de quitter le moi dans l'assurance et la confiance de se retrouver.[21]

C'est avec Gunn qu'on entre dans l'espace potentiel, intermédiaire, théorisé par le psychanalyste et pédiatre anglais Donald Woods Winnicott (1896-1971). Winnicott s'est intéressé au fonctionnement psychique de très jeunes enfants, plus spécifiquement de l'enfant qui joue. Pour Winnicott, l'enfant qui joue se situe entre sa propre vie intérieure et la réalité extérieure,

16 Wolfgang Iser, *Prospecting: From Reader Response to Literary Anthropology* (Baltimore/ Londres: John Hopkins UP, 1989), pp. 250-51.
17 Michel Picard, *La lecture comme jeu* (Paris: Minuit, 1986), pp. 8, 25, 294.
18 Jacques Derrida, *La Dissémination* (Paris: Seuil, 1972), p. 80.
19 Shoshana Felman, *Le scandale du corps parlant, Don Juan avec Austin ou la séduction en deux langues* (Paris: Seuil, 1980), p. 104.
20 Peter Brooks, *Psychoanalysis and storytelling* (Oxford: Blackwell, 1994), pp. 8-9.
21 Daniel Gunn, *Analyse et fiction, aux frontières de la littérature et de la psychanalyse* (Paris: Denoël, 1990, trad. Jean-Michel Rabaté), p. 54. [*Psychoanalysis and Fiction: an Exploration of Literary and Psychoanalytic Borders* (Cambridge: Cambridge UP, 1988), pp. 126-27].

dans ce qu'il qualifie d''aire intermédiaire'. Un nounours par exemple permet au petit de s'apaiser lorsque la mère est absente. C'est un objet transitionnel qui permet à l'enfant de gérer, dans l'illusion d'une présence, la désillusion d'une mère absente dans la réalité.[22] Dans le cas où l'enfant recourt à un acte, comme le sucement, Winnicott parle de *phénomène* transitionnel. L'objet ou phénomène transitionnel se situe dans un entre-deux, une aire intermédiaire hors de la réalité qui y garde cependant un point d'appui. L'enfant est entre illusion et désillusion, entre l'imaginaire et le réel. À l'âge adulte, cette aire intermédiaire n'a pas disparu, mais s'exprime dans l'art, dans la religion, dans le travail scientifique créatif. L'acceptation de la réalité est, en effet, d'après Winnicott, une tâche sans fin.[23]

C'est dans *Playing and reality* que Winnicott théorise le plus clairement sa contribution à la compréhension du jeu d'enfant. Faisant remarquer que les psychanalystes, en général, s'occupent trop du 'play' et tentent d'en écrire le contenu, Winnicott distingue nettement entre les notions de 'play' et 'playing': 'Il est clair que j'établis ici une distinction marquante entre la signification du substantif "play" (le jeu) et la forme verbale "playing" (l'activité de jeu, jouer)'.[24] Le titre retenu pour la traduction française de *Playing and reality*, à savoir *Jeu et réalité*, est donc assez réducteur, en ce sens que le terme de 'jeu' n'implique pas l'activité du jeu, connotée par la forme verbale 'playing', sans doute intraduisible en français il est vrai, sur laquelle Winnicott insiste tellement. Le jeu, pour Winnicott, n'est plus uniquement un contenu représentant des scènes angoissantes vécues au passé (c'était le point de vue de Melanie Klein), mais un contenant qui, à l'intermédiaire du passé et du futur, crée un espace potentiel dans lequel un traumatisme peut se réparer. C'est cette clairvoyance de Winnicott par rapport à l'acte de jouer ('playing') qui nous a incitée à recourir au terme 'acte d'écrire', mettant l'accent sur le dynamisme inhérent à l'acte en train de se dérouler, et non pas 'acte d'écriture' qui focalise sur le produit final en tant que représentation de signes graphiques. Tout comme Winnicott s'intéressait à l'enfant en train de jouer, notre travail porte sur la narratrice

---

22 Donald W. Winnicott, *Jeu et réalité. L'espace potentiel* (Paris: Gallimard, 2004 [1975[1]], trad. Claude Monod et Jean-Bertrand Pontalis), p. 32.

23 Ibid, p. 47.

24 Ibid., p. 87.

harpmanienne en train d'écrire. C'est précisément pendant que l'acte s'exécute que les expériences intermédiaires se manifestent.

Linda Hutcheon s'approche des idées de Winnicott en formulant la position suivante en rapport avec la littérature:

> In literature, the language creates its object; it does not have to describe an object outside itself. Literary language has a kind of fundamental reality of its own, marking, as Blanchot has suggested, not the presence of real objects, but their absence.[25]

L'enfant qui crée son propre objet transitionnel ressemble en cela au littérateur qui, d'après Hutcheon, crée aussi ses propres objets et ne se limite pas à une description d'objets qui demeureraient extérieurs à la littérature. Hutcheon précise que le langage littéraire crée une réalité qui lui est propre et dans laquelle le langage ne réfère pas tant à la présence d'objets extérieurs, mais comble le vide de leur absence. De manière analogue à l'enfant qui joue et qui profite de l'espace potentiel pour élaborer imaginairement la réalité vécue, l'auteur qui écrit des textes littéraires se situe dans un espace potentiel où il modèle imaginairement son vécu. L'espace potentiel, autrement dit, donnerait à l'auteur la possibilité d'accéder à l'acte d'écrire, une activité culturelle que Winnicott considère comme le prolongement de l'activité de jouer chez l'enfant.

Les psychanalystes parlant de littérature qui complètent ce tableau se sont concentrés sur les rapports entre la réalité et une réalité à construire dans l'œuvre. Jean-Bertrand Pontalis considère les images littéraires de lieux de passage, comme les portes ou les fenêtres, comme de troisièmes lieux qui indiquent une transition entre la réalité et une réalité à construire.[26] Bertrand Chouvier part à la recherche des caractéristiques du créateur occupant l'espace potentiel. Il compare le processus créateur à une hémorragie, un écoulement du plus intime à l'universel, qui nécessite au préalable une

---

[25] Linda Hutcheon, *Narcissistic narrative*: *The Metafictional Paradox* (Londres: Methuen, 1980), p. 93.
[26] Jean-Bertrand Pontalis, 'Penser l'intermédiaire', François Gantheret et Jean-Michel Delacomptée, *Le royaume intermédiaire: psychanalyse, littérature, autour de J.-B. Pontalis* (Paris: Gallimard, 2007), p. 320.

attitude accueillante pour que l'extérieur puisse aussi agir sur l'intérieur.[27] Julia Kristeva, enfin, parle de l'intermédiaire dans ses écrits sur la source de l'intime qui s'exprime en littérature. Elle emprunte à Saint Augustin la notion d'un 'troisième registre', qui concerne les images situées entre la perception sensorielle et l'intellect.[28]

La poétique de l'intermédiaire dans *La Plage d'Ostende*

Après avoir distingué quatre principales caractéristiques de l'intermédiaire, nous avons consulté des théories pour mieux en comprendre le fonctionnement. Mais comment lire un récit harpmanien après toutes ces observations et réflexions? Nous avons complété notre travail par une troisième partie qui offre une lecture en profondeur d'un seul ouvrage. Notre choix est tombé sur *La Plage d'Ostende*, roman connu du grand public et qui sert ainsi d'étude de cas.

La narratrice-écrivain de *La Plage d'Ostende* s'appelle Émilienne Balthus. Au moment où elle écrit, Émilienne est vieille femme et le peintre Léopold Wiesbeck, son grand amour, est mort. Dans le récit d'Émilienne, son acte d'écrire se dédouble en deux autres actes intermédiaires, à savoir l'acte d'aimer – Émilienne aime Léopold – et, l'acte de peindre – Léopold qui crée un tableau intitulé 'La plage d'Ostende'. Se tissent ainsi des liens entre ces trois actes qui les unissent.

Commençons par l'acte d'aimer d'Émilienne. À l'âge d'onze ans, elle aime Léopold dès qu'elle le voit. C'est ainsi que débute le roman: 'Dès que je le vis, je sus que Léopold Wiesbeck m'appartiendrait'.[29] Le connecteur 'dès' témoigne d'une césure temporelle qui se développera, plus loin dans le roman, comme un intermédiaire entre un 'avant Léopold' et un 'après Léopold'. Suivant la théorie de Saint Augustin, cet instant d'amour intermédiaire, entre un avant et un après, produit en Émilienne le sentiment d'une transformation. L'amour est une vocation, un sentiment intime devenu

[27] Bernard Chouvier, 'Le paradoxe intimiste et la création', Bernard Chouvier, André Green et Julia Kristeva, *Symbolisation et processus de création. Sens de l'intime et travail de l'universel dans l'art et la psychanalyse* (Paris: Dunod, 1998), pp. 128-29.

[28] Julia Kristeva, 'Du sens au sensible: logiques, jouissance, style' dans ibid., p. 78. Cf. aussi Julia Kristeva, 'L'intime: du sens au sensible (logiques, jouissance, style)', *Pouvoirs et limites de la psychanalyse, Tome 2: La révolte intime* (Paris: Fayard, 1997), p. 80.

[29] Jacqueline Harpman, *La Plage d'Ostende* (Paris: Livre de Poche, 1997), p. 9.

un savoir dans l'espace d'un seul instant spirituel, où s'unissent le corps et l'âme dont parle Kierkegaard.

Émilienne n'a pourtant pas décidé de cet instant d'amour, elle le subit. Elle aime parce qu'elle se laisse aimer. C'est ainsi à l'entrecroisement de l'actif et du passif que s'installe le *savoir* d'aimer, le *çà-/voir*. Celui-ci implique, d'après notre thèse, une résonnance entre la réalité et une image intérieure qui concerne l'amour maternel vécu comme unité absolue. En effet, Léopold devient pour elle une figure maternelle. Lorsqu'il est absent, Émilienne se roule en boule ou s'enveloppe dans une couverture. Ce sont des phénomènes transitionnels qui lui permettent de gérer l'absence de l'amour. Léopold se substitue à la mère d'Émilienne, dont elle se détache une fois qu'elle aime. Sur le plan du discours, ce passage se traduit par une transition syntaxique: la préposition 'entre' est remplacée par 'parmi'. Là où la vie ordinaire prend lieu 'entre' des éléments contingents, l'univers de l'amour concerne un intermédiaire transcendantal qui n'existe que pour le couple absorbé dans l'instant, et qui l'isole 'parmi' les éléments de la réalité. La dimension absolue de l'amour se reflète, finalement, dans le mythe de Tristan et Yseult auquel réfère l'épigraphe de *La Plage d'Ostende*. L'amour d'Émilienne et de Léopold n'est donc plus, sous la plume d'Émilienne, un amour terrestre, mais le lieu d'une union mythique où les amants s'absorbent l'un dans l'autre.

En ce qui concerne l'acte de peindre de Léopold, lui aussi vit un instant qui le transforme corps et âme parce qu'il répond à un besoin intérieur, celui du créateur. Devant la mer gelée à Ostende, Léopold s'exclame: 'il me faut ces couleurs', réduisant le 'je' à un 'me' objet. Sur la digue, il s'absorbe complètement dans l'espace potentiel de la création dont parle Chouvier, travaillant sa palette comme un effréné pour trouver la nuance exacte du gris contemplé. S'installe une communication directe entre son âme émue et le corps mélangeant les couleurs, qui lui permet de trouver 'sa' peinture, sa vérité intime. Léopold produira un tableau intitulé 'la plage d'Ostende', situé entre la plage d'Ostende de la réalité et la *Plage d'Ostende* que nous lisons et qui en est la représentation fictive.

La pureté de l'acte de peindre du créateur qui, comme Pygmalion, s'absorbe dans sa création, est exprimée comme suit par la mécène de Léopold: 'il peint, il peint, avant, il faisait des tableaux.[30] Il crée, en d'autres

---

[30] Ibid., p. 82.

termes, il s'absorbe dans l'acte, sans qu'il y ait besoin d'objet direct. Léopold dit lui-même qu'il est 'entré en peinture comme on entre au couvent', du latin *conventum*, réunion. Le peintre s'isole du monde ordinaire, se replie sur et se réunit avec son amour pour l'acte de peindre, qu'il aime d'un amour absolu.

C'est, finalement, dans l'acte d'écrire, entre sujet et objet, entre actif et passif qu'Émilienne peut, elle aussi, se rejoindre. C'est dans l'écriture qu'elle revit, après la mort de Léopold, les moments d'amour et de création qu'elle a partagés avec lui. *La Plage d'Ostende* n'est pas une autobiographie, c'est un discours de remémoration, réalisé à travers la configuration d'un récit qui redouble l'expérience intime de l'amour. Le récit d'Émilienne opère, d'après les théories de Ricœur, une médiation entre le vécu du passé et la compréhension du manque présent.[31] Le récit, ainsi, est un espace potentiel, une aire d'illusion, du 'comme si', permettant de revivre la scène intérieure, tout en réalisant un texte concret qui reflète, tel un miroir, le cri d'amour intérieur. Il n'est pas étonnant que l'écriture d'un tel monument funèbre tienne du rite. L'écriture, rituelle, adoucit la douleur.

Comme tous les rites, l'acte d'écrire harpmanien est une tentative de donner sens à la réalité qui déstabilise, au passage entre un avant et un après,[32] là où l'intellect et la logique intentionnelle sont mis hors jeu et cèdent la place aux croyances, qui sont 'notre moyen de pallier la faillite de l'ordre de l'esprit.[33] Voilà, en définitive, ce qui explique la dimension religieuse et rituelle de l'acte d'écrire dans les romans et récits harpmaniens. L'univers narratif de Harpman traite de l'absolu et de l'expérience humaine de cet absolu. Le récit harpmanien est en définitive l'expression rituelle d'une tentative de signifier le ça-voir, qui n'est possible que dans l'intermédiaire de la création, là où l'acte d'écrire ne peut être qu'un acte d'amour d'un écrivain passionné.

---

[31] Ricoeur, Paul, *Temps et récit I, L'intrigue et le récit historique* (Paris: Seuil, 1983), pp. 106-07.

[32] Pierre Bourdieu, *Langage et pouvoir symbolique* (Paris: Seuil, 'Points-Essais', 2001), p. 176.

[33] Jean-Bertrand Pontalis, *Ce temps qui ne passe pas*, suivi de *Le compartiment de chemin de fer* (Paris: Gallimard, 1997), p. 148.

Une considération quantique

La littérature harpmanienne nous a emportés vers un univers de l'intermédiaire organisé autour de l'acte d'écrire. Celui-ci y est l'œuvre d'un narrateur qui vient d'être envahi, pendant l'intervalle d'un instant éphémère, par une sensation extraordinaire. Une telle sensation libère tant d'énergie que le narrateur se lance, se perd comme malgré lui, dans un acte qui ne s'effectue guère dans la seule réalité, ni dans la seule imagination. Le narrateur plane, alors qu'il écrit, dans l'entre-deux, créant une nouvelle réalité, sa réalité à lui.

Un tel instant de la création demeure physiquement inidentifiable. Il s'agit d'une vibration, d'une résonance qui est proche de l'univers de la physique quantique. Elle relève d'une dimension où la réalité prend ses libertés, où elle se comporte différemment et où elle s'éloigne des lois de la logique classique. C'est pourquoi ce qui se produit dans l'esprit du narrateur harpmanien se rapproche des expériences conduites dans l'accélérateur de particules du CERN à Genève. Des particules y entrent en collision, libérant une énergie énorme et permettant aux scientifiques de percer les mystères de la matière et de plonger au cœur même de la réalité. La collision des particules dans l'accélérateur permet de comprendre celle dans l'esprit d'un narrateur, les pôles qui s'attirent se constituant respectivement de quarks (de protons) et de leptons (dans les électrons) et de particules du réel et du fictif. Les physiciens espèrent démontrer l'existence du boson de Higgs, la particule théorique qui garantit la cohérence du modèle de la physique des particules élémentaires et est supposée expliquer l'origine de la masse, mais qui n'a jamais été découverte ni observée de manière indiscutable.[34] En un sens, c'est le boson de Higgs qui est à l'œuvre lorsque l'homme crée l'art, lorsqu'il se sent Dieu dans l'expression rituelle que constitue son acte d'écrire. Il se situe dans un univers intermédiaire nourri d'un amour absolu. Celui-ci est généré lorsque le corps de l'artiste accueille une sensation qui fait résonner l'image mnésique liée à l'illusion d'un amour total que tout nourrisson a connu avec sa mère et dont le corps a gardé le souvenir. Le boson de Higgs n'est-il pas considéré comme la 'déesse-mère' de toutes les particules, expliquant la masse, tout en se situant lui-même en-deça de sa

---

[34] Laurent Sacco, 'Le boson de Higgs: une clé fondamentale de l'univers?', <www.futura-sciences.com/fr/doc/t/physique/d/le-boson-de-higgs-une-cle-fondamentale-de-lunivers_532/c3/221/p1/>, 2005 [consulté en 2011].

substance? Le narrateur harpmanien s'enveloppe, en créateur animé, dans la création, dans un repli d'amour absolu, illusoire quant à sa substance, mais bien réel quant à l'expérience du potentiel qu'il offre au créateur.

Dora Leontaridou

Décomposition et recomposition de l'identité féminine dans l'œuvre de Jacqueline Harpman

Nos actes sont vraiment le résultat de notre propre libre arbitre ou sont plutôt des décisions dans le cadre et les faisceaux des comportements sociaux préétablis qui sont imposés à notre insu et malgré éventuellement notre gré. Un choix censé personnel constitue souvent un choix parmi ceux qui sont possibles et acceptés dans l'espace social dans lequel on vit. L'impact de la construction sociale sur l'identité sexuée est approché déjà sous l'angle des différentes disciplines. Commençant par la phrase très connue de Simone de Beauvoir, 'on ne naît pas femme, on le devient', plusieurs érudits ont déjà travaillé sur la construction du genre comme Judith Butler, Geneviève Fraisse, Françoise Héritier, Thomas Laqueur, Michelle Perrot, pour ne mentionner que quelques-uns dont les ouvrages ont nourri notre réflexion et sont cités tout au long de la construction de notre argumentation.[1]

Tout cela relève de la théorie. Comment cependant pourrait-on prendre conscience des nuances subconscientes de ses gauchissements que les contraintes sociales ont apporté sur les sexes tant dans la quotidienneté que dans l'espace publique? Comment pourrait-on voir ce qui se passe sur une femme depuis sa naissance qui la module en cet être tel qu'on le souhaite dans l'ordre établi des choses? Comment pourrait-on trouver le fil d'Ariane pour sortir de ce labyrinthe qui est construit tant sur le niveau du conscient que sur le niveau de l'inconscient, et qui remonte aux époques très lointaines.

---

[1] Voir, par exemple, Judith Butler, *Gender Trouble: Feminism and the Subversion of Identity* (London: Routledge, 1990); Geneviève Fraisse, *La Différence des sexes* (Paris: PUF, 1996); Françoise Héritier, *Masculin-Féminin*, t.1 [1996] (Paris: Odile Jacob, 2002); Françoise Héritier (dir.), *Hommes, femmes, la construction de la différence* (Paris: Le Pommier, 2005); Thomas Laqueur, *La Fabrique du sexe: Essai sur le corps et le genre à l'Occident* [1990], traduit de l'anglais par Michel Gautier (Paris: Gallimard, 1992); Michelle Perrot, *Les Femmes ou les silences de l'histoire* (Paris: Flammarion, Collection 'Champs', 1998).

C'est ce legs qui a toutefois prescrit et scellé comportements et émotions. 'Des schèmes de pensée,' comme le dit Pierre Bourdieu, 'qui sont le produit de l'incorporation de ces relations de pouvoir et qui s'expriment dans les oppositions de l'ordre symbolique.'[2] Quelques aspects de l'œuvre de Jacqueline Harpman viennent répondre à cette problématique. En fait la technique de la construction de quelques-uns de ses personnages féminins consiste en une déconstruction du personnage pendant laquelle le lecteur prend conscience des éléments superficiels ajoutés au comportement et la personnalité par les contraintes du sexe et de son rôle social. Ce faisant, la trame de l'œuvre permet tout d'abord au lecteur d'en prendre conscience. De plus, cette suite du fil d'Ariane lui permet de comprendre et de tracer lui-même le chemin vers la recomposition de l'entité ontologique de l'être. Les trois textes choisis qui correspondent à cette problématique puisent aussi dans l'imaginaire de la mythologie grecque. Ceci nous permettra d'exploiter les échos du passé qui montrent comment a été déterminé le statut de la femme dans le privé et dans la société, et les réexaminer ensuite sous la lumière des connaissances actuelles et des mentalités de nos jours.

Orlanda

Orlanda, de Jacqueline Harpman, est un roman original qui porte sur les questions de genre et de sexe, qui traite de l'identité dans son sens parfois pluriel, et qui focalise sur les côtés refoulés de l'être.[3] Susan Bainbrigge aperçoit que Jacqueline Harpman examine dans ce roman la nature de l'identité féminine qui est aussi à l'épicentre du travail de Virginia Wolf.[4] Outre l'intertextualité flagrante avec *Orlando* de Virginia Woolf, le texte exploite le mythe de l'androgyne ainsi qu'Hélène Barthelmebs l'observe à juste titre.[5] Le personnage principal, Aline Berger, est professeur à la faculté

---

[2] Pierre Bourdieu, *La Domination masculine* [1998] (Paris: Seuil, 2002), p. 54.

[3] Jacqueline Harpman, *Orlanda* (Paris: Grasset, 1996). La parenté du titre avec le roman *Orlando* de Virginia Woolf est admise par l'auteure même dans le roman et elle est expliquée comme un signe de respect à l'égard de la romancière anglaise. Les citations extraites d'*Orlanda* seront suivies de l'abréviation O et du numéro de page.

[4] Susan Bainbrigge, 'Experimenting with Identity in Jacqueline Harpman's *Orlanda*', *Dalhousie French Studies*, 68 (2004), 99-107 (p. 100).

[5] Hélène Barthelmebs, 'L'Androgyne au service de la différence des sexes: L'exemple d'*Orlanda* (1996) de Jacqueline Harpman', *Loxias*, 34 (2011); pour l'édition électronique voir http://revel.unice.fr/loxias/index.html?id=6903.

des Lettres de l'Université de Bruxelles. Elle a une vie bien rangée. Elle vit harmonieusement avec Albert. Un soir, dans un bistrot, alors qu'elle attendait le train pour revenir à Bruxelles, une folle idée lui passe par la tête. En voyant un jeune homme assis en face d'elle, elle éprouve l'envie de pénétrer dans son corps, de le devenir, lui. Cette trouvaille ajoute un personnage au roman. C'est Orlanda, la partie d'Aline qui s'est évadée d'elle-même pour s'installer dans le corps de ce jeune homme, Lucien Lefrène, un journaliste.

Cette intrigue imagée et assez compliquée marque aussi le point de vue narratif. En fait les points de vue narratifs s'entrelacent: la focalisation zéro s'entrelace avec la focalisation interne. Le narrateur extradiégétique s'entrelace avec le narrateur intradiégétique, quand Aline fusionne avec l'identité de Lucien pour devenir Orlanda, qui reprend dans certains passages le fil de narration.

Le texte souligne la pluralité d'identités potentielles d'une personnalité. Quand Aline réfléchit sur son élan spontané de s'incarner dans le corps du jeune homme, elle pose directement le problème d'un 'je' pluriel:

> Mais s'incarner dans un corps intact! Changer de monde en faisant trois pas! *Je est un autre? Je* est mille autres et puisque ce *je* me lasse, pourquoi ne pourrais-je pas le quitter? (O 12)

Nous soulignons les énoncés en italique évoquant l'intrusion ou l'émergence de cette autre identité, de cette autre personnalité; de même la distance prise par rapport à cet autre 'je' qui est déjà devenu un 'tu' si l'on prend en considération l'énoncé suivant: 'Puisque ce *je* me lasse, pourquoi ne pourrais-je pas le quitter?' D'habitude on quitte un compagnon, un 'tu', et non un 'je'; en revanche on refoule un 'je' gênant. Cette pluralité de *je* est une constatation de base de la psychanalyse, et le roman offre aussi le champ pour une analyse psychanalytique.[6] Le *je* pluriel est tenu comme objet

---

[6] Tel est l'objet de l'analyse très intéressante d'Arraéz Llobregat, qui exploite la méthode psychanalytique de l'Analyse Transactionnelle pour relire le roman; voir José Luis Arraez Llobregat, 'Transsexualité et vice dans *Orlanda* de Jacqueline Harpman: Interprétation psychanalytique du roman à partir de l'Analyse Transactionnelle', *Thélème: Revista Computense de Estudios Franceses*, 21 (2006), 7–14. Même si nous n'approcherons pas le roman sous la perspective psychanalytique, l'étude de Llobregat révèle les enjeux psychanalytiques qui découlent du déroulement de l'action et contribue à

d'observation et d'analyse dans le roman. Ce point de vue permet sa décomposition et son analyse à travers l'originalité que l'imagination créative peut développer pour arriver au fond ontologique de l'être fictif. Or, à travers ce 'je' qui fonctionne en tant que 'tu' dans l'imaginaire du personnage, Aline parvient à envisager cette autre partie de 'moi' à la troisième personne:

> Je l'ai fait!
>
> Aline est là-bas et je suis ici, la séparation a eu lieu, je regarde avec stupeur *moi* qui *lit*, oui, le verbe est désormais à la troisième personne du singulier, attentive, devant la demi-Badoit presque bue, [...] *moi* est en face, un peu de biais, je suis dans le jeune homme blond, j'ai pénétré, tranquille dans sa tête. (O 18)

La troisième personne du singulier renvoie à l'entité psychanalytique du 'ça', ce qui évoque aussi que cette pénétration d'Aline dans le corps masculin correspond à un 'je' masculin refoulé dans le subconscient. L'immersion dans le corps masculin permet aussi une rétrospection de son identité dans une opération de mise en abîme. Dès le début, cette nouvelle identité-personnage permet à Aline de s'observer. Elle avoue:

> Si j'étais un homme, je ne rechercherais pas les femmes, je les connais trop bien, je me dresserais joyeux devant d'autres hommes, je ferais ce que, fille, je n'ai pas osé faire, je les défierais! (O 15)

Ce passage montre clairement la distance qui sépare le comportement d'un garçon et celui d'une fille selon les attentes sociales. On apprécie la timidité chez une fille et l'audace chez un garçon. La personnalité opprimée au fond de son être devient le sujet d'une discussion entre Aline et Lucien quand ils commencent à se rencontrer régulièrement. Lucien lui dit:

> – Toujours pudibonde, n'est-ce pas? Il est certain que je n'avais aucune raison d'emporter tes pudeurs. Je parie que tu t'es arrangée pour n'y pas penser une seule fois.
>
> Il y eut quelque agitation dans les recoins où Aline rangeait les objets encombrants.
>
> – Je ne sais pas, dit-elle. Je ne m'en souviens pas, en tout cas.

---

l'approfondissement de la construction sociale du sexe, qui constitue l'axe autour duquel se développe notre réflexion.

– Je te crois. Tu as une remarquable capacité de mettre ce qui te gêne à l'écart, mon existence elle-même en témoigne. (O 176)

Les points d'analyse des personnages d'Aline et d'Orlanda, son *alter ego*, qui imprègnent l'intrigue, renvoient très souvent aux souvenirs de l'enfance d'Aline. Tout au long du récit, on voit clairement apparaître la procédure parentale qui bâtit la personnalité qu'Aline va adopter en tant qu'adulte tout en chassant en même temps quelques traits de son être qui ne correspondent pas à l'image de la jeune fille ou de femme à laquelle vise son éducation. Des observations clairvoyantes permettent au lecteur de relever les traits de son éducation qui forment petit à petit, durant l'enfance, le comportement sexué qui apparaît en pleine expansion lors de la vie adulte. L'enfant comprend très vite qu'elle doit abandonner quelques-uns de ses penchants naturels pour se conformer à la norme. L'observation commence à l'âge de l'adolescence. Le lecteur apprend que

> Elle a douze ans, c'est une fille vigoureuse, sûre d'elle, qui avance à grands pas et rit puissamment, elle entre dans la maison en coup de vent, jette son manteau sur un fauteuil du salon et son cartable n'importe où.
> – Mon Dieu! Comme tu es masculine! dit Mme Berger, sa mère, en soupirant. (O 34)

L'adolescente insouciante reçoit le regard de sa mère, qui reproduit le regard social. Le but d'une bonne éducation, l'objectif d'une mère au foyer, est de faire de son enfant quelqu'un de 'comme il faut' dans la société. Aline ne correspond toutefois pas à l'image de la fille bien rangée, elle montre des traits masculins qui exaspèrent sa mère. Sur ce sujet, Michelle Perrot pense à juste titre:

> Pour les femmes, l'image est d'abord tyrannie. Elle les confronte à un idéal type physique ou vestimentaire. Elle leur suggère le bien et le beau. Comment se tenir, s'habiller, selon l'âge, le rang, le statut social ou matrimonial, selon le lieu et l'heure. Sur les femmes pèse l'œil inquisiteur de la famille, du voisinage ou du public.[7]

L'emprise de l'éducation est apparente aussi au moment des premières règles d'Aline, qui se sentait très bien, ce qui a étonné sa mère: 'L'absence

---

[7] Perrot, op. cit., pp. 378-79.

de malaise semblait à la limite de l'incorrection' (O 35). Mais à partir de ce moment, elle se trouve obligée de changer quelques-unes de ses habitudes:

> C'était l'entrée dans la reddition. Elle se rendit compte que, pendant les jours à serviette hygiénique, il fallait éviter les grands pas pour des raisons pratiques [...]. Sa chevelure abondante et désordonnée fut domptée par d'excellents coiffeurs, elle apprit à manipuler les objets sans se casser les ongles et les idées sans heurter ses interlocuteurs. Elle aima plaire, ce qui tue le garçon dans la fille. (O 36)

Cet énoncé narratif montre bien comment un être se transforme en fille: coiffeuses, manucures (on peut encore imaginer d'autres spécialisations de la sorte) s'occupent d'elle. L'ampleur et la gravité de la transformation qu'on entreprend, conforme à la construction sociale de genre, passe inaperçue. Pierre Bourdieu observe, à propos de la construction sociale des corps dans une tribu de Kabylie:

> Le corps et ses mouvements, matrices d'universaux qui sont soumis à un travail de construction sociale, ne sont ni complètement déterminés dans leur signification, sexuelle notamment, ni complètement indéterminés, en sorte que le symbolisme qui leur est attaché est à la fois conventionnel et 'motivé', donc perçu comme quasi naturel.[8]

Cette transformation de l'apparence extérieure, liée aux normes sociales de la mode et de l'apparence physique imprègne finalement l'être dans son for intérieur. Aline abandonne ses élans intérieurs au profit d'une volonté de 'plaire'. Cette fonction, qui parvient jusqu'au XXe (et au XXIe) siècle, trouve ses racines dans des ténèbres des temps, où la suprême qualité de la femme était sa beauté, sa capacité de 'plaire' au mâle.[9] Aline parvient bien à se transformer selon les exigences sociales jusqu'à l'âge de dix-sept ans. Une transformation qui remplira de joie ses parents:

Le jour de ses dix-sept ans, son père lui dit qu'elle était vraiment devenue une ravissante jeune fille et sa mère, enchantée, approuva hautement, elle n'avait pas compté sur un mari en général peu expansif pour un compliment

---

[8] Bourdieu, op. cit., p. 25.

[9] Nous mentionnons à titre d'exemple seulement qu'au temps de la guerre de Troie, les femmes étaient chantées surtout pour leur beauté (Hélène, Briséis, Chryséis, Polyxène), les hommes pour leur vaillance (Hector, Achille).

si franc. Aline en avait besoin car elle se défendait tout le temps d'une vague et inexplicable tristesse. (O 36)

Cette *inexplicable tristesse* est liée d'après le texte à la répression des élans naturels, et à l'obligation de se conformer à cette image de *jeune fille ravissante* que ses parents approuvent avec joie. Or, cette *ravissante* est une fabrication de l'élévation et ne correspond pas au for intérieur de la *jeune fille* qui étouffe et déprime. La trouvaille d'Orlanda, de cet *alter ego*, a amené à la lumière ce côté de la personnalité de *jeune fille* refoulée au profit de la *ravissante*. L'intrigue permet au lecteur de s'apercevoir de la distorsion entre le biologique, à savoir le sexe, et la construction du rôle sexué, ainsi que Geneviève Fraisse l'a constaté.[10]

Quand Aline se trouve encore au stade d'imaginer sa vie dans la chair d'un homme, elle pense aux nouvelles possibilités de comportement inouïes dans son statut de femme:

> Amant, je sens que je serais plus habile qu'amante car rien ne me ferait peur, c'est aux filles qu'on apprend la pudeur et la retenue, comme garçon je n'ai rien appris puisqu'on ne soupçonnait pas mon existence. (O 16)

L'entrée dans la vie sexuelle, ainsi que l'observe Alain Braconnier,

> s'articule avec l'ensemble du processus psychique de l'adolescence c'est-à-dire avec les caractéristiques affectives, cognitives, relationnelles et sociales de chaque fille et de chaque garçon – qui s'inscrit lui-même dans le processus psychique familial au sein duquel l'enfant a baigné et baigne encore à son entrée dans l'adolescence.[11]

L'emprise de l'éducation dans la construction des rôles sociaux est bien évidente. Orlanda, l'incarnation de la personnalité inventée, s'avise à propos d'Aline:

---

[10] Fraisse, op. cit., p. 46.

[11] Alain Braconnier, 'Construction de la sexualité: La sexualité des adolescents', in *Hommes, femmes, la construction de la différence*, dir. par Françoise Héritier (Paris: Le Pommier, 2005), pp. 105-13 (pp. 108-09).

> Elle ressemble à sa mère, qui ressemblait à sa mère, ce sont des générations de femmes bien élevées qui ont toutes eu le bonheur de ne pas recevoir trop de talents des fées conviées à se pencher sur leurs berceaux, de sorte qu'elles se sont fort bien accommodées de ce qui leur était permis. (O 38)

Cet extrait montre bien la place traditionnelle de la femme. Il est connu que dès l'aube de la civilisation, la femme était destinée en très grande majorité à la reproduction. Sur ce sujet, l'anthropologue Françoise Héritier conclut:

> À cause de cette capacité, les femmes ont été tenues pour le bien le plus nécessaire à la survie des groupes, car, sans reproductrices, il n'y a plus d'avenir. [...] il fallait non seulement que les mâles fécondateurs s'approprient les femmes pour ne pas voir le fruit convoité (un semblable, un fils) leur échapper au profit d'un autre, mais il fallait, de plus, confiner les femmes dans cette tâche. Puisqu'elles font les enfants des deux sexes, elles doivent essentiellement server à cela, être maintenues dans cette tâche et ses entours nourriciers.[12]

Le point culminant de cette auto-observation et auto-analyse à travers la trouvaille de l'autre personnage, d'Orlanda, est atteint quand Aline conclut:

> Il me semble que je commence à comprendre, et comme je me l'étais déjà dit vingt fois, ce n'est pas difficile: l'Orlanda contenait tout ce que sa mère avait reprouvé quand elle avait douze ans. Aujourd'hui, elle est son propre juge. Orlanda en partant a emporté le terrible *Comme tu es masculine!* qui l'a divisée et dont il s'est fait une identité. Elle n'a plus peur. Elle sort du bain en riant [...]. (O 242)

Tous les extraits précédents, qui ne sont que quelques-uns parmi plusieurs semblables dans le roman, mettent en avant des détails sur la construction sociale du sexe. La déconstruction attentive du personnage adulte féminin, la descente au fond de sa psyché permettent au lecteur de considérer au moins deux couches dans la même personnalité: celle qui est composée par les élans et les penchants naturels, et celle qui est bâtie selon les exigences sociales. L'illustration littéraire de cette constatation est tout à fait conforme à celle de Thomas Laqueur: 'mais dans la question de Freud – "comment un enfant avec une disposition bisexuelle devient-il femme?" – le mot "femme"

---

[12] Héritier (dir.), *Hommes, femmes*, pp. 43-44.

désigne, à l'évidence, non pas le sexe naturel mais le genre théâtral, bref des rôles socialement définis.'[13]

Les éléments contradictoires s'érigent l'un contre l'autre: le sexe contre le genre, la nature contre la représentation du rôle social accepté, tels qu'ils sont étalés tout au long de l'action, créent une tension intérieure. Le refoulement à jamais n'est pas possible. Il y aura un moment où cet 'autre', qui est d'ailleurs une partie du 'je', envahira l'être. La névrose ainsi déclenchée, la reconnaissance et l'acceptation de ce côté latent qui se manifeste exigeant à partir d'un certain moment de la vie, fonctionnent en tant que *catharsis* pour le personnage. L'action fonctionne en tant qu'analyse psychologique qui révèle la cause de la névrose suite au conflit intérieur de deux 'je' du même être. Ainsi que Susan Bainbrigge conclut à propos d'Aline, il est difficile de s'évader des stéréotypes intériorisés du masculin et du féminin, des schémas du comportement et des relations figés.[14] Cet être longtemps refoulé émerge en tant que fantasme pour revendiquer son entité. L'acceptation du fait dénoue le nœud et le conflit intérieur et libère Aline de son fantasme. Désormais inutile, elle le tue dans son imagination, et elle rentre dans sa vie antérieure.

Dans ce roman, outre la décomposition de l'identité féminine et les pratiques qui conduisent à la création du genre et du comportement sexué, a lieu un autre renversement des rôles. C'est la femme qui pénètre dans le corps de l'homme. Cette opération effectuée au niveau narratif renverse les rôles au niveau symbolique. La femme pénètre le corps de l'homme qui la reçoit en tant que récipient, un rôle qui était toutefois accordé au corps féminin.

'Comment est-on le père des enfants de sa mère?'

Dans cette nouvelle de 1992, qui fait partie du recueil *La Lucarne*,[15] l'auteure reprend le mythe d'Antigone, de l'adolescente grecque qui ose affronter le pouvoir politique, incarné par le roi et son oncle Créon, tel qu'on le connaît

---

[13] Laqueur, *La Fabrique du sexe*, p. 278.

[14] Bainbrigge, 'Experimenting with Identity', p. 106.

[15] Jacqueline Harpman, 'Comment est-on le père des enfants de sa mère?', in *La Lucarne: nouvelles* (Bruxelles: Labor, 2003), pp. 7-43 (dorénavant 'Comment' et numéro de page).

par la tragédie éponyme de Sophocle.[16] Les éléments qui constituent l'héroïne antique sont le respect aux dieux et aux lois divines, la dévotion et le respect à son père pour qui elle a servi de guide après son aveuglement, d'après la tragédie *Œdipe à Colone*, et la dévotion à ses frères. Cette confluence du respect des dieux et de la dévotion à son frère Polynice constitue le nœud de la tragédie sophocléenne. Un autre élément constitutif du mythe est l'amour réciproque d'Antigone et de son fiancé Hémon, fils de Créon et successeur du trône.

Dans la réécriture moderne, le mythe se déroule à l'envers. L'héroïne occupe aussi la place du narrateur de son propre histoire, et des histoires des autres personnes qui se mêlent dans la même affaire, même pour les événements du passé dont elle n'aurait pas pu normalement avoir connaissance; la nouvelle constitue donc dans sa plus grande partie une continuation analeptique qui selon Genette consiste à 'remonter de cause en cause, jusqu'à un point de départ plus absolu ou du moins plus satisfaisant.'[17] Le choix d'un personnage qui assume aussi le rôle du narrateur établit un type de narrateur autodiégétique, selon Genette: le narrateur se confond avec le protagoniste principal, il est le héros de l'histoire qu'il raconte et non un simple observateur ou personnage secondaire. Ce choix permet de même un mélange des points de vue, qui fusionne la focalisation zéro et la focalisation interne.[18] La nouvelle est bâtie sur l'expression personnelle d'Antigone. Le temps et l'espace romanesque demeurent identiques avec les données mythiques. La nouvelle se déroule à Thèbes, juste après la mort de deux frères d'Antigone (Polynice et Etéocle) et après l'ordre de Créon qui défend l'enterrement de Polynice. La tragédie est transformée en nouvelle selon la 'transmodalisation intermodale'[19] c'est-à-dire la transformation du mode de représentation d'une œuvre, le passage d'un mode à un autre.[20] Plus précisément le récit de Harpman constitue 'narrativisation'.[21]

---

[16] Sophocle, *Antigone*, in *Tragédies*, t. 1, texte établi par Alphonse Dain et traduit par Paul Mazon (Paris: Les Belles Lettres, 1967).

[17] Gérard Genette, *Palimpsestes: La littérature au second degré* (Paris: Seuil, 1982), p. 242.

[18] Sur la notion et les différents types de focalisation, voir Gérard Genette, *Figures III* (Paris: Seuil, 1972), pp. 65-278.

[19] Gérard Genette, *Palimpsestes: La littérature au second degré*, pp. 395-96.

[20] Ibid., pp. 404-15.

[21] Ibid., pp. 401–04.

Antigone, en tant que narrateur autodiégétique reprend le mythe en commençant par sa propre contribution à l'éventail des épisodes connus. Dans l'incipit l'héroïne signale sa position à l'égard de la tradition. Elle affirme:

> Je n'enterrerai pas mon frère. Que les vautours se régalent. Je vais tous les jours aux
> portes de la ville, je le regarde pourrir et je lui crache dessus. Le peuple de Thèbes est
> indécis, il a des idées simples: je me dois aux funérailles de frère, l'honneur de la
> famille exige mon sacrifice, le déroulement naturel des choses est que je transgresse
> les ordres de Créon, Polynice dort en paix, on m'exécute et c'est moi qui erre autour
> de ma carcasse non recouverte de terre: qui viendrait accomplir les rituels pour moi?
>
> ('Comment' 7)

Dans ce court passage les anciennes constantes sont ébranlées. La mort de son frère n'a point ému Antigone. Le respect devant le mort privé des funérailles est aboli. Il est à noter au passage que l'idée majeure de la tragédie de Sophocle était de valoriser les funérailles comme devoir suprême, même à l'ennemi, même à celui qui a fait tort.[22] Dans la réécriture du mythe par Jacqueline Harpman, l'héroïne est dénudée de toute obligation provenant de lois sacrées, du devoir à l'égard de sa famille, et des émotions, disons 'normales', après les événements cruels de la mort de ses deux frères. Qu'est-ce qu'il y a à leur place? Une Antigone qui s'arrache à sa propre vie, à elle-même. Elle refuse d'assumer tout acte provenant de son devoir censé à l'égard de sa famille. Elle se déplace alors de la place circonscrite par son rôle social comme femme et sœur, qui demande l'effacement total de soi en faveur du devoir familial. Dans le mythe antique, Antigone allait se marier avec Hémon – le fils du roi Créon – qui l'aime et qui se suicide après avoir appris la mort de sa fiancée. Tandis qu'Antigone aurait pu vivre en paix et épouser le successeur du trône, elle décide de suivre sa conscience, et de s'opposer à Créon. Son opposition qui au fond est une opposition politique, prend ses racines dans les lois traditionnelles qui imposaient l'enterrement des morts. L'ordre de Créon, qui est devenu roi après la mort de Polynice et

---

[22] C'est pour cela alors que Sophocle revient sur le même thème de la nécessité des funérailles de l'ennemi dans sa tragédie *Ajax,* où Agamemnon avait refusé la sépulture d'Ajax à cause de son comportement hostile face aux Achéens et à lui-même. Mais finalement Ulysse le persuade sur la nécessité de l'enterrement.

d'Etéocle, est une nouvelle loi, qui contredit les anciennes lois de la cité. Ce sont justement ces lois qu'Antigone défend par son acte d'enterrer son frère.[23]

Dans le texte moderne le personnage d'Antigone est décomposé. Tous les éléments que le rôle social et le rôle de son sexe lui ont imposés sont éparpillés. Elle est présentée en personne pour dénoncer ce que sa place en tant que fille lui dicte faire: 'Antigone doit aux ancêtres et ne doit rien à soi' ('Comment' 7). Ce 'soi' fait son apparition de façon impressionnante et il constitue le pivot de l'action. Très souvent les réécritures de ce mythe mettent l'accent sur le conflit entre Créon et Antigone, et les binômes loi politique et loi sacrée, pouvoir et citoyen.[24] Dans la réécriture qu'on étudie ici, Antigone occupe un nouveau rôle; celui du démantèlement de sa personnalité fabriquée par les éléments de sa position sociale et de son sexe. En tant que sœur, Antigone doit les rites funéraires à son frère. Dans l'Antiquité grecque les rites funéraires étaient sévèrement structurés; les tâches des hommes et des femmes étaient clairement distinctes. Les offrandes au tombeau constituaient une œuvre exclusivement féminine.[25] L'importance des rites funéraires dérive de l'ordre divin. En tant que mortelle, Antigone doit respecter le devoir religieux. Pour ne pas perdre de vue l'importance des choses dans l'environnement socioculturel qui leur a donné naissance, l'acte de l'enterrement des morts est très significatif pour l'évolution de la gent humaine. Cette attitude constitue un pas encore au cours de son évolution vers la civilisation, et elle se détache de l'univers animal. Selon les sociologues commençant par Taylor, la croyance à l'âme qui se perpétue même après la mort, ce qui implique le respect aux ancêtres, aurait constitué la base de l'animisme et par la suite des religions.[26]

---

[23] Selon Jean-Pierre Vernant et Pierre Vidal-Naquet, la tragédie athénienne présentait justement ce conflit entre les anciennes lois traditionnelles et les nouvelles lois de la cité démocratique naissante. Jean-Pierre Vernant et Pierre Vidal-Naquet *Mythe et tragédie en Grèce ancienne* [1972] (Paris: La Découverte, 2001), pp. 13-17.

[24] Georges Steiner, *Les Antigones* (Paris: Gallimard, 1986).

[25] François Lissarrague, 'Femmes au figuré', in Pauline Schmitt Pantel (dir.), *Histoire des femmes en Occident*, t.1 *L'Antiquité* (Paris: Plon, 2002), pp. 203-303. (Sur 'les offrandes au tombeau' voir pp. 235-239).

[26] Edouard Taylor, *La civilisation primitive*, trad. par Pauline Brunet et Edmond Barbier (Paris: C. Reinwald, 1876-78).

L'Antigone moderne, refusant son devoir d'accomplir les rites funéraires, rejette sa place circonscrite par son sexe, par sa position dans sa famille, mais elle rejette aussi les devoirs vis-à-vis de l'ordre divin. La révolte d'Antigone cette fois n'a pas comme cible le pouvoir politique, mais l'ordre divin et l'ordre social. Pour ce faire, elle s'est déconstruite de tout élément qui la composait selon les conventions sociales. En ce qui concerne Ismène, sa sœur, qui serait saine et sauve, et pourrait avoir des enfants, Antigone dit: 'À sa place je serai stérile, car je ne veux pas obéir.' L'obéissance donc imposée à toute femme de l'époque, dans ce cycle qui selon Françoise Héritier constitue le 'contrôle et l'appropriation de la fécondité', forge pour Antigone un point de controverse.[27] Antigone suit son discours:

> Créon me regarde d'un air soupçonneux, je me moque de lui. 'Tu n'as rien à craindre de moi' lui ai-je dit, mais il ne me croit pas. Il est convaincu que je serai fidèle à ma race, que l'exigence de la lignée sera la plus forte et compte sur ma mort car me voyant révoltée il croit que je convoite ses biens. Comme il se trompe! Je ne veux pas de sa mort puante. Je ne veux pas mourir vierge. ('Comment' 8)

Le devoir à la lignée coïncide avec le devoir religieux. Antigone se débarrasse d'un coup et de l'un et de l'autre. La suite réserve une relecture des épisodes qui composent le mythe, commençant par l'exposition[28] d'Œdipe bébé par son père Laïos et sa mère et sa future épouse Jocaste. Le texte réinvente la quotidienneté de cette famille incestueuse. Œdipe est un pervers qui touche ses filles. Le discours d'Antigone qui récite sa propre vie ne laisse entendre aucun ton de respect ni à l'égard de son père, ni a l'égard de sa mère. Antigone dénonce sa mère au sujet de l'exposition du bébé Œdipe: 'Mais quelle mère? Jamais on n'a dit que Jocaste s'était opposée à Laïos, qu'elle avait voulu préserver son enfant de la mort: Aucun récit [...] ne la montre se dressant contre son époux' ('Comment' 21).

L'amour filial si mis en avant dans *Œdipe à Colone* est démantelé pour toujours, avec le respect dû à la personne du père. Par la suite Antigone démantèle ce qu'on savait de l'amour fraternel qu'elle ressentait à l'égard de ses frères:

---

27 Héritier, *Masculin-Féminin*, t.1, op. cit., pp. 205-35 (p. 205).

28 'Exposition d'enfant: abandon en secret d'un nouveau né en un lieu où il est susceptible d'être recueilli'. Voir Dictionnaire *Trésor*, http://www.cnrtl.fr.

Je me moque de mes frères qui m'ont toujours dédaignée, ils me chassaient de leurs jeux en disant: tu n'es qu'une fille, et maintenant leurs âmes gémissantes se tournent vers moi, ils veulent des poignées de terre sur le corps pourrissant de Polynice, et je ricane. ('Comment' 7-8)

Le même mépris est exprimé à l'égard de son fiancé, bien aimé dans la tragédie, méprisé dans la réécriture:

– Tue ton père et je me donne à toi.

Il a reculé épouvanté et j'ai ri en mesurant les étroites frontières de son amour. Ma rage ne traversera pas les siècles, seul le mensonge va me survivre. Je meurs légende. Je n'aurai été que fille et sœur, Hémon n'osera approcher mon corps que roide et glacé. Je l'ai tenté comme j'ai pu:

– Viole-moi, on dit que parfois cela réveille les femmes.

Non, il ne veut se coucher sur moi que pour mourir. ('Comment' 42)

Antigone ne compte pas accomplir son destin mythique. Mais le mythe doit être accompli, comme prévu. Antigone s'est décidée à opter pour la vie et le bonheur personnel et faire fi au devoir. Pour que les choses rentrent dans l'ordre, l'intrigue réserve une surprise: la nourrice vient l'informer qu'on a vu Antigone offrir les rites funéraires au cadavre de Polynice; elle a été arrêtée et emprisonnée. Mais Antigone n'a point abandonné le palais, et de plus elle reste debout devant la nourrice qui lui annonce la nouvelle, perplexe. Il est évident qu'une autre femme, payée probablement pour jouer le rôle d'Antigone, a procédé aux offrandes sur le cadavre de Polynice. C'est un stratagème inventé par Créon pour faire bouger les choses vers la direction prévue dans le sens de 'l'ordre des choses prescrit' ('Comment' p. 39).

Antigone se trouve piégée. Elle refuse la fuite que sa nourrice lui propose. Elle refuse d'abandonner à la mort une femme innocente. Dans l'excipit elle exprime sa colère pour son destin, et son impuissance. Elle dit:

Il n'y a pas de vengeance pour une fille comme moi, il ne restera pas trace de ma colère et je ne pourrai pas lutter contre la légende qui me prend vive dans son piège. Les mâchoires se referment sur moi, je suis déjà dévorée que je crie encore et personne ne veut m'entendre. Le monde où j'ai vécu n'aime pas la vérité, je sais qu'on détruira ces lignes au nom de l'honneur et le mensonge de Créon me survivra. Antigone meurt tout entière. Je n'ai jamais eu de défenseur, ni ma mère qui se moquait bien de moi, ni

Œdipe goulu de son propre destin, ni mes frères qui ont essayé de vivre pour leur compte et le pauvre Hémon a juré de se tuer sur mon cadavre mais pas de me sauver. ('Comment' 41-42)

Ainsi que nos analyses l'ont montré, le personnage d'Antigone est dénudé de tout élément qui composait son prédécesseur ancien. Ni de respect pour les lois divines ni d'amour pour les siens, même pas pour son fiancé. Qu'est-ce qu'il y a à leur place? Un amour pour soi tout d'abord. Elle dénonce le lourd fardeau de la responsabilité qui pèse sur ses épaules, et qui est due à la structuration de la société selon le modèle patriarcal. Elle déclare grièvement:

Antigone se doit aux ancêtres et ne doit rien à soi. On m'a enseigné que mon sang n'est qu'en transit dans mes veines, qu'entre mon père et mes fils je suis un instrument de transmission. ('Comment' 7)

Toutefois, malgré sa différenciation de son modèle mythique, Antigone de Harpman cède au dénouement à l'interprétation première du mythe due à son nom. Le nom Antigone signifie celle qui n'a pas de descendance. Avec la mort d'Antigone la lignée incestueuse d'Œdipe s'éteint, et c'est cela peut-être un des éléments pilier du mythe qui résiste et survit à la diachronie.

Mes Œdipe[29]

Dans cette pièce, publiée en 2006, l'opération qui régit la formation du personnage de Jocaste passe par la même procédure de décomposition–recomposition. L'œuvre réécrit les séquences mythiques traitées dans les tragédies antiques de Sophocle *Œdipe Roi* et *Œdipe à Colone*.[30] La réécriture procède à la valorisation des personnages féminins. Jocaste occupe la scène centrale. Les échos du mythe portant sur cette figure féminine, arrivés jusqu'à nos jours surtout par la tragédie de Sophocle *Œdipe Roi*, véhiculent peu d'informations. Sa brève apparition dans ce texte sophocléen brosse

---

[29] Jacqueline Harpman, *Mes Œdipe* (Bruxelles: Le Grand Miroir, 2006). Les citations extraites de ce texte seront suivies de l'abréviation MO et du numéro de page.

[30] Sophocle, *Œdipe Roi*, in *Tragédies*, t. 2, texte établi par Alphonse Dain et traduit par Paul Mazon, 8e tirage revu et corrigé par J. Irigoin (Paris: Les Belles Lettres, 2009). Sophocle, *Œdipe à Colone*, in *Tragédies*, t. 3, texte établi par Alphonse Dain et traduit par Paul Mazon, 5e tirage revu et corrigé par J. Irigoin (Paris: Les Belles Lettres, 1999).

l'image d'une reine dynamique, qui est respectée tant par son frère Créon que par son mari Œdipe (*Œdipe Roi*: vv.631-48). Quant à sa mort, *Œdipe Roi* place son suicide juste après la révélation des faits, tandis que la tragédie *Phéniciennes* d'Euripide veut la reine vivante même après la révélation des crimes, s'efforçant de dissuader le conflit de ses fils Polynice et Etéocle qui suit l'exclusion d'Œdipe.[31] Jocaste ne se suicide qu'après la mort de ses fils.

Ces éléments concernant sa respectabilité et sa mort formant son identité selon les textes anciens sont anéantis dans le texte théâtral contemporain. L'image de la reine respectueuse est décomposée dès l'incipit. Elle est une fille étouffée, sacrifiée en faveur de la raison d'Etat quand elle est obligée d'épouser un mari vieux (MO 64). Qui plus est, Jocaste en tant que reine et épouse de Laïos est réduite à une jeune femme d'un comportement sexuel inhabituel. Après des années où elle aurait vécu privée d'amour et de passion à cause d'un époux indifférent, elle n'a pu retenir ses instincts. Elle dévore de jeunes hommes qu'une servante confidente séduit à sa place avant de les conduire clandestinement, dans la nuit, dans la chambre de sa maîtresse. Ce comportement sexuel, caractérisé de liaisons avec une série de compagnons successifs, d'une nuit, sans rapport affectif, est considéré comme dévergondé – voire anormal – pour une femme. Or, ainsi que Françoise Héritier l'observe à juste titre, ce même comportement sexuel est considéré par la société comme tout normal lorsqu'un homme le pratique, par exemple avec les prostituées.[32] C'est une attitude dénoncée il y a longtemps par les féministes comme *double morale*.[33]

Œdipe est un de ces jeunes hommes qui couche avec la reine, sans le savoir, et dont le jeu du hasard fait de lui son époux et le roi de Thèbes. Une fois l'image traditionnelle fracassée, le déroulement de l'action procède à une sorte de composition d'une autre image du personnage. À partir du moment où la nouvelle famille est fondée, Jocaste devient une épouse heureuse et fidèle, et une mère dévouée. Les anachronismes transposent le mythe aux

---

[31] Euripide *Phéniciennes*, dans *Tragédies* t. V, texte établi et traduit par Henri Grégoire, Louis Méridier, Fernand Chapouthier (Paris: Les Belles Lettres, 2002).

[32] Héritier, *Masculin-Féminin, t.2, Dissoudre la hiérarchie* (Paris: Odile Jacob, 2002), pp. 211-390.

[33] Françoise Thébaud, 'La grande guerre', in Françoise Thebaud (dir.), *Histoire des femmes en Occident*, t.5 (Paris: Plon 2002), pp. 85-144.

mentalités de l'époque contemporaine. Le bonheur familial mis en avant à plusieurs reprises dans le texte est composé selon l'idée qu'on fait d'une famille heureuse de nos jours – les enfants apprennent l'anglais et leurs parents les aident, la famille joue aux devinettes (MO 107-09), ou encore les petites disputes des enfants à la manière actuelle. La didascalie qui ouvre la scène est très précise:

> Une charmante scène de famille: d'un côté, Jocaste et deux femmes travaillent à une grande tapisserie pendant qu'Ismène et Antigone, onze et douze ans, jouent à leurs pieds: Ismène coiffe sa poupée et Antigone lit, couchée sur le ventre. De l'autre, Œdipe fait réciter leurs leçons à ses fils; Etéocle et Polynice, quatorze et treize ans. (MO 107)

Pourtant d'autres éléments émergent aussi: le respect du protocole qui fait écho à une famille royale des temps modernes; la contrainte du gynécée et la privation d'éducation pour les filles – ce qui suscite d'ailleurs la plainte d'Antigone – qui correspond à la condition des femmes pendant l'Antiquité. Le mélange des signes actualise le mythe, le transpose à la réalité contemporaine. Ce fait permet une double réception du matériel; d'une part il rapproche de l'antique à la contemporanéité; d'autre part ce même jeu de signes déclenche une réflexion sur les résidus des mentalités qui arrivent jusqu'à l'individu contemporain et éventuellement agissent sur lui, même à son insu.

Le texte s'éloigne toutefois de la matrice antique, à partir du moment où il traite des événements de la révélation de la vérité. Le texte sophocléen veut une Jocaste qui se donne la mort. En revanche, dans *Mes Œdipe* la révélation remplit Jocaste d'émotion. Elle est heureuse du fait que son premier fils soit vivant. Œdipe est également touché et reconnaissant d'elle. Leur dialogue est révélateur:

> ŒDIPE: Jocaste. Mon épouse. Tu es donc ma mère.
>
> JOCASTE: (*lui caressant le visage*): Tu es vivant. Mon fils, l'enfant qu'on m'a volé est vivant! O bonheur! Ma chair et mon sang, cher époux deux fois aimé, c'est donc pour cela que dès le début m'as été si étrangement proche.
>
> ŒDIPE: Bien aimée. Source de ma vie, mère de mes enfants, femme doublement chérie. (MO 169)

Cette scène permet une modification de l'image de Jocaste, qui est présentée plutôt heureuse que terrifiée. Le fait de l'inceste ne pèse ni sur elle ni sur Œdipe, perdus tout les deux sous le poids des nouveaux événements. Cette position provoque beaucoup d'incertitudes. Il n'est pas question de bouleverser le tabou de l'inceste, qui constitue un des piliers de la civilisation et qui est répandu partout dans le monde selon Claude Lévi Strauss.[34] Or, ce tabou de l'inceste selon Freud dans son livre *Totem et tabou* est établi après la révolte des fils contre le père.[35] Ils tuent le père qui aurait toutes les femmes du clan, et établissent l'interdiction du mariage entre les membres de la même famille. Il faut noter que cette séquence est une hypothèse de Freud qui prend en considération un monde archaïque patriarcal. Le schéma iconoclaste de *Mes Œdipe* secoue cette conviction en allant plus loin dans l'archéologie des instincts; à la femme reine qui aurait éventuellement accès à son fils, où à l'amour du fils pour sa mère, si clairement énoncé dans *Œdipe Roi* et dans *L'Interprétation des rêves* de Freud.[36] L'imagination du texte creuse dans le monde des instincts qui est aussi le monde du subconscient, du 'ça' freudien. Cet inconscient qui est refoulé dans l'homme civilisé est mis sur scène avec sa vérité indubitable et horrible à la fois. La réécriture suscite la restauration de cet 'ailleurs' lointain du mythe sans doute pour l'évacuer par la procédure de la *catharsis*.

Dans le texte de *Mes Œdipe* Jocaste ne se suicide pas. La décision de sa mort est prise par Tirésias qui l'ordonne à Créon sous prétexte que la ville soit ainsi sauvée de l'épidémie. Créon est présenté comme un être faible, facilement manipulé par Tirésias. Jocaste a été étranglée par les gardes. Ensuite on annonce qu'elle s'était suicidée. Ce mythe du labyrinthe des instincts est étroitement lié aux enjeux du pouvoir, même depuis l'époque de la révolte des fils.

Dans ces œuvres les personnages féminins – qui sont d'ailleurs les personnages principaux – sont mis sous la loupe tout au long des intrigues dans une analyse perspicace des éléments qui dans la personnalité féminine constituent des constructions sociales. De plus, l'histoire de ces héroïnes,

---

[34] Claude Lévi-Strauss, *Les structures élémentaires de la parenté* (Paris: PUF, 1949).
[35] Sigmund Freud, *Totem et tabou* dans *Œuvres complètes*, t. XI (Paris: PUF, 1998).
[36] Sigmund Freud, *L'Interprétation des rêves*, traduit en français par I. Meyerson, nouvelle édition augmentée et entièrement révisée par Denise Berger (Paris: PUF, 1996), pp. 227-30.

surtout Antigone et Jocaste, nous est parvenue à travers l'écriture masculine, c'est-à-dire par les écrits des hommes sur elles. Le travail de décomposition/recomposition permet l'expression de la figure mythique conformément à la mentalité féminine contemporaine et donc sa reconstitution sous la procédure de la différentiation en style, en langue et en idées de l'écriture féminine. Dans tous les trois textes le déroulement de l'action montre clairement comment les éléments de la civilisation, de la société, et de la classe sociale pèsent sur la formation de l'être. Ce processus de décomposition/recomposition de l'identité féminine – pivot de l'action dans les textes étudiés – est apte à sensibiliser le lecteur aux couches superposées de l'être social. Il suscite également la réflexion sur la construction des rôles sexués sous le poids des contraintes sociales, déclenche chez le lecteur un travail d'introspection et éventuellement une réflexion sur la nécessité de reconceptualiser l'identité féminine selon les données sociales de nos jours.

Katharine Swarbrick

Orlanda et la problématique de la jouissance

Jacqueline Harpman, bien connue pour ses explorations psychanalytiques et littéraires de la relation mère–fille, nous présente dans le texte d'*Orlanda* une dimension intimément liée à celle-ci: la question de la différence entre les deux sexes ainsi que la possibilité fantasmatique de leur réintégration. Car du point de vue de la jeune fille, qu'est-ce donc que la mère inculque, sinon ce que c'est que l'identité féminine, et les contraintes qui la soutiennent? Et la question de l'identité féminine ne peut pas se poser sans que l'on se pose en même temps celle de la masculinité, et de la séparation des sexes que la culture transforme d'emblée en opposition.

Harpman, qui relie tout de suite son œuvre au texte *Orlando: A Biography* (1928) de Virginia Woolf, revient sur le thème de la transformation d'un sujet masculin en femme pour prendre la route contraire: celle de la métamorphose de la femme en homme.[1] Cependant cette modification du roman de Woolf reste attachée à celui-ci par une observation fondamentale que les deux auteures partagent: Orlando éprouve sa transformation comme confrontation aux impasses de la condition débilitante de la féminité, tandis qu'Aline, qui en est déjà consciente, y échappe provisoirement, mais se trouve obligée de reconnaître la rigidité inébranlable des stéréotypes de la sexualité par son ultime rupture brutale d'avec l'unité tentée par la possession du corps de Lucien Lefrène. L'histoire se termine donc en échec pour maintes lectrices du texte, et celles-ci soulignent également l'impasse ultime de la relation mère–fille à laquelle le dénouement ne fournit aucune résolution.[2]

---

[1]   Virginia Woolf, *Orlando: A Biography* (London: The Hogarth Press, 1928).
[2]   Voir Susan Bainbrigge, 'Experimenting with Identity in Jacqueline Harpman's *Orlanda*', *Dalhousie French Studies*, 68 (2004), 99-107: 'The negative effects of social conditioning, especially on women, underline this fantasy tale in which a daughter rejects the traditional values espoused by her mother by means of a transformation in which she views the world through the eyes of a masculine alter ego, "Orlanda". The switching of a feminine identity

Force est de constater que si l'on veut faire sortir Orlanda de ce ghetto où elle semble échouer à la fin, on doit chercher d'autres possibilités d'interprétation. Les thèmes prédominants de l'œuvre, ainsi que les activiés professionnelles de Harpman nous autorisent à adopter sans balancer une perspective psychanalytique du roman. Tentons dans l'analyse qui suit, de réaliser un décodage d'éléments texuels moins visibles dont la découverte nous permettra en premier lieu de déplacer le point central du débat – la relation entre hommes et femmes. Il s'agira de démontrer que cette obsession thématique n'est que le leurre qui masque une problématique plus fondamentale.

Pourtant les faits, semble-t-il, se présentent avec une clarté saisissante: une femme échappe à son corps, vécu comme caduque, pour s'introduire dans celui, merveilleux, d'un jeune homme, en se disant, '[i]l n'est pas une fille, il peut tout.'[3] La différence majeure communément supposée entre les deux sexes est pleinement reconnue à ce moment fatal. Ce qui sépare l'homme et la femme concerne les trésors possédés par ce corps masculin, autrement dit, sa capacité magique de jouir. Le contraste qu'il présente avec son corps à elle est accentué au maximum: le corps de la femme n'ose pas, ne peut pas, se laisser aller à la jouissance, 'ô âme timide, ce corps de fille […] c'est aux filles qu'on apprend la pudeur et la retenue' (O 14). On se heurte tout de suite au complexe de castration freudien, qui prend ici la forme schématisée à laquelle les préconceptions sociales ont tendance à la réduire: la castration se manifeste entièrement du côté de la femme; l'homme y est soustrait, la preuve en étant qu'il le possède toujours, ce phallus tant convoité, tandis qu'elle en est justement privée. Et le texte d'*Orlanda*, ne peut-il pas se comprendre à un certain niveau, comme célébration prolongée des pouvoirs phalliques? Orlanda l'exprime constamment, et non sans grandiloquence, 'je pressens, au bas de mon ventre, la turgescence qui ressemble aux hampes de la victoire' (O 15). Dans les toilettes, dans les trains, dans les rues où la décence nous interdit quelquefois de le suivre il recrée cette scène de la victoire où triomphe la jouissance phallique qui en est, bien sûr, le réalisateur.

---

for a masculine one could be read as a feminist narrative of liberation, or conversely as a reinscription of prescriptive stereotypes of masculinity and femininity' (p. 102).

3 Jacqueline Harpman, *Orlanda* (Paris: Grasset, 1996), p. 17. Les citations extraites de ce texte seront suivies de l'abréviation O et du numéro de page.

L'invité de pierre qui trouble cette fête glorieuse sort de la théorie freudienne elle-même dès que l'on s'avise que les écrits de Freud impliquent plutôt le contraire. Son exploration du complexe d'Œdipe, vécu par le sujet masculin, nous fait voir jusqu'à quel point la sexualité de celui-ci est entièrement soumise à la loi de la castration. L'abandon de la mère comme objet d'amour s'accomplit sous cette menace qui entraîne le refoulement, voire la destruction du complexe; à sa place s'erige un surmoi implacable qui domine dorénevent la vie érotique de l'homme.[4] Ce sera Lacan qui mettra au point ce lien inextricable entre le phallus et la castration dans une phrase axiomatique tirée des *Ecrits*: 'il [le phallus] n'est rien d'autre que ce point de manque qu'il indique dans le sujet'.[5] Le phallus manquant se désigne ainsi grâce à son statut de signifiant. Il est, pour Lacan, signifiant de la jouissance, sauf que la jouissance, et ceci fait partie de la définition de celle-ci, ne peut ni se représenter ni se dire. C'est pour cette raison, éminemment structurale, que le signifiant du phallus manque à sa place: il n'y a pas de signifiant de la jouissance. Qui plus est, c'est une formule rigoureusement impartiale en ce qui concerne les sexes: au niveau de l'inconscient il n'y a pas de signifiant de la jouissance, ni de l'un ni de l'autre, car la jouissance est ineffable.

Or, pour ce qui est de la jouissance féminine, Aline comprend parfaitement ce manque qu'elle vit comme une privation de la jouissance, dans '*cette vie de femme raisonnable pour laquelle j'ai opté*' (O 33). Son erreur, c'est d'imaginer le phallus comme lieu de la jouissance masculine conçue comme absolue. Ce fantasme consolateur laisse supposer au sujet parlant que si cette satisfaction lui échappe, elle reste quand même possible, car il y a au moins l'autre, l'homme, qui réussit sa jouissance. L'absence de ce signifiant qui exprimerait la jouissance, et qui établirait dès lors un rapport sexuel liant les deux sexes dans l'échange d'une jouissance absolue, est partout impliquée dans le texte d'Orlanda. Aline ne cherche pas à jouir du

---

4   Sigmund Freud, 'Femininity', *New Introductory Lectures On Psychoanalysis*, trans. by James Strachey, ed. by Strachey and Richards [1932] (London: Pelican Freud Library, 1973), p. 163: 'In a boy the Œdipus complex, in which he desires his mother and would like to get rid of his father as being a rival, develops naturally from the phase of his phallic activity. The threat of castration compels him, however, to give up that attitude. Under the impression of the danger of losing his penis, the Œdipus complex is abandoned, repressed and, in the most normal cases, entirely destroyed, and a severe super-ego is set up as its heir.'

5   Jacques Lacan, 'La science et la vérité', *Écrits* (Paris: Seuil, 1966), p. 877.

corps de Lucien, objet indifférent, anodin. Elle ne jouit pas non plus du corps de son homme, Albert. Orlanda, en descendant du train à Bruxelles, souligne cette incapacité quand il voit Albert tout à coup à travers les yeux de son amante et s'exclame, 'être aussi peu au fait de tant d'attraits, c'est du gaspillage!' (O 49). Mais Orlanda lui-même, ne cherche pas à jouir en tant que sexe opposé – c'est à dire en tant qu'homme qui adresserait comme tel son désir à la femme: Orlanda ne choisit que des hommes comme objets sexuels. Ces deux évasions de la relation hétérosexuelle impliquent une reconnaissance profonde du caractère partiel, dérisoire de la jouissance du couple; on reconnaît ici, comme l'exprimera très sommairement Lacan, 'ce rapport sexuel qui n'est pas'.[6]

Le couple homosexuel donc, trouve-t-il les moyens de surmonter les entraves de la castration pour mettre en jeu le phallus comme véhicule d'une jouissance absolue? Le texte flirte beaucoup avec cette possibilité à sa surface. Cependant Orlanda ne jouit pas en tant qu'homosexuel non plus. Dans le train c'est la femme en Orlanda qui jouit de l'homme étranger: 'jamais Aline n'avait été aussi sauvagement secouée par la tempête' (O 45). Qui plus est, ce naufrage 'no[ie] sur son passage les dernières traces de Lucien Lefrène' (ibid.). On est même obligé de mettre en doute sa jouissance apparente de l'objet choisi si l'on revient à l'observation d'Orlanda au commencement de l'aventure, 'Je l'ai à peine regardé, se dit-il, apparemment, ce n'est pas lui mais la situation qui me plaît tellement' (O 44). La jouissance homosexuelle resterait ponctuelle, bornée, donc phallique, par rapport à cette jouissance fantasmatique que la protagoniste recherche ici en tant qu'être hybride. Ni femme, ni homme, Orlanda, en tant que tel, émerge dans le train, non pas comme être phallique confronté à un être pareillement phallique, mais comme maître de sa jouissance. Le texte implique ici ce que Lacan désigne comme la jouissance de l'Autre; une jouissance imaginaire, qui excède démesurément la jouissance phallique. Orlanda l'interpelle ici au moment où, choisissant le lieu et le temps, il jouira au-delà des limites imposées par le fait d'être soit un homme, soit une femme; il vise à devenir une toute-puissance face à laquelle la jouissance perdra sa force destructrice.

Car la jouissance détruit. L'interdiction qui pèse sur elle est primordiale; et bien que les impératifs de la mère y soient intimement associés, sa

---

[6] Jacques Lacan, *Le séminaire* livre XX, in *Encore* (Paris: Seuil, 1975), p. 59.

prohibition dépasse de loin les règles du comportement bienséant imposées à la jeune devenir-femme. La jouissance absolue représente l'ultime tabou du rapport sexuel incestueux, l'horizon de la pure folie, la mort elle-même. L'enfant nevrosé qui en est privé, l'imagine ainsi en supposant que cette jouissance puisse exister quelque part; qu'un Autre puisse l'éprouver, que ce soit la mère, Dieu, ou l'enfant lui-même doué d'un pouvoir infini. Lacan ira plus loin en signalant l'impossibilité structurale de cette jouissance qui est 'interdite à qui parle comme tel'.[7] L'inconscient en tant que structuré comme un langage expulse la jouissance et les opérations du signifiant barrent à jamais son retour. La jouissance est pour ainsi dire hautement toxique, ne pouvant pas se loger dans l'esprit, ni dans le corps. C'est pour cette raison que même la possibilité fantasmée d'une jouissance absolue déclenche l'angoisse dans le sujet parlant, et qu'une ambiguïté fondamentale persiste entre le sujet et son désir de jouir puisque l'enfant le cherche et l'évite à la fois.

Cette dynamique déchirante de l'attraction et de la fuite marque le point culminant d'*Orlanda* où Aline est forcée de tuer cette moitié d'elle-même pour se défaire d'un rapport suffocant, incestueux, pour éviter la folie ultime, et pour se soustraire à une mort encore plus terrible que celle de Lucien – celle qu'entraîne la jouissance débridée dont Orlanda est devenu responsable. Dans cette scène Orlanda est représenté comme une machine à plaisir qui, detraquée par ses excès, répand dans la vie d'Aline une angoisse insupportable:

> Quelle vie aurais-je? Je perdrai tous mes amis, j'irai travailler et je rentrerais attendre que tu sois là pour goûter quelques instants de paix entre tes débauches, jusqu'à ce que tu meures du sida, et comme je ne pourrai pas supporter ta mort car ce sera la mienne, je mourrai aussi. Reviens. (O 286)

L'observation d'Aline, qui par ces mots ressemble à une mère exténuée qui bataille pour contrôler un enfant délinquant, n'est pas sans intérêt. En se mettant à la place de l'Autre dans sa recherche d'une jouissance absolue, elle retrouve cette autre qui lui avait défendu toute jouissance dès son dressage de très jeune fille – la mère. Elle sera donc forcée de reconnaître qu'il n'y pas de trangression sans loi, et que toute transgression est destinée à invoquer les

---

[7] Jacques Lacan, *Écrits* (Paris: Seuil, 1966), p. 821.

préceptes de la mère. Ainsi Orlanda s'enthousiasme-t-il pour les mathématiques, nous rappelant l'abandon de cette préférence trop masculine par Aline devant les exigences de maman. De même, la séduction de Paul Renault enterprise par Orlanda nous rappelle cet ancien intérêt érotique d'Aline, qui s'adressait en secret à Maurice Alker. Elle supposera que son incapacité à provoquer un homme, requise par la pudeur inculquée par la mere, l'ait obligée d'y renoncer; nous soulignerons aussi que la proximité d'Alker, un homme mûr, vis-à-vis de la figure paternelle a contribué plus profondément à cet échec amoureux. Dans les deux cas Aline se trouve fixée sur son complexe de castration par l'éducation maternelle.

Orlanda, dont le comportement est si manifestement provocateur, si résolu à s'autoriser toutes les transgressions qui reverseraient au maximum les interdits de la mère, les rappelle tout de même par des actes qui soutiennent toute leur force. Un moment de flagrante impudeur au cours d'une converstion avec Aline, 'puis ça – il désigna sa braguette – ça réagit beaucoup plus vite. Ou tu rougis, je commence à bander,' est suivi par l'évocation de celle sans qui toute transgression aurait été impossible:

> Je me suis tenu à l'écart des préceptes de maman, ou plutôt c'est toi qui en m'enfermant dans les oubliettes me mettais à l'abri, sans t'en rendre compte car tu n'avais certainement pas une telle intention! Alors, je suis resté beaucoup plus naturel. L'éducation s'adressait à la fille et ne m'a pas touché. (O 178)

On ne saurait si bien dire: Orlanda affirme avoir été créé par le refoulement lui-même, être né de la loi. Il est création, tout autant qu'Aline, de la mère, ainsi que ses désirs si fougueux. Selon une logique de la contradiction si familière à la perspective psychanalytique, la séparation d'Orlanda dans le corps de Lucien, s'exprime en même temps comme une proximité suffocante:

> Nous ne pouvons pas rester séparés. Nous serons comme deux infirmes, condamnés à ne pas se quitter, accrochés l'un à l'autre, boitillant au long des jours, et peu à peu nous nous haïrons… (O 286)

Le refoulement d'Orlanda a été trop sévère; il ne sert finalement qu'à préparer le retour du refoulé, qui se repaît de la force de sa répression originale pour prendre la forme d'une incarnation autonome: la sosie jouissante d'Aline. Ce double reste accolé à Aline par ses tentatives énergétiques de le méconnaître. Mais il est justement impossible de l'accepter, ce double, car il est, tout comme Aline, une création de l'Autre.

Nous approchons maintenant de la vérité cachée au coeur de la frustration d'Aline. Elle concerne moins la question de pouvoir, ou de ne pas pouvoir, jouir comme un homme, mais celle plus larvée, de savoir à qui appartient la jouissance. Elle pourrait s'exprimer ainsi: 'et si même au niveau de ma propre jouissance, je restais l'œuvre de ma mère?' La jouissance n'est elle pas toujours la jouissance de l'Autre? En tentant de se mettre à sa place, d'avoir la jouissance à sa portée, dans sa poche, ne risque-t-on pas que l'Autre prenne la possession totale de l'être parlant jusqu'à ce que l'inconscient défaillisse? Jusqu'à la déchirure du clivage schizophrène? Il vaut mieux prendre la voie de la réintégration de la jouissance, une jouissance limitée, résiduelle, mais qui sera au moins sa propre jouissance à soi. Comment concevoir ce concept singulier de sa propre jouissance? C'est celle qui se dégage quand le signifiant de l'être parlant travaille au niveau de l'inconscient. Nous reviendrons à cette idée ci-dessous car il est temps, enfin, d'en finir avec ce fantasme de la jouissance absolue, créée par le trop peu de plaisir infligé à la jeune fille décente. Il est temps enfin de se débarasser d'Orlanda.

Au moment de sa mort, l'auteure indique à travers des métaphores saisissantes le rapprochement de cette figure avec le concept dynamique de la jouissance telle que Freud l'exprime dans des images empruntées à la physique énergétique.[8] En sortant du corps assassiné de Lucien, Orlanda entre dans 'le royaume des quanta' où il se réduit à 'une vibration' et commence tout de suite à se dissiper. Il est obligé de rentrer désespérément dans le corps d'Aline car '[é]nergie pure, il ne préserverait pas son identité de l'éparpillement [...] le voisinage d'une force le ferait se disperser' (O 289). C'est une description qui, malgré la dernière référence à cette vie phallique d'homme tant regrettée, tend à annuler la distinction entre les sexes pour souligner – une dernière fois – sa qualité de jouissance pure, impossible.

---

[8] Freud parle plutôt d'excitations que le sujet trouve impossible à maîtriser que de la jouissance, mais nous voulons signaler surtout l'emploi, à travers son œuvre, des termes tels 'tension', 'innervation', 'résistance', 'polarité', 'énergie d'investissement', 'énergie libre', 'énergie liée', 'principe de constance', 'décharge', et 'stase' pour soutenir cette observation.

Mais Aline recueille une partie résiduelle de cette énergie pure pour la faire sienne:

> L'expérience d'Orlanda devint la sienne, […] les quinze jours de l'un devinrent les quinze jours de l'autre, elle fut étonnée par la beauté de son dos, sourit de ses timidités et sentit que le temps de la tristesse était fini. (O 291)

Lit-on ici le retour du fantasme de la maîtrise absolue? Aline se décrit après tout comme 'l'unique maître de son âme' (ibid.). Nous ne le croyons pas, car dans la même phrase les mots-clefs de la guérison d'Aline font leur apparition: 'elle sentit battre cette partie de son corps que sa mère n'avait jamais nommée' (ibid.). Si l'enfant croit à l'existence mythique de l'Autre et sa jouissance parfaite, la psychanalyste sait que l'Autre, et sa jouissance, n'existent pas; que le travail de la cure est de barrer cet Autre, en démontrant au sujet, à travers les mots, son inexistence. Du moment que la partie du corps que la mère n'avait jamais nommée se fait sentir et vit, Aline comprend que les dires de la mère ne fabriquent plus la totalité de son univers, et ne dictent plus son expérience. L'Autre ne sait pas tout, et son pouvoir chavire. Aline retrouve tout de suite une autre jouissance, localisée celle-ci, qui marque une zone érogène, disons le vagin, à laquelle, cette fois-ci, elle a droit comme femme adulte.[9] Elle n'hésite pas à assumer ce droit dans le projet qui se présente immédiatement à son esprit: 'Albert serait toujours à la maison, elle était impatiente de le retrouver et de le donner à la fugue d'Orlanda' (O 292). Ce que ressent ici Aline, c'est une troisième forme de la jouissance que le texte introduit ici: la jouissance résiduelle d'une poussée attachée en permanence aux orifices érogènes, un plus de-jouir où les pulsions psychanalytiques ont leur source corporelle.[10] Ce qu'elle cherche suite à cette découverte, c'est simplement une rencontre, non pas une union parfaite, entre certaines parties de son corps et d'autres parties, celles de son partenaire; une rencontre entre des zones érogènes précises et différenciées. C'est ce

---

[9] On pourrait objecter que nous avons méconnu plutôt une reference au clitoris ici, qui impliquerait que ce soit toujours un plaisir phallique recherché par Aline. Mais ce plaisir-là peut bien se passer du partenaire alors que la réceptivité du vagin appelle le partenaire, comme c'est le cas ici.

[10] Nous avons noté jusqu'ici la jouissance phallique et la jouissance de l'Autre. En ce qui concerne cette troisième forme, pulsionelle, voir Jacques Lacan, *Le Séminaire livre XI. Les quatre concepts fondamentaux de la psychanalyse* (Paris: Seuil, 1964), pp. 159-69.

qu'implique la définition de la jouissance partielle de la pulsion comme un plus-de-jouir.

On aurait tellement aimé qu'Harpman nous raconte un peu plus. Imaginons donc, en prolongeant un peu l'histoire d'*Orlanda*, ce qui se passera quand Aline retrouvera son amant. Il est hautement vraisemblable qu'ayant renoncé à la jouissance suprême, qui n'existe pas, elle va pouvoir jouir pour la première fois, notre chaste protagoniste, du phallus. Ce sera un phallus qui diffère beaucoup de celui dont l'image boursouflée a dominé le long du texte jusqu'au moment du meurtre. Jusqu'à ce point, Aline a trouvé sa position de sujet féminin limitée par ce que Freud désigne comme l'envie du pénis: ce phénomene, basé sur une croyance qui attribue entièrement à l'homme la jouissance qui se dégage de la rencontre sexuelle, conçoit toute jouissance possible comme phallique.[11] C'est le destin de la fille dont le père, au niveau de l'Œdipe manque de force médiatrice. En effet on n'entend pas beaucoup parler du père d'Aline, la constellation d'Oedipe restant focalisée sur la relation mère–fille. Dans une situation pareille, qui n'est pas rare, la fille aura recours à cette envie du pénis qui prendra la place d'un tiers manquant et empêchera que la fille se trouve seule face aux exigences de sa mère. Elle ne cèdera pas au désir maternel car elle a envie d'autre chose; l'exacte chose que la mère ne peut lui donner.[12] L'effet de cet imbroglio, c'est de matérialiser le phallus en le rapprochant trop du pénis et en perdant de vue sa fonction de manque à être. Aline échappe finalement à cette situation en assassinant ce phallus/pénis qu'Orlanda a incarné pour elle. Le phallus reprend désormais sa vraie fonction, et la femme reprend aussi ses droits d'en jouir.

Elle en jouira comme un sujet pour qui la castration – car les données biologiques ne sont nullement déterminantes au niveau de la subjectivité inconsciente – n'a pas une prise totale: le sujet psychanalytique féminin n'est

---

[11] Voir Freud, 'Femininity', pp. 158-69.

[12] Nous devons cette explication clinique de l'envie du pénis à Moustafa Safouhan avec qui nous sommes entièrement d'accord, et qui limite beaucoup la portée généralisante des dires de Freud dans son article 'Feminine Sexuality', *On Sexuality, The Journal of the Centre for Freudian Analysis and Research*, 17 (2007), 15-28: 'Freud no doubt went too far when he limited her position to penis envy, because the fact is that it is in the measure in which the girl is left to her mother – whether this means to her love or her hate […] – it is in the mesure in which a certain mediation (of the third, usually the father) *fails* her that the girl resorts to penis envy' (p. 25).

pas entièrement soumis à la castration et ce mince écart lui permet un contact plus intime avec le phallus. Son amant, lui, en jouira d'une facon différente: porteur de la fonction phallique, sa jouissance plus ponctuelle, évanescente, témoignera que le sujet masculin est soumis entièrement à la loi de la castration. Ces deux positions vis-à-vis de la jouissance phallique impliquent rigoureusement que ni l'homme ni la femme ne détient le pouvoir du phallus qui, rigoureusement, n'appartient ni à l'un ni à l'autre. Voilà comment on pourrait tenter de décrire l'acte sexuel qui suit la fin du texte. Hélas, nous l'avons plutôt théorisé qu'imaginé. Laissons à l'imagination la passion qui sans aucun doute l'accompagne; une passion qui ne relève pas de la jouissance absolue mais qui ne risque pas au moins la folie, ni l'assassinat d'autres personnages aléatoires. Qui plus est, cette jouissance 'd'après-texte' échappe aux prises de la mère, bannie désormais de la chambre à coucher d'Aline où elle maintenait sa surveillance indécente.

On pourrait donc suggérer que, plutôt que de chercher à usurper la jouissance masculine, le projet d'Orlanda vise l'expérience d'une jouissance à soi. C'est une phrase qui rappelle celle de l'inspiratrice du roman, Virginia Woolf, dont le texte polémique de 1929 s'intitule *A Room of One's Own*.[13] Suggérons aussi que Woolf visait, au-delà de cette chambre à soi, ce que nous appellerons un 'texte à soi'. C'est aussi un thème saillant d'*Orlanda* qui s'exprime à travers l'œuvre de Woolf. Aline, ennuyée par le texte d'*Orlando*, car ce texte, justement, n'est pas le sien, joue quand même un rôle calqué sur l'histoire de son personnage principal. Ailleurs *The Waves*, roman de Woolf de 1931, s'insinue dans ses notes:

> Virginia est contagieuse, tantôt je vais comparer le mouvement de la plume à celui des vagues, à la scintillante crête d'écume qui longe les plages du nord, à tout ce qui ondule et ondoie, mais je vois que, étrangement, mon esprit propose toujours des mouvements qui ne laissent pas de traces, suis-je à ce point dominée par Charles et son refus de toute idée nouvelle? (O 79)[14]

Aline exprime sa peur de ne faire que des copies d'œuvres créées par les autres, mais elle comprend bien ici le potentiel du signifiant; celui-ci, au

---

[13]   Virginia Woolf, *A Room of One's Own* (London: The Hogarth Press, 1929).

[14]   La référence aux vagues évoque le texte de Virginia Woolf, *The Waves* (London: The Hogarth Press, 1931).

niveau de l'inconscient, est en corrélation avec la sexualité (ce qui ondule, ondoie) et, lui aussi, ne laisse pas de traces. Le travail du signifiant inconscient dégage une jouissance que le texte cherche à cerner dans la danse des lettres qui tout à coup anime la femme morose de la gare que les attraits d'Albert n'excitent pas:

> La plume glisse sur la page blanche, traçant les arabesques gracieuses de la pensée, c'est un vol d'oiseaux migrateurs qui développe ses hieroglyphes dans le ciel pâle du crépuscule, les lettres déroulent avec bonheur leurs entrelacs, les voyelles s'accrochent souplement aux consonnes, formant une farandole gracieuse qui sans cesse se rompt et recommence, oh! (ibid.)

Nous ressentons ici la jouissance qui perce les interstices des signifiants qu'Aline arrange sur la feuille. C'est encore Orlanda qui pousse sa pensée vers une satisfaction plus approfondie, 'Mais ma fille, quand on a tant de plaisir à écrire, pourquoi diable se contenter de s'agiter sur les livres des autres? Fais les tiens!' (O 80). Orlanda parle d'un langage à soi où la jouissance à soi prendrait son élan dans une création qui s'autorise d'elle-même sans requérir ni permission ni supervision: jouissance et langage, le corps et la pensée, travaillant de concert vers l'extase qui s'autorise d'elle-même. C'est ce qu'Harpman nous apprend à souhaiter pour la femme à l'aube du nouveau millénaire. Et l'on revient aux mots, qui décrivent pour Woolf son sixième roman, *Orlando*, adressés à sa dédicataire, Vita Sackville-West, dont la représentation fictive s'offre comme modèle de l'érotisme et de l'intelligence créatrice: 'It's all about you and the lusts of your flesh and the lure of your mind.'[15]

---

[15] Woolf, qui écrit à Vita Sackville-West. Voir Victoria Glendinning, *Vita: A Biography of Vita Sackville-West* (New York: Quill, 1983), p. 181.

Nicole Thatcher

Le passage du temps dans l'écriture de Jacqueline Harpman

L'inévitabilité des transformations qui accompagnent le passage du temps semble être une caractéristique de notre monde. Pour nous humains, l'écoulement du temps est lié à un cycle inéluctable: naître, vivre et mourir, avec les étapes intermédiaires, conception, maturité et vieillissement. En littérature, c'est un thème qui a inspiré la réflexion de beaucoup d'écrivains. Jacqueline Harpman le traite dans quelques-uns de ses romans à l'aide d'une écriture imaginative: 'Jouant de la fantaisie et de l'insolite, du merveilleux et du macabre, [...] [elle] nous invite à explorer [...] le rapport au temps et à la mort'.[1] Comme nous le verrons dans une première partie, le passage du temps forme le soubassement de ces romans, structurant le récit et accompagnant 'une vision souvent pessimiste, soutenue par une longue tradition culturelle, [qui] insiste sur la déchéance physique liée au vieillir'.[2] Mais les personnages harpmaniens, dont la narratrice fait souvent partie, luttent contre les effets du temps. Dans une deuxième partie j'illustrerai les stratagèmes qu'ils emploient pour faire face au vieillissement, à la maladie, à la mort, et les ambivalences ou contradictions qu'ils démontrent. En conclusion, j'essaierai de découvrir jusqu'à quel point ces représentations ludiques reflètent les préoccupations existentielles de Harpman et constituent sa réponse au passage du temps.

---

[1] Elisheva Rosen et Noemi Rubin, 'Lecture', in Jacqueline Harpman, *La Lucarne* (Bruxelles: Labor, 2003; 1ère éd. Paris: Stock, 1992), pp. 219-41 (p. 220).

[2] Annette Keilhauer, 'Introduction', in *Vieillir féminin et écriture autobiographique*, dir. Annette Keilhauer (Clermont-Ferrand: CRLMC, Presses Universitaires Blaise Pascal, 2007), pp. 9-22 (p. 9).

L'importance du temps dans les romans harpmaniens

Le récit

Si l'amour de la vie, ou l'amour tout court, forment la trame de bien des récits de Harpman, c'est souvent dans leur rapport avec le temps que la narratrice nous en fait part. Confrontés aux événements liés au passage du temps, les personnages prennent forme et consistance. Ainsi dans *Les Bons sauvages*, nous suivons durant cinq ans l'évolution de Clotilde Santivas, adolescente de seize ans, découvrant peu à peu, la vie libre qu'elle désire. De même, jetant un regard rétrospectif sur son passé et retraçant son amour pour Dominique, Julie d'Orsel dans *Ce que Dominique n'a pas su* conclut, maintenant qu'elle est 'très vieille': 'Notre histoire nous crée à mesure qu'elle se déroule'.[3] Il en résulte qu'une histoire ne peut se dérouler si le temps n'existe pas; voilà pourquoi, dans cette optique, l'héroïne de *Moi qui n'ai pas connu les hommes* qui fait partie d'une colonie pénitentiaire de femmes terrées sous terre, étant privée d'indices temporels, invente le temps sur la base des battements de son cœur.[4] Le temps structure *Le Récit de la dernière année* qui 'se joue [...] autour du cycle des saisons',[5] commençant en été pour s'achever un an après.[6]

Dans quelques romans, nous sommes conscients du passage du temps dès l'incipit qui constitue le moment présent de la narration où les personnages ont atteint la vieillesse, ou se trouvent au seuil de la mort, et retracent leur vie. Les stratégies textuelles varient. Henri Chaumont, le héros *Du côté d'Ostende*, aiguillonné par la lecture des cahiers intimes qu'Emilienne vient de lui léguer en mourant, se décide, à son tour, à écrire son histoire.[7] Dans un

---

[3]   Jacqueline Harpman, *Ce que Dominique n'a pas su* (Paris: Grasset, 2008), p. 357.

[4]   *Moi qui n'ai pas connu les hommes* (Paris: Stock, 1995). Les citations extraites de ce texte seront suivies de l'abréviation MPH et du numéro de page.

[5]   Gina Blanckhaert, 'Admirable tremblement du temps: le créer dans *Récit de la dernière année*', in *Admirable tremblement du temps. Le vieillir et le créer*, dir. Marie-Christine Paillard (Clermont-Ferrand: Presses Universitaires Blaise Pascal CRLMC, 2008), pp. 211-23 (p. 213).

[6]   *Récit de la dernière année* (Paris: Grasset, 2000). Les citations extraites de ce texte seront suivies de l'abréviation RDA et du numéro de page.

[7]   Jacqueline Harpman, *Du Côté d'Ostende* (Paris: Grasset, 2006). Les citations extraites de ce texte seront suivies de l'abréviation CO et du numéro de page.

univers inhabité, unique survivante d'un groupe de femmes, vieille et taraudée par les souffrances dues à un cancer, l'héroïne de *Moi qui n'ai pas connu les hommes*, ayant résolu de se donner la mort, écrit auparavant le récit de sa vie et de ses aventures. Ces deux romans adoptent le point de vue traditionnel d'une autobiographie, décrivant une vie à partir du passé jusqu'au moment présent. Mais, dans *La Vieille dame et moi*, Harpman

fait l'inverse: [elle] prend la mort imminente comme point de départ, non plus d'une contemplation de la vie, mais d'une réflexion sur le moi, d'une tentative de compréhension qui est, en l'occurrence, à mi-chemin entre la philosophie et la psychanalyse.[8]

Elle dialogue avec son moi qu'elle imagine dix ans plus âgé et sur le point de mourir. Ce personnage lui rappelle ses problèmes d'écriture, l'incompréhension des lecteurs et sa véritable identité dissimulée derrière l'image qu'elle voulait projeter. Dans ce roman, le temps semble s'être arrêté. C'est ce que le mari de la narratrice qui vient de lire son récit lui fait remarquer: 'Au début [...] il est une heure moins dix et [...] après soixante-deux pages, il est toujours une heure moins dix. [...] Tu veux dire que le temps n'a pas passé?' et elle répond: 'Je dis ce qui fut' (LVD 64). Ce stratagème textuel est une façon de répondre à la question: 'Combien de temps dure un instant?'(quatrième page de couverture). Dans *Dieu et moi* la mort a eu lieu ou peut-être la narratrice est-elle dans le coma – 'Les médecins font de l'acharnement thérapeutique'[9] – et c'est de l'au-delà de la mort, si la notion de temps peut s'y appliquer, que la narratrice considère ses funérailles, les réactions de sa famille et surtout sa rencontre avec Dieu qui prend la forme d'un dialogue. Le débat qui s'engage ne la convainc pas de l'existence de Dieu et, en conclusion, elle se retrouve vivante près de son ordinateur. A-t-elle halluciné?

Le temps est souvent l'objet de réflexions de la part des personnages: 'Avec quelle insouciance on fonce à travers les jours, les regardant défiler

---

[8] Gina Blanckhaert, 'Vieillir et écrire. L'autographie dialogique de *La Vieille Dame et moi* de Jacqueline Harpman', in *Vieillir féminin et écriture autobiographique*, dir. Annette Keilhauer, op. cit., pp. 123-30 (p. 128). *La Vieille dame et moi* (Stavelot, Belgique: Le Grand miroir, 2001). Les citations extraites de ce texte seront suivies de l'abréviation LVD et du numéro de page.

[9] Jacqueline Harpman, *Dieu et moi* (Paris: Fayard, coll. Mille et Une Nuits, 1999), p. 37.

comme une réserve inépuisable', nous dit Delphine, dans *Récit de la dernière année* (RDA 11). Ou bien c'est la narratrice qui fait intrusion dans le récit pour souligner les liens entre fiction et réalité; a-t-elle choisi son personnage en réponse à ses propres rapports avec le temps?

> Qui est cette Delphine Maubert qui vient de me tomber sous la plume? J'allais tranquille vers mon vieil âge, je pensais avoir oublié l'inquiétude des cinquante ans et regarder calmement mes cheveux grisonner, est-ce un dernier remous de regret? Peut-être n'en a-t-on jamais fini avec cette jeunesse qu'on croyait éternelle et qui nous file entre les doigts (RDA 14).

Effets du passage du temps sur les personnages

Le passage du temps nous est donc souvent présenté à travers le récit du passé mais il est surtout illustré par ses effets sur le physique des personnages. L'héroïne de *Moi qui n'ai pas connu les hommes*, bien que n'ayant aucun souvenir du monde, note les signes de l'âge sur les femmes de son groupe:

> les cheveux devenir gris, puis blancs, les tavelures apparaître, les calvities menacer le sommet du crâne chez les plus vieilles femmes, les rides, le dessèchement, les plis, les tendons affaiblis, les dos voûtés (MPH 62-63).

Elle compare cet aspect physique à celui d'un des gardes: '[Il] avait la peau nette, sa démarche était souple [...], il était droit' (MPH 63), déduisant par contraste que cet extérieur doit être celui d'un jeune homme. Ayant découvert un miroir dans une cave, elle peut suivre sur elle-même 'au cours des années, le travail des rides qui creusaient [son] front' (MPH 251). La vieillesse est donc vue en opposition à la jeunesse. Ceci est confirmé dans la nouvelle 'Comment est-on le père des enfants de sa mère?'; Antigone épie sa mère Jocaste dans sa chambre:

> Elle étendit de la crème sur ses rides. Je regardais terrifiée la mère incestueuse et je voyais une vieille femme harcelée par la peur de vieillir davantage, elle étirait la peau

de ses joues vers les tempes et cherchait derrière le flétrissement le visage de la jeunesse.[10]

Bien que les femmes soient particulièrement visées dans les descriptions de la vieillesse, les hommes n'échappent pas à l'attention de la narratrice. Dans 'ô Lac, l'année à peine a fini sa carrière …', une autre des nouvelles de *La Lucarne*, la narratrice évoque tous ses amants réunis dans sa maison, une espèce de mouroir; elle décrit non seulement leur physique et leurs habitudes, 'ils ont des rides, leurs cheveux grisonnent. […] [ils] prennent des cachets pour le rhumatisme, le cœur ou l'emphysème' (LL 145), mais aussi les maladies qui les guettent, 'l'un d'eux ne me reconnaît pas quand je le rejoins le soir pour dormir et m'appelle maman. […] ces amants grincheux […] me parlent de leur prostate' (LL 146); elle présente leur environnement: 'les tasses ébréchées, les casseroles qu'on ne peut plus ravoir' (LL 147). Elle dresse ainsi un tableau caricatural qui éveille des résonances de maison de retraite, de maladie d'Alzheimer ou tout simplement évoque un environnement déprimant constitué d'objets familiers obsolètes ou détériorés.

Harpman décrit sans indulgence la déchéance du corps et nous fait part des mesures que prennent les êtres humains pour limiter les dégâts causés par le temps. Ainsi, dans *La Vieille dame et moi*, la narratrice, (Harpman elle-même, si l'on en croit la 4e de couverture) dialogue avec une étrange apparition: 'une très vieille femme' (LVD 5); 'les dents trop parfaites chez une femme si âgée pour ne pas être fausses' (LVD 7); 'on voyait la forme des os tant le bras était maigre' (LVD 12); 'c'est au genou gauche [qu'elle a] tous [s]es ennuis, il gonfle et se plie mal quand le temps est humide' (LVD 20).

Harpman semble puiser dans son expérience personnelle car, peu après, elle admet que 'la kiné soigne [son] arthrose deux fois par semaine' (LVD 28). La vieille dame est-elle son double? Mais un double plus âgé puisqu'elle aurait quatre-vingts ans alors que la narratrice nous dit qu'elle fête son soixante-dixième anniversaire. De plus cette vieille dame semble se dédoubler, Harpman la voit 'dans le même temps où [elle l']étourdissait de

---

[10] Jacqueline Harpman, 'Comment est-on le père des enfants de sa mère?', *La Lucarne* (Bruxelles: Ed. Labor, 2003; 1ère éd. Paris: Stock, 1992), p. 17. Les citations extraites de ce texte seront suivies de l'abréviation LL et du numéro de page.

ses confidences importunes, étendue comateuse sur un lit d'hôpital et mourante' (LVD 51), couverte d'appareils 'sur le dos de la main, dans le nez, dans l'urètre, […] des électrodes sur [le] thorax (LVD 29). En réalité nous découvrons indirectement comment Harpman se voit, mourante, dans un hypothétique avenir, car elle a dialogué avec elle-même. Cela lui permet, en conclusion de souligner une des peurs qui accompagnent la pensée d'une fin de vie: 'J'ai rappelé [à mon médecin] que, le moment venu, je ne voulais, à aucun prix, subir les désagréments de l'acharnement thérapeutique' (LVD 64).

Ces descriptions des ravages du temps sur le physique des personnes ont pour effet de susciter la répulsion mais aussi l'angoisse, car la vieillesse annonce la mort proche. Même chez l'héroïne de *Moi qui n'ai pas connu les hommes*, qui vit 'dans un temps indéfini, […] dans une parabole de l'au-delà', le vieillissement physique et l'aboutissement à la mort sont inéluctables.[11] Chez la narratrice atteinte d'un cancer et n'ayant que quelques semaines à vivre dans *Récit de la dernière année*, cette perspective engendre une violente réaction:

> Je jure de ne pas me résigner et si je dois mourir, s'il est vrai qu'on n'y échappe pas, ce sera dans la colère, la fureur me soutiendra au-delà du temps prescrit et mon dernier souffle servira à maudire ce qui me vainc (RDA 151).

Mais cette colère est vaine car la mort et le passage du temps ont partie liée comme l'indique la narratrice dans 'Les Clameurs de la gloire', une des nouvelles de *Jusqu'au dernier de mes jours*, en nous présentant une personnification de la mort: une forme féminine portant une robe à grandes basques auxquelles nous nous accrochons,

> incapables de nous détacher d'Elle, qui avance imperturbablement le long du temps, nous tirant derrière Elle, effroyable traîne de corps à demi pourris qui se décomposent, nous voyons nos membres perdre des lambeaux de cette chair qui nous fut si

---

[11] Blandine de Caunes, 'Postface', in Jacqueline Harpman, *Dieu et moi*, op. cit., pp. 87-93 (p. 91).

précieuse. [...] Elle avance toujours, traversant l'espace et les millénaires, [...] c'est une nappe immense qui ondule à l'infini, des origines jusqu'au bout du temps.[12]

Stratagèmes et ambivalences des personnages harpmaniens face au passage du temps

La beauté

Peut-on défier la vieillesse et la mort? Oui, à travers les romans, répond Harpman, faisant dire à sa narratrice de *La Vieille dame et moi*: 'Dans mes livres, j'étais belle' (LVD 47). Cette beauté est attestée par les amants de la narratrice dans *La Lucarne*: 'Je me voyais dans leurs paroles, où j'étais belle';[13] mais si ces amants changent avec le temps et ne peuvent plus tenir leur rôle, il faut s'en débarrasser: 'Il faut qu'on jette tous ces vieux hommes usés [...] qui me donnent l'impression de vieillir. C'est qu'au train où ils vont, je courrais à la mort!' (LL 146). Comme le souligne Gina Blanckhaert, 'le roman qui s'écrit [...] permet une autre vie, grâce à la puissance symbolique du miroir textuel'.[14] Dans le roman, l'imagination autorise toutes les inventions. Ainsi Harpman concrétise notre hantise de la jeunesse et de la beauté dans l'héroïne de 104 ans transformée par une fée en jeune fille de vingt ans qui s'admire dans une psyché:

> J'étais éblouie! Longue et étroite, une masse de cheveux blond cendré dégringolant jusqu'au milieu du dos, j'avais un teint d'ambre pâle, des mains à la Greco et des seins à la Botticelli![15]

La beauté accompagnant la jeunesse serait-elle l'atout indispensable à la joie de vivre? C'est ce que soutient la narratrice de cent quatre ans: 'J'avais demandé la beauté à la fée, car j'avais été élevée dans la certitude que la beauté est le plus sûr capital d'une femme, comme me l'avait dit la

---

[12] 'Les Clameurs de la gloire', *Jusqu'au dernier de mes jours* (Bruxelles, Ed. Labor, 2004), pp. 181-82.

[13] 'Ô lac, l'année à peine a fini sa carrière...', *La Lucarne*, op. cit., p. 146.

[14] Gina Blanckhaert, 'Vieillir et écrire. L'autographie dialogique de *La Vieille Dame et moi* de Jacqueline Harpman', in *Vieillir féminin et écriture autobiographique*, dir. Annette Keilhauer, op. cit. (p. 128).

[15] Jacqueline Harpman, *Le Temps est un rêve* (Bruxelles: Le Grand Miroir, 2002), p. 11. Les citations extraites de ce texte seront suivies de l'abréviation TR et du numéro de page.

littérature' (TR 53). De plus, la fée répare non seulement le dommage des ans mais elle garantit à l'héroïne 'la souplesse d'esprit et la mémoire facile de la jeunesse' (TR 28). Le pouvoir de la narratrice s'étend jusqu'à l'accès à l'immortalité: dans *Le Passage des éphémères,* Adèle Salazin qui avait seize ans au XVIe siècle, n'a pas changé jusqu'ici. Ses lettres à Malavers (un autre immortel) évoquent ses avantages physiques par comparaison avec les malheurs qui guettent les mortels. Sans épargner aucun détail, elle décrit les décrépitudes qui affligent les personnes âgées et les attraits qu'offre sa jeunesse:

> J'avais le teint clair à l'âge des rides, l'oeil vif quand mes prunelles auraient dû être blanchies sur les bords, on nomme aujourd'hui cela le cercle sénile, le cheveu généreux et d'une incroyable longueur, les seins fermes et les dents blanches alors que mes contemporaines cachaient des calvities naissantes ou accomplies et ne riaient plus afin de ne pas montrer leurs gencives dénudées.[16]

Cependant des signes de beauté se révèlent chez quelques rares personnages harpmaniens plus âgés. Albertine, la propriétaire de la Diguière, à cinquante-cinq ans 'était très belle. L'âge l'avait peu marquée [...] Elle avait ces cheveux blonds qui ne grisonnent pas mais prennent des reflets argentés'.[17] Harpman adoucit parfois sa vision de la vieillesse à laquelle elle trouve des attraits: 'Ma grand-mère [...] était de ces femmes qui n'ont jamais été belles mais à qui l'âge donne de la grâce' nous dit la narratrice.[18] Mais elle précise dans *Le Temps est un rêve*: 'Je n'ai pas perdu mon antipathie pour la vieillesse' (TR 52).

Pour jouir de la vie, pour être heureux, faut-il donc courir après la beauté, réparer le mieux possible les ravages du temps? Non, semblent dire certains personnages. Delphine Maubert, la narratrice du *Récit de la dernière année,* découvre que 'jadis, [...] je croyais qu'on perdait tout quand on perd la jeunesse: on ne perd que l'impatience' (RDA 94). Dans *Le Temps est un rêve*, les expériences que la beauté de son nouveau 'moi' offre à la narratrice l'amènent à une conclusion inattendue:

---

[16] *Le Passage des éphémères* (Paris: Grasset, 2003), p. 161. Les citations extraites de ce texte seront suivies de l'abréviation PE et du numéro de page.

[17] *En toute impunité* (Paris: Grasset, 2005), p. 105.

[18] *La Plage d'Ostende* (Paris: Stock, 1991), p. 136. Les citations extraites de ce texte seront suivies de l'abréviation PO et du numéro de page.

La beauté n'est qu'un jouet, un gadget qui facilite la vie quotidienne, on n'y trouve pas, contrairement à ce que je pensais, de quoi se contenter l'âme. [...] Je suis ainsi faite, [...] les plaisirs qui m'excitent le plus sont ceux de l'esprit. (TR 144-45)

Le savoir

Pour elle la lutte consiste avant tout dans l'exploration de l'univers comme l'indique la dernière phrase de son récit: 'J'apprends sans cesse. Je suis heureuse' (TR 150). Donc, Harpman nous propose-t-elle la poursuite du savoir comme réponse à nos peurs? Elle se récuse dans d'autres romans: 'Apprendre n'est jamais que mesurer l'immensité de l'ignorance où l'on reste' nous rappelle un des personnages *Du Côté d'Ostende* (CO 172). C'est que 'le savoir va parfois plus vite que la capacité de l'absorber et d'inventer comment en user' (RDA 103). De plus, le savoir acquis peut ébranler nos certitudes et engendrer des doutes. L'immortelle Adèle Salazine, considérant la lumière qui nous parvient des étoiles après des milliers d'années, questionne le concept de la temporalité: 'Le temps est une notion [...] étrange [...]. Où est *maintenant*? Et même: y a-t-il un *maintenant* dans l'univers?'[19] Dans *Le Temps est un rêve*, la femme de cent quatre ans, redevenue une jeune fille de vingt ans, jouit des dons de la mémoire et de l'esprit octroyés par la fée qui lui permettent de faire des recherches sur la structure du temps. Mais ce savoir l'amène à conclure: 'En vérité, le temps est un rêve où l'homme avance en aveugle' (TR 149) Ce recours au savoir n'est pas la panacée de l'angoisse face au vieillissement et à la mort.

Descendance biologique

Harpman nous invite-t-elle donc à accepter philosophiquement le passage du temps?

Je me rassure comme je peux, [...] mes enfants auront des enfants qui auront des enfants. Tant que je vis je suis moi, et puis je vais devenir un maillon dans une chaîne, comme ces hommes et ces femmes dont je ne sais rien, rien du tout, et dont je descends en ligne directe (RDA 181-82).

---

[19] *Le Passage des éphémères*, op. cit., p. 119.

Mais elle repousse cette attitude: 'Je n'aime pas cette pensée' (RDA 182). Elle reconnaît le désir de longévité chez les humains en l'explicitant à travers l'immortelle d'Adèle:

> Les Mortels me font tellement pitié! Leur vie est si courte et leur ambition si grande [...]. À peine sont-ils sortis de l'enfance que l'âge adulte les requiert. [...] Ils ont à peine le temps d'étudier une maigre partie du savoir humain que déjà la retraite les guette, ils regardent la Mort qui arrive, ils écrivent leur testament et se nourrissent de médicaments. Moi, *j'ai le temps* (PE 67).

Toutefois elle décourage ce rêve d'immortalité en soulignant les aspects négatifs que découvre l'immortelle Adèle:

> Je ne fais que passer, et si parfois je laisse une trace dans les esprits, elle s'efface avec ce temps qui n'a pas la même valeur pour moi que pour les Mortels. [...] Je reste toujours et partout, une étrangère. [...] Je mis longtemps à percevoir ma position, qui est de rester sur la rive alors que le fleuve s'écoule. Je regarde passer l'humanité (PE 252; 258).

De plus, ces immortels ne sont pas 'intuables' nous dit Adèle. Le seul moyen de survivre serait-il à travers leurs enfants comme semble l'indiquer Jean-Baptiste, l'autre immortel, dans sa lettre à Adèle:

> L'intelligence nous est venue avec l'âge et l'obligation de réfléchir pour survivre. Et, n'est-ce pas étrange? maintenant que nous l'avons, c'est pour nous cacher et tenter, comme n'importe quel animal de n'importe quelle espèce, de nous consacrer à notre descendance. (PE 319)

Dans un roman précédent, *Récit de la dernière année,* Harpman avait envisagé négativement cette solution: 'Quel est ce jeu de fou de venir au monde, de traverser la vie d'une rive à l'autre et puis de disparaître? À quoi rime cette chaîne irrémédiable des générations?' (RDA 96) Mais à la fin du roman, elle se rétracte: 'Il faut laisser sa marque. Un enfant, un mur ou un arbre: une trace' (RDA 221).

L'écriture

Cette trace peut-elle être l'écriture? Peut-être l'écriture nous permettrait-elle de retrouver notre jeunesse? C'est ce que l'héroïne de la nouvelle *Jamais plus* proclame:

> J'ai été jeune, j'ai dansé. J'ai tremblé, j'ai aimé: il ne reste que les mots? Où trouver l'enfant qui court sur le sable? Comment redevenir ce que je ne serai plus? Il ne me suffit pas de l'évoquer: je veux l'être. [...] Je le sais bien, il n'y a qu'un moyen de retourner là-bas, il faut écrire, écrire sans m'arrêter'.[20]

Écrire serait-il donc une façon de dépasser la mort, de la vaincre? La réponse est négative. L'écriture n'est qu'une échappatoire, car 'le personnage qui écrit se retrouve dans un univers où s'impose [...] le sens de la finitude'.[21] C'est ce que découvre la narratrice de *La Lucarne*: ayant 'quitté l'univers de l'écriture, [elle est] brusquement renvoyé[e] aux contingences du quotidien [et] retrouve sa fragilité humaine',[22] s'écriant en conclusion: 'Mon prénom est Jacqueline, mon nom est Harpman, je suis une femme et chaque seconde qui passe me rapproche de ma mort' (LL 210).

Et pourtant c'est vers l'écriture que se tourne Harpman pour confronter le passage du temps. Décrire la beauté, exprimer le désir de redevenir jeune, utiliser le sarcasme ou la caricature pour parler de la vieillesse et des réactions qu'elle suscite, peuvent être considérées comme des stratégies d'autodéfense, un refus des lois de la vie comme le dit Jeannine Paque, pour qui 'c'est de l'ordre de la transgression que de positiver ainsi la fureur, la colère, la maladie ou la mort'.[23]

---

[20] 'Jamais plus', *Jusqu'au dernier de mes jours*, op. cit., p. 146.

[21] Elisheva Rosen et Noemi Rubin, 'Lecture', in Jacqueline Harpman, *La Lucarne*, op. cit., p. 240.

[22] Renée Linkhorn, *La Belgique telle qu'elle s'écrit* (Paris & New York: Peter Lang, 1995), p. 56.

[23] Jeannine Paque, 'Vie et mort d'une cité de femmes ou le sursis par l'écriture chez Jacqueline Harpman', *Women in French Studies*, 5 (1997), 89-96 (p. 96).

Anticiper la mort par la satire et le roman, c'est tout de même en affronter l'évidence. C'est aussi [...] la mettre à distance en affirmant et affichant le pouvoir de l'écriture.[24]

Harpman en arrive même à positiver la mort: si dans *La Lucarne*, 'c'est une femme enveloppée de voiles noirs, avec la main noueuse et une faux sur l'épaule' (LL 147), elle devient dans *Récit de la dernière année*, une femme qui 'porte de lourds voiles de crêpe [...]. On ne voit pas son visage, mais on devine une parfaite beauté puisque jamais nul mortel ne lui a résisté' (RDA 85).

Représentations ludiques et préoccupations existentielles de Jacqueline Harpman: le défi de la mort

Ces ambivalences dans les solutions proposées reflètent-elles la pensée de Harpman, ses propres contradictions? Bien qu'elle nie avoir écrit des romans autobiographiques, Harpman reconnaît qu'ils reposent sur son expérience personnelle: 'Tout texte, quel qu'il soit, est, pour elle, autobiographique'.[25] Elle donne souvent au principal personnage féminin des attributs qui ressemblent beaucoup à ceux qu'elle possède. La narratrice a l'âge de Harpman dans *La Vieille dame et moi*, ou la même situation familiale dans *Le Temps est un rêve*; elle professe le même athéisme que Harpman dans *Dieu et moi;* l'emploi du 'je' renforce l'impression d'un récit personnel. Nous pouvons donc inférer que les thèmes que traite Harpman, le développement qu'elle leur donne ou les réflexions qu'elle met sur les lèvres de la narratrice ou du narrateur reflètent ses préoccupations existentielles. La remarque de Jeannine Paque concernant Dominique Rolin peut s'appliquer à Harpman: 'La narratrice [...] à travers les personnages les plus divers, ne relate guère qu'un règlement de comptes entre "moi et moi"'.[26] Utilisant son imagination, Harpman demande au roman d'explorer les possibles et l'impossible et aussi d'exposer les idées conventionnelles ou taboues, les peurs et les angoisses qu'elle partage peut-être d'ailleurs. Son intérêt pour la beauté féminine et ses descriptions des effets de la vieillesse sur la personne

---

24 Jeannine Paque, *Jacqueline Harpman: Dieu, Freud et moi: les plaisirs de l'écriture* (Avin/Hannut: Luce Wilquin, 2003), p. 127.
25 Jeannine Paque, 'Lecture', in Jacqueline Harpman, *Les Bons sauvages* (Bruxelles: Ed. Labor, 1992, 1ère éd. Julliard, 1966), pp. 301-18 (p. 305).
26 Jeannine Paque, 'Des Femmes écrivent', *Textyles*, 14 (1997), 77-94 (p. 82).

humaine indiqueraient-ils l'acceptation des stéréotypes sociaux? Se fait-elle donc l'interprète du 'discours social et culturel [qui] condamne la femme vieillissante en se focalisant presque exclusivement sur la perte de sa beauté physique et de sa fertilité'?[27] L'ironie de sa remarque déjà citée: 'J'avais été élevée dans la certitude que la beauté est le plus sûr capital d'une femme comme me l'avait dit la littérature' semble le démentir, indiquant plutôt la subversion des idées reçues. Cependant elle déclare dans sa lettre à son éditeur introduisant *Le Temps est un rêve* que ce roman reflète 'mes préoccupations les plus anciennes et les plus dissimulées' (TR 6). La quatrième de couverture du *Passage des éphémères* souligne que 'ce roman épistolaire [...], traité sur la vanité de notre résistance au temps, nous fait voir drôlement [...] notre horreur de vieillir, notre place si précaire sous les étoiles'.

Bien qu'ils ne soient pas sans rapport avec la réalité ces jeux avec le temps appartiennent à l'univers romanesque. Donc la question demeure: comment faire face à l'inévitable mort? Harpman imagine comment son corps peut la confronter: 'mourir dignement, assis tout droit, [...] hors de la cohue' (MPH 201). Et sans acharnement thérapeutique. Mais elle ne nous donne pas de réponse pour apaiser nos angoisses. Si produire des enfants peut être une manière de se survivre, le face-à-face avec la mort n'en reste pas moins inévitable, nous dit-elle:

> Nous allons errant, musardant, pressés ou distraits, ne regardant jamais la vieille femme en noir qui est accroupie à l'horizon, mais elle ne nous quitte pas des yeux. Soudain la voilà si proche que nous ne pouvons l'ignorer. Nous tentons de ralentir le pas, et, terrifiés, nous découvrons que nous ne sommes pas maîtres du temps, il nous pousse par derrière, nous trébuchons, haletants, désespérés, nous cherchons quelque appui, il faut se raccrocher, résister, mais déjà la vague est sur nous et nous emporte hurlant vers le silence (RDA 7).

L'univers romanesque et la réalité se confondent chez Harpman comme cela est clairement énoncé dans *Récit de la dernière année*: 'Delphine Maubert pleure et je pleure avec elle, car je ne sais plus ce qui est d'elle et de moi'

---

27 Annette Keilhauer (dir.), *Vieillir au féminin et écriture autobiographique*, cité par Françoise Simonet-Tennant, 'Ecrire l'étrangeté à soi', voir www.Nonfiction.fr le portail des livres [consulté le 5/12/2010].

(RDA 151) et c'est par l'entremise de la fiction que la narratrice, – Harpman? – au seuil de la mort, nous livre sa riposte au passage du temps:

> Mon cœur sera déjà arrêté que de mon esprit jaillira, la plus belle de toutes, l'idée que j'ai pourchassée toute ma vie, [...], une idée si splendide qu'elle changera le monde, [...] je serai illuminée de bonheur car [...] j'aurai donné à l'humanité [...] les quelques mots qui lui révéleront son sens. [...] Je connaîtrai, dans cet instant ultime, qu'on m'a toujours menti et que nous sommes immortels. Je serai une explosion de joie, [...] je me dilaterai indéfiniment et il n'y aura plus jamais de silence, plus de mort, cette pensée admirable aura raison du temps vaincu par moi qui serai inaltérablement en train de la penser (RDA 152).

Dans ses romans, Jacqueline Harpman explore une question pérenne: la relation entre l'irrésistible passage du temps et la finitude humaine. Ses narratrices et narrateurs démontrent une clairvoyance sarcastique en considérant cette lutte inégale: ils décrivent les efforts déployés par les personnages pour pallier leur déchéance physique et morale et leur proposent des remèdes invraisemblables – une longévité éternelle ou une jeunesse immuable. Cette clairvoyance ne peut dissimuler l'angoisse devant la mort, destinée humaine. Pour Jacqueline Harpman, l'écriture est une façon d'y faire face.

Stéphane Lambert

Avers et revers du rêve

'L'amour au quotidien, cela ne fait pas des romans'.[1] Déclaration fracassante
signée Jacqueline Harpman lors de notre première rencontre. Je me
souviendrai toujours de cette première rencontre. Je venais de passer quinze
jours totalement immergé dans ses livres. J'étais fraîchement diplômé en
philologie romane. La littérature belge contemporaine n'était pas vraiment
mon rayon. Et je m'étais retrouvé de manière impromptue dans une aventure
éditoriale où l'on me confiait l'animation d'un cycle de rencontres avec des
auteurs belges. Cela se passait dans une librairie de la périphérie flamande de
Bruxelles. Nous avions aménagé une petite salle au dernier étage de
l'immeuble. Quinze jours auparavant, nous avions inauguré la saison avec
Amélie Nothomb. Le succès assuré! Il y avait eu du monde jusque dans la
cage d'escalier. Le scénario semblait se reproduire pour ce second rendez-
vous. Il était 20h30. Je m'étais installé tant bien que mal au milieu de la salle,
une petite foule s'agitait, l'auteur n'était pas encore arrivé – Jacqueline
Harpman terminait ses consultations à 20h de l'autre côté de la ville.
J'essayais de faire patienter le public en annonçant le programme des
prochaines soirées, et tout à coup Jacqueline Harpman est apparue dans
l'encadrement du haut de l'escalier, et avec une grande majesté, et un rien
d'espièglerie, elle est venue s'installer à mes côtés, nous ne nous étions
jamais rencontrés, je n'avais vu sa photo que sur la quatrième de couverture
de ses livres (cela paraît déjà inimaginable aujourd'hui, mais il y a douze ans
nous n'en étions qu'au balbutiement d'internet), je n'avais donc aucun autre
élément que la matière de ses écrits pour m'en faire une idée, et c'est
pourquoi, j'imagine, je la vis tel un personnage qui se serait extrait, le temps
d'une soirée, de la cage dorée d'un roman, elle me donna aussitôt cette
impression, qui n'allait jamais se démentir, d'un être doté d'une existence
presque surréelle, sa double vie dans l'écriture donnait à son apparence une

---

[1] Stéphane Lambert, *Les Rencontres du mercredi* (Bruxelles: Ancre rouge, 1999), p. 41.

dimension fantastique – il faut dire aussi que Jacqueline Harpman possède les atouts physiques d'un personnage marquant: sa haute taille élancée, sa chevelure frisée et rayonnante la font se distinguer du commun des mortels. Après mes deux semaines d'intenses investigations dans les méandres de son œuvre, c'était comme si tout à coup sortant de la brume d'un rêve une manifestation concrète et troublante émergeait de la lecture: l'auteur et son imaginaire se confondaient sous mes yeux. Cette impression d'irréalité fut confirmée par certains des propos qu'elle tint ce soir-là et que je pris soin de recueillir en vue d'un livre d'entretiens qui allait paraître l'année suivante sous le titre des *Rencontres du mercredi*. On ne sait jamais pourquoi tel moment s'inscrit dans la mémoire alors que tant d'autres basculent on ne sait où. Ce soir-là, quelque chose d'impossible à formaliser est passé entre nous, on aurait tort de penser que seules les histoires d'amour relèvent de l'irrationnel, les amitiés naissent dans les mêmes circonstances. Un lien s'opère ou non, c'est un mystère. Ce soir-là a compté, une complicité est née entre nous. Je m'étais beaucoup investi dans la préparation de l'entretien. Est-ce cela qui avait plu à Jacqueline Harpman? Je sais seulement que, comme moi, elle garde de notre premier échange un souvenir très vif.

L'histoire n'allait pas s'arrêter là. Cette première rencontre serait le point de départ d'une complicité éditoriale qui allait presque durer dix ans et donner naissance à une petite dizaine de livres. Quelques mois plus tard, la fréquentation bimensuelle d'auteurs belges m'avait donné l'idée et l'envie de créer une collection de poche dédiée à la littérature contemporaine. C'est à Jacqueline Harpman que je pensai aussitôt pour inaugurer la collection baptisée 'Ancrage'. Ses deux premiers romans étaient alors indisponibles, je lui proposai de les rééditer. Elle avait déjà promis *Brève Arcadie* aux éditions Labor, mais elle serait heureuse de me confier *L'Apparition des esprits*, et me consola en m'avouant qu'il s'agissait en réalité de son vrai premier roman. Elle l'avait écrit avant *Brève Arcadie*, mais Julliard avait préféré le publier en second lieu. Jacqueline Harpman écrivit pour la quatrième de couverture un petit chef-d'œuvre de présentation, et *L'Apparition des esprits* fut le premier numéro de la collection.[2] Ironie du sort, c'est également l'un de ses titres, la réédition de *La Mémoire trouble*,[3] qui porterait le numéro 26, le dernier de la série (le numéro 25, quant à lui, reviendrait à *La*

---

[2]   *L'Apparition des esprits* (Bruxelles: Ancrage, 1999).
[3]   *La Mémoire trouble* (Bruxelles: Ancrage, 2001).

Constellation du chien d'un certain Pierre Puttemans).[4] Tout cela n'était évidemment pas un hasard. Pendant les deux années où je me consacrai ardemment à Ancrage, mes liens avec Jacqueline Harpman devinrent de plus en plus amicaux. Les projets communs nous amenèrent à nous voir très souvent, et je dois dire qu'elle ne fut pas étrangère à ce que je vécus mes débuts dans le monde littéraire comme une fête. Nous organisions régulièrement des rencontres avec ses lecteurs qui furent des moments d'échanges très grisants pour le jeune éditeur que j'étais. J'étais séduit et impressionné – je le suis encore – par la personnalité de Jacqueline Harpman; j'étais frappé par sa volonté de fer, par l'acuité et la célérité de son intelligence, et par sa formidable indépendance d'esprit, qui, chose rare chez les mortels, lui avait fait refuser à plusieurs reprises des honneurs importants. À cette époque-là, nous avons eu la chance de partager l'amitié trop brève de Laurent de Graeve dont elle admirait l'écriture et à qui elle dédia *La Dormition des amants*.[5] Elle signa la préface de la réédition des *Orchidées du bel Edouard*[6] que je publiai dans la foulée de *L'Apparition des esprits*. L'écriture d'une préface n'est pas un exercice anodin: c'est souvent en parlant des autres qu'on trouve la bonne distance pour parler de soi. Dans cette préface, Jacqueline Harpman écrivait:

> Il y a des moments très particuliers où l'on éprouve une sorte d'élation, le monde devient immense et on l'occupe en entier – puis tout reprend les proportions ordinaires, on retombe, le cul par terre, dans son identité quotidienne, il faut rajuster sa cravate, vérifier l'ourlet de la jupe, l'état du compte en banque. C'est l'enfer. Enfants, on nous a fait croire que, lorsque nous serions grands, nous habiterions le Royaume du Bonheur: et puis nous nous sommes retrouvés sur la troisième planète à partir du soleil, ce lieu décevant où tout a une fin, les jours, les nuits, et la jeunesse.[7]

Lorsque Laurent de Graeve mourut l'été 2001 à l'âge de 31 ans, je me souviens que nous avons pleuré ensemble.

Le plus beau cadeau que Jacqueline Harpman me fit lorsque je me démenais à développer la collection Ancrage fut de me confier la publication

---

[4] Pierre Puttemans, *La Constellation du chien* (Bruxelles: Ancrage, 2001).

[5] *La Dormition des amants* (Paris: Grasset, 2002).

[6] Laurent de Graeve, *Les Orchidées du bel Edouard* (Bruxelles: Ancrage, 1999).

[7] Jacqueline Harpman, 'Orchidées et dessous de table', in *Les Orchidées du bel Edouard*, op. cit., p. 9.

du *Véritable amour*,[8] la suite inédite de *L'Apparition des esprits*. C'était la première fois qu'elle donnait un texte inédit à un éditeur belge. Je le reçus comme un gage de confiance et surtout d'amitié. Dans la préface au roman de Laurent de Graeve, Jacqueline Harpman écrivit aussi:

> Depuis des lunes, je dis et je répète que nos personnages de roman sont ces aspects de nous que nous ne pouvons pas mettre en œuvre dans notre vie, pour des raisons impératives qui ne nous sont en général pas connues.[9]

Propos fort judicieux auxquels *Le Véritable amour* allait donner toute leur ampleur: elle l'écrivit presque quarante ans après *L'Apparition des esprits*, ainsi le fil de l'imaginaire avait poursuivi son propre chemin à travers le dédale des années, comme si les personnages avaient leur vie propre à l'intérieur du corps de l'écrivain, et ressurgissaient dans sa conscience à leur gré.

Une fois la page de la collection Ancrage malheureusement tournée, Jacqueline Harpman accepta de me suivre dans une nouvelle aventure éditoriale: Le Grand Miroir. Une maison d'édition qui avait l'ambition de diffuser la littérature belge éditée en Belgique, sur le marché français. Un pari que nul n'était encore parvenu à accomplir – et qui reste d'ailleurs toujours inaccompli. Les deux courts textes que Jacqueline Harpman avait publiés aux éditions Mille et une nuits (*Dieu et moi* et *En quarantaine*[10]) me donnèrent l'idée de créer une collection similaire. J'en parlai à Jacqueline, et quelques jours plus tard elle me transmettait trois textes inédits. Deux longues nouvelles: *La Vieille dame et moi* et *La Forêt d'Ardenne*; et un court roman *Le Temps est un rêve*.[11] Autant dire qu'il n'y avait pas de meilleur investissement que cet apport en manuscrits pour lancer une maison d'éditions. Les deux longues nouvelles connurent le succès dans la collection 'La Petite Littéraire', tandis que le court roman fut édité à deux reprises dans la collection 'La Littéraire'. Pour ce dernier texte, Jacqueline Harpman

---

[8] *Le Véritable Amour* (Bruxelles: Ancrage, 2000).
[9] *Les Orchidées du bel Edouard*, op. cit., pp. 10-11.
[10] *Dieu et moi* (Paris: Mille et une nuits, 1999); *En quarantaine* (Paris: Mille et une nuits, 2001).
[11] *La Vieille dame et moi* (Bruxelles: Le Grand Miroir, 2001); *La Forêt d'Ardenne* (Bruxelles: Le Grand Miroir, 2004); *Le Temps est un rêve* (Bruxelles: Le Grand Miroir, 2002 et 2004).

m'offrit un autre privilège: le livre s'ouvrait par une petite mise en scène où l'auteur feignait d'envoyer à son éditeur (en l'occurrence moi-même) un manuscrit qu'elle n'avait pas souvenir d'avoir écrit mais dont le style ressemblait diablement au sien; Jacqueline m'invita à écrire quelques paragraphes en réaction à sa missive au début de son roman. Ainsi donc 'notre petite histoire d'éditeur et d'écrivain', comme Jacqueline la surnomma dans une dédicace, se scellait par un clin d'œil littéraire. Dans la collection 'La Petite Littéraire', je publiai également *Le Placard à balais*, une autre longue nouvelle que Jacqueline écrivit pour le quotidien *La Libre Belgique*.[12] Dans la collection 'La Littéraire', la citation de la Rochefoucauld 'Il en est du véritable amour comme de l'apparition des esprits: tout le monde en parle, mais peu de gens en ont vu', put introduire simultanément les deux romans qu'elle avait inspirés à Jacqueline Harpman, puisque nous les réunîmes en un seul volume sous une reproduction de Khnopff.[13] Enfin, après que Le Grand miroir fut absorbé dans un groupe éditorial, il me serait encore donné de parachever 'notre petite histoire d'écrivain et d'éditeur' en publiant le théâtre de Jacqueline: deux dialogues entre Elle et Lui repris sous le titre *Avant et après*, et surtout la trilogie *Mes Œdipe* où, ne reculant devant aucune offense, elle s'attelait à décomplexer la destinée du héros tragique de Sophocle.[14]

Au fil des années, au fil de mes lectures de ses textes, au fil de ses livres que j'ai eu le bonheur de publier, il m'est apparu combien l'œuvre de Jacqueline Harpman s'ancrait dans le creuset du rêve. Une source intrinsèquement ambivalente où le rapport à la mort se mêlait au travail de l'imaginaire, où le vrai s'amalgamait au faux. Le fantasme s'y dressait contre la capitulation à laquelle auraient dû nous résoudre les lois de notre condition. Mais la victoire de la création s'enracinait dans la tension qui l'avait provoquée. Ainsi le rêve était fabriqué d'angoisse et de plaisir, et le jeu n'était rien d'autre qu'une partie d'osselets avec nos propres ossements. Dans les romans de Jacqueline Harpman, la puissance du désir semble permettre de dépasser tous les interdits. Attirer, à la lisière de l'enfance,

---

[12] *Le Placard à balais* (Bruxelles: Le Grand Miroir, 2003). Plus tard, la collection 'Espace Nord' réunit la plupart de ces nouvelles dans le recueil intitulé *Eve et autres nouvelles* (Bruxelles: Labor, 2005).

[13] *L'Apparition des esprits* suivi du *Véritable Amour* (Bruxelles: Le Grand Miroir, 2003).

[14] *Avant et après* (Bruxelles: Luc Pire/Le Grand Miroir, 2008); *Mes Œdipe* (Bruxelles: Luc Pire/Le Grand Miroir, 2006).

l'attention de l'adulte que l'on a élu comme futur amant (*La Plage d'Ostende*).[15] Aimer charnellement son frère (*Le Bonheur dans le crime*).[16] S'immiscer dans un autre corps (*Orlanda*).[17] Vivre éternellement (*Le Passage des éphémères*).[18] Pourtant sous la vindicte du désir s'échinant à imposer son propre tempo ('je veux que la vie soit un rêve'), l'on ne peut s'empêcher d'entendre riposter la sourde voix d'une vérité acharnée: 'tu es ce que la vie veut'. Les histoires sont une manière de s'affranchir de ce qui contraint, mais sans pouvoir s'en défaire vraiment. Ce nœud est au cœur du geste même d'écrire. En ce sens, en se réappropriant le titre de la nouvelle de Barbey d'Aurevilly, Harpman le transforme en slogan à l'encontre de notre impuissance: elle fait de la passion une révolte. Je ne peux jamais m'empêcher, en lisant Jacqueline Harpman, de penser à cette part de silence qui habite son œuvre. Elle n'a qu'à très peu de reprises évoqué publiquement la disparition de certains membres de sa famille dans les camps, elle n'a d'ailleurs quasiment jamais abordé cette thématique dans ses romans, si ce n'est en arrière-plan discret dans *Le Bonheur dans le crime* où les couloirs secrets de la maison ont servi de caches à des Juifs. J'imagine à ses livres la même architecture secrète, dissimulée derrière les pièces officielles. Aurait-elle si parfaitement intégré la règle de confidentialité de son métier de psychanalyste qu'elle l'appliquerait également à sa propre expérience? Je sais que Jacqueline Harpman se définit comme un auteur classique qui aurait lu Freud; mais par l'orientation de ses thèmes j'aurais plutôt tendance à la ranger du côté des auteurs antiques, avec cette particularité de prendre la tragédie par l'autre bout, non celui qui en fait l'antichambre fatale de la mort, mais celui qui continue de la rattacher à la vie, au désir forcené de vivre. De temps en temps, dans les couloirs éclairés de la raison, un pan de mur se soulève, et nous sommes dans *Moi qui n'ai pas connu les hommes*,[19] ou dans *La Forêt d'Ardenne*, dont le bref incipit contient à lui seul toute la portée inconnue de l'œuvre: 'Nous vivions furtivement'.[20] Les prises sont moins sûres, l'on s'avance dans un lieu incertain, l'on tâtonne.

---

[15] *La Plage d'Ostende* (Paris: Stock, 1991).

[16] *Le Bonheur dans le crime* (Paris: Stock, 1993).

[17] *Orlanda* (Paris: Grasset, 1996).

[18] *Le Passage des éphémères* (Paris: Grasset, 2004).

[19] *Moi qui n'ai pas connu les hommes* (Paris: Stock, 1995).

[20] *La Forêt d'Ardenne*, op. cit., p. 5.

Alors, pourrait-on imaginer le rêve comme une tentative de conciliation entre la vie et la mort? 'La seule chose sûre ici-bas, c'est que l'on meurt' écrivait encore Jacqueline Harpman dans la préface aux *Orchidées du bel Edouard* de Laurent de Graeve.[21] On en revient toujours à cette pierre angulaire de la conscience. À quoi sert-il de notifier l'inévitable? À s'en libérer provisoirement ? À ne pas être qu'une proie dans le champ de tir? Tenir tête à l'appréhension. S'y dérober. Pour atteindre une forme de plaisir qui se serait affranchi de l'angoisse. On peut toujours rêver. Dans la belle préface qu'elle rédigea pour mon ouvrage *Bruxelles et l'amour*, elle résumait l'écriture de la sorte: 'prendr[e] la plume pour raconter ce qui a eu lieu, ce qui n'a pas eu lieu, qui sera plus vrai que la vérité'.[22] Puisque dieu nous veut morts, nous souffle la romancière, soyons des vivants immortels. Un slogan contenu en filigrane dans les propos qu'elle m'accorda lorsqu'en 2009 j'étais venu l'interroger dans le cadre d'un documentaire sur le thème de la relation à sa propre mort.

'J'étais partie pour durer des millénaires': extraits d'un entretien avec Jacqueline Harpman[23]

'Quand j'étais petite fille, il n'est pas mort de personnes dans ma famille, ni dans mon environnement proche. La première mort de ma famille, c'est celle de ma grand-mère maternelle... Quand je suis revenue du Maroc à Bruxelles, je devais avoir quinze ans et demi, seize ans, je suis tombée sur une très vieille dame dont je ne me souvenais pas du tout d'ailleurs, qui était pratiquement illettrée, et qui était devenue tout simplement gâteuse, maintenant je suppose qu'on dirait Alzheimer, à l'époque on appelait ça l'artériosclérose cérébrale. Elle ne m'a jamais reconnue et elle est morte peu de temps après notre retour. Nous sommes rentrés en octobre, elle a dû mourir au premier printemps à peu près ou encore en hiver, je ne sais plus. Mais pour moi, c'était juste un événement de ma famille, un événement pour ma mère et ma tante. Pour moi, ce n'était pas un événement parce que je ne connaissais pas cette vieille dame, avec qui je n'ai jamais eu le moindre

---

[21]   *Les Orchidées du bel Edouard*, op. cit., p. 10.

[22]   Jacqueline Harpman, 'Bruxelles mes amours', in Stéphane Lambert, *Bruxelles et l'amour* (Bruxelles: Racine, 2005), p. 10.

[23]   Entretien réalisé dans le cadre du documentaire radiophonique de Stéphane Lambert: *Le Commun des mortels* (RTBF/La Première, diffusion le 16 mars 2009).

contact, je n'ai pas eu le bonheur des grands-mères merveilleuses dont certains peuvent parler... Je revois juste un moment où elle était malade, elle était tout à fait, comme je vous dis, gâteuse. Ma mère a décidé de lui couper les cheveux parce qu'il n'y avait plus moyen de les laver et ma grand-mère se défendait en disant: "Pas mes cheveux! pas mes cheveux!..." C'était une horreur. C'est le seul souvenir que j'ai de sa mort.'

'Je sais qu'il y a des gens qui sont très tracassés par ces idées-là; moi, pas du tout, je me sentais parfaitement immortelle, je n'étais absolument pas tracassée par la mort. Il a fallu que j'atteigne les cinquante ans pour me dire: "Tiens, tiens, je suis peut-être au milieu du chemin de ma vie." Ce chiffre de cinquante quand il est apparu... Je l'ai vu venir évidemment, mais quarante-neuf, ça va encore, cinquante c'est un tournant, c'est vraiment un moment particulier où je me suis dit: "J'entre dans la dernière partie!" Et cela m'indignait, j'étais très indignée par la mort, par ma mort, parce que je trouvais ça inacceptable, inconvenant, irrecevable, que l'on doive mourir, j'en étais profondément scandalisée. Je me souviens d'avoir un jour dit cela au médecin de famille parce que j'étais atteinte de je ne sais quelle maladie un peu dangereuse, et il m'a dit: "Mais vous avez peur de la mort?" Je lui ai répondu: "Non, non, je n'en ai pas peur du tout, je suis choquée et indignée par la mort!" Comme il ne comprenait pas très bien, je lui ai expliqué que ce n'était pas du tout une crainte, que forcément cela allait m'arriver, d'ailleurs je continue à ne pas craindre la mort, je sais très bien que c'est beaucoup plus près que quand j'avais cinquante ans, mais je ne crains pas cela, ça m'indigne, ça me choque. J'étais partie pour durer des millénaires et puis voilà qu'on me dit: "Encore quelques années..." Je trouve ça inacceptable. Je ne sais pas s'il y a un rapport mais je sais qu'à ce moment-là, la mort est devenue très présente dans tous mes romans, c'est certain que c'est un thème qui revient toujours et je suppose que c'est parce que j'y pense. Il y en a un où elle est vraiment le centre de l'histoire, c'est le *Récit de la dernière année*, où une femme apprend qu'elle va mourir d'ici quelques mois.'

'J'étais présente au moment où mon père est mort, je n'avais pas de relations très personnelles avec cet homme, nous n'avions pas grand chose à nous dire mais il se fait que j'étais là devant lui au moment exact où l'embolie l'a emporté. C'est très impressionnant. C'est la seule fois que j'ai vu mourir quelqu'un parce que, dans la suite de mon histoire, je n'étais jamais présente au moment précis où la vie s'est éteinte. C'est très extraordinaire parce que vous avez quelqu'un qui est là, qui est vivant, qui vous regarde, qui vous voit et tout à coup, c'est terminé, ce n'est plus une personne, ce n'est plus qu'un paquet de chair, et ça, c'est terriblement impressionnant. J'en ai toujours été très marquée, enfin marquée, non, ce n'est pas un drame dans ma vie, je veux dire, je n'ai jamais pu oublier ce moment très particulier, très étrange, où la vie s'arrête chez un être humain, c'est inouï... Et de temps en temps quand je vois les actualités, où l'on montre des quantités de gens qui meurent violemment dans les attentats et les catastrophes, je me dis: "Mais enfin, c'est incroyable, personne n'a l'air de se rendre compte que c'est un être humain qui vient de mourir!" On le dit, mais il y a quelque chose de tellement choquant à cet instant-là qui se passe: ça pense, ça vit et puis tout à coup c'est une masse, ce n'est plus rien, c'est très étrange.'

'Tout un temps, mon mari et moi, quand nous étions à la mer, nous nous baladions beaucoup autour des petites églises où se trouvent toujours un cimetière. J'étais fascinée par les inscriptions sur les tombes. D'abord on y découvrait des prénoms extraordinaires, comme Pharaïlde, un prénom que j'ai mis dans *La Fille démantelée* d'ailleurs, comme ça, pour rien, parce que c'est un prénom dont je n'avais jamais entendu parler. J'aimais beaucoup regarder ces tombes et rêver sur ces gens qui étaient là, dont il ne restait rien que ces inscriptions sur un vieux marbre tout ébréché, parfois une photo protégée par un verre, qui montre un très vieux visage, où le bistre est passé, tout est devenu très clair, on distingue à peine les traits de la personne, mais c'était son visage... Ça me touche toujours beaucoup, ces traces de gens. Au cimetière de Lissewege, si on regarde bien le sol, on y voit des quantités de petits morceaux d'os, des phalanges, des bouts d'orteils. Un jour où j'étais là avec des amis, un de leurs fils a trouvé un morceau de crâne et l'a déposé sur son propre crâne en criant: "Je suis un revenant! je suis un revenant!" Ce n'était pas respectueux, mais dans un sens cela faisait revivre quelque chose. Sous ce crâne, il y avait eu un cerveau, une tête pensante, et à nouveau, il y avait une tête pensante sous ce crâne, qui disait des insanités mais qui vivait. J'aime bien ces vieux cimetières. Souvent, je regardais ces tombes en me disant: "Mais qui était cet homme-là? cette femme-là? qu'ont-ils vécu?" On n'en sait rien, on n'en sait rien du tout, alors j'aime bien imaginer des existences, parfois des existences très quelconques. Je ressens ça un peu comme un dû envers tous ces gens qui ont vécu avant nous, ces milliards de gens qui ont vécu avant nous et dont nous ne savons rien du tout. De temps en temps, on trouve un très vieux squelette, un squelette qui a dix mille ans, on le sort de la terre, on l'étudie, et c'est Lucie... Ces très anciens ancêtres de l'homme, c'est extraordinaire, ils ont vécu, ils ont aimé, ils ont haï, ils ont souffert et ça me touche beaucoup.'

'Un jour, je ne sais pas ce qui s'est passé, mais j'étais chez moi, la kiné était occupée à me masser le dos comme elle le fait régulièrement et tout à coup j'ai perdu connaissance. C'est la kiné et la femme de ménage qui me l'ont dit parce que je suis tombée de ma chaise. La kiné a appelé la femme de ménage, elles m'ont étendu sur le lit, puis j'ai ouvert les yeux, tout à fait étonnée de ne pas être sur ma chaise. Ce moment n'a pas existé dans ma vie, ce moment où je suis tombée, où la femme de ménage et la kiné m'ont soulevée et étendue sur le lit, ça n'existe pas pour moi: eh bien pour moi, c'était la mort, c'était comme ça, c'était fini. L'histoire est terminée, je trouve cela très déplaisant.'

Bibliographie

Jacqueline Harpman

L'Amour et l'acacia (Paris: Julliard, 1958).

Brève Arcadie (Paris: Julliard, 1959); Labor; 2001.

L'Apparition des esprits (Paris: Julliard, 1960); Ancrage, 1999; Le Grand miroir, 2003.

Les Bons sauvages (Paris: Julliard, 1966); Labor, 1992, 1998, 2000.

La Mémoire trouble (Paris: Gallimard, 1987); Ancrage, 2001; Espace nord, 2005.

La Fille démantelée (Paris: Stock, 1990); Labor; 1998.

La Plage d'Ostende (Paris: Stock, 1991); Poche, 1993.

La Lucarne (Paris: Stock, 1992); Labor, 2003.

Le Bonheur dans le crime (Paris: Stock, 1993); Labor; 2000.

Moi qui n'ai pas connu les hommes (Paris: Stock, 1995); Poche, 1997.

Orlanda (Paris: Grasset, 1996); Poche, 1998.

L'Orage rompu (Paris: Grasset, 1998); Poche, 2000.

Dieu et moi (Paris: Mille et une nuits, 1999).

Récit de la dernière année (Paris: Grasset, 2000); Poche, 2002.

Le Véritable amour (Bruxelles: Ancrage, 2000); Le Grand miroir, 2003.

La Vieille dame et moi (Bruxelles: Le Grand miroir, 2001).

En quarantaine (Paris: Mille et une nuits, 2001).

Ève et autres nouvelles (Bruxelles: Espace nord, 2001).

La Dormition des amants (Paris: Grasset, 2002); Poche, 2004.

Le Temps est un rêve (Bruxelles: Le Grand miroir, 2002).

Le Placard à balais (Bruxelles: Le Grand miroir, 2003).

Jusqu'au dernier jour de mes jours (Bruxelles: Labor, 2004); Espace nord, 2009.

Le Passage des éphémères (Paris: Grasset, 2004); Poche, 2006.

La Forêt d'Ardenne (Bruxelles: Le Grand miroir, 2004).

En toute impunité (Paris: Grasset, 2005); Poche, 2006.

Du côté d'Ostende (Paris: Grasset, 2006); Poche, 2007.

Mes Œdipe (Bruxelles: Le Grand miroir, 2006).

Avant et après: dialogues (Bruxelles: Le Grand Miroir, 2008).

Ce que Dominique n'a pas su (Paris: Grasset, 2008); Poche, 2009.

Écriture et psychanalyse (Wavre: Mardaga 2011).

Études, articles et chapitres sur Jacqueline Harpman

Amar, Ruth, '*Le Bonheur dans le crime* de Jacqueline Harpman: Le Système de la dissimulation', *Nouvelles Etudes Francophones*, 22, 2 (2007), 93-101.

Arraéz Llobregat, José Luis, 'Transsexualité et vice dans *Orlanda* de Jacqueline Harpman: Interprétation psychanalytique du roman à partir de l'Analyse Transactionnelle (AT)', *Thélème: Revista Complutense de Estudios Franceses*, 21 (2006), 7-14.

Bainbrigge, Susan, 'Identité, altérité et intertextualité dans l'écriture de Neel Doff, Dominique Rolin, Jacqueline Harpman et Amélie Nothomb', *Nouvelles Études Francophones*, 19, 2 (2004), 31-42.

___. 'Experimenting with Identity in Jacqueline Harpman's *Orlanda*', *Dalhousie French Studies*, ed. by Gill Rye, 'Hybrid Voices, hybrid texts: women's writing at the turn of the millennium' (Fall/Winter 2004), 99-107.

___. *Culture and Identity in Belgian Francophone Writing: Dialogue, Diversity and Displacement* (Oxford: Peter Lang, 2009).

___. 'Jacqueline Harpman's Transgressive Dystopian Fantastic in *Moi qui n'ai pas connu les hommes*: between familiar territory and unknown worlds', *Modern Language Review*, 105, 4 (October 2010), 954-67.

Blairon, Marie, 'Lecture', in *Le Bonheur dans le crime* (Bruxelles: Labor, 1999), pp. 243-78.

Blanckhaert, Gina, 'Jacqueline Harpman: L'Expérience de la création littéraire comme acte intermédiaire', *Lettres romanes*, 63, 3-4 (2009), 307-33.

___. 'Admirable tremblement du temps: le créer dans *Récit de la dernière année*', in *Admirable tremblement du temps. Le vieillir et le créer*, dir. Marie-Christine Paillard (Clermont-Ferrand: Presses Universitaires Blaise Pascal CRLMC, 2008), pp. 211-23.

___. 'Vieillir et écrire. L'autographie dialogique de *La Vieille Dame et moi* de Jacqueline Harpman', in *Vieillir féminin et écriture autobiographique*, dir. Annette Keilhauer, (Clermont-Ferrand: CRLMC, Presses Universitaires Blaise Pascal, 2007), pp. 123-30.

Debray-Genette, Raymonde, 'Un récit autologique: *Le Bonheur dans le crime*', *The Romanic Review*, LXIV, 1 (1973), 38-53.

Deprez, Bérangère, et Odaert, Olivier, 'Le récit altergénérique: écrire à la première personne de l'autre sexe, *Lettres romanes*, 62, 1-2 (2008), 3-21.

Hage, Madeleine, 'Jacqueline Harpman et *Le Bonheur dans le crime*. D'un genre à l'autre?', *La nouvelle de langue française aux frontières des autres genres, du Moyen Âge à nos jours* (Louvain-la-Neuve: Academia Bruylant, 2001).

Linkhorn, Renée, 'Je(u) romanesque et niveau narratif chez Jacqueline Harpman', in *La Belgique telle qu'elle s'écrit* (New York: Peter Lang, 1995), pp. 51-72.

___. 'Jacqueline Harpman, Belge, femme et écrivaine: Un Profil', *Revue francophone*, 10, 2 (1995), 39-52.

___. 'Les écrivaines francophones de Belgique au XXᵉ siècle', in *Women in French Studies*, Numéro spécial, 'French and Francophone Women, 16th–21st Centuries: Essays on Literature, Culture, and Society with Bibliographical and Media Resources' (2002), pp. 153-81.

Mingelgrün, Albert, 'Jacqueline Harpman ou l'Amour-récit', *Textyles*, 9 (1993), 287-304.

Paque, Jeannine, *Jacqueline Harpman: Dieu, Freud et moi* (Avin/Hannut: Éd. Luce Wilquin, 2003).

___. 'Le genre éclaté ou un nouveau récit au féminin', *Nouvelles écritures francophones: vers un nouveau baroque?* (Montréal: Presses de l'Université de Montréal, 2001).

___. 'Un fantastique au féminin pluriel: Jacqueline Harpman et Caroline Lamarche', *Couloirs du fantastique* (Bologna: Clueb, 1999), pp. 431-50.

___. 'Vie et mort d'une cité de femmes ou le sursis par l'écriture chez Jacqueline Harpman', *Women in French Studies*, 5 (1997), 89-96.

___. 'Des Femmes écrivent', *Textyles*, 14 (1997), 77-94.

___. 'Le geste autobiographique dans la littérature féminine: une esthétique', *Textyles*, 9 (1993), 273-86.

Piret, Pierre, 'Le dieu caché de l'écriture. Une lecture de *La Lucarne*', *Textyles*, 9 (1993), 305-11.

Radulescu, Roxana, 'Jacqueline Harpman, lectrice du monde', in *Entre aventures, syllogismes et confessions: Belgique, Roumanie, Suisse* (Bruxelles: Peter Lang, 2003), éd. par Marc Quaghebeur et Laurent Rossion, pp. 199-216.

Sauble-Otto, Lori, 'Writing to Exist: Humanity and Survival in Two *fin de siècle* Novels in French (Harpman, Darrieussecq)', *L'Esprit créateur*, 45, 1 (Spring 2005), 59-66.

Vanbaelen, Sylvie, '*Moi qui n'ai pas connu les hommes* de Jacqueline Harpman: Récit d'une genèse de femme', *Nottingham French Studies*, 48, 1 (2009), 69-81.

Interviews

Andrianne, René, 'Interview critique de Jacqueline Harpman', *Textyles*, 9 (1993), 259-72.

Lambert, Stéphane, Interview avec Jacqueline Harpman, *Les Rencontres du mercredi* (Paris: Ancre rouge, 1999), pp. 35-64.

Verdussen, Monique, 'Entretien avec Jacqueline Harpman, romancière et psychanalyste', *Revue Générale*, 132, 12 (1997), 43-48.

Notices biographiques

Susan Bainbrigge est maître de conférences à l'Université d'Edimbourg. Ses recherches portent sur les littératures française et francophone des XXe et XXIe siècles, en particulier le genre de l'autobiographie, Simone de Beauvoir, et la littérature des femmes plus généralement. Elle a publié *Writing Against Death: the Autobiographies of Simone de Beauvoir*; *Amélie Nothomb: Authorship, Identity and Narrative Practice* (éd. avec Jeanette den Toonder); *Francographies: identité et altérité dans les espaces francophones européens* (éd. avec Joy Charnley et Caroline Verdier); et plus récemment *Culture and Identity in Francophone Belgian Writing: Dialogue, Diversity and Displacement*.

Gina Blanckhaert vient de défendre sa thèse de doctorat sur Jacqueline Harpman à Louvain. Elle est à la fois ingénieur industriel et romaniste d'où sa préférence pour l'entrecroisement de deux pistes, entre les sciences plutôt exactes et celles plutôt humaines. Elle a publié plusieurs articles sur Jacqueline Harpman.

Estrella de la Torre Giménez est Professeur Titulaire de Langue et Littérature Françaises du Département de Philologie Française et Anglaise de l'Université de Cadix (Espagne). Consacrée à la Littérature belge en langue française, elle a publié nombreux articles, concernant fondamentalement des auteurs belges du XIXe siècle, dans différentes revues inter-nationales (*Mélusine, Correspondance, Beloeil*...) depuis la rédaction de sa thèse de doctorat sur Paul Nougé. Elle a participé avec communications dans les colloques internationaux organisés par les universités de La Sorbonne, Bologne, Nimègue, Cáceres... Elle a fondé en 1991 la revue *Francofonía* et coordonne le Groupe de Recherche 'Estudios de Francofonía'.

Annik Doquire Kerszberg enseigne à l'Université de Lock Haven, l'une des 14 universités publiques de Pennsylvanie, aux États-Unis. Elle a obtenu son doctorat en littérature française de la Pennsylvania State University (Penn State) et a publié plusieurs articles, notamment sur des textes de Françoise Ega, d'Ahmadou Kourouma et d'Antonine Maillet. Ses domaines de recherche recouvrent l'analyse discursive dans des romans écrits originairement en français (littérature-monde), en particulier celle des voix d'enfants, et l'étude des genres littéraires. Elle s'intéresse également à la littérature policière en langue française.

Stéphane Lambert, romaniste de formation (Université Libre de Bruxelles). Jusqu'à l'âge de trente ans, il fut éditeur à temps complet. Après quoi il a enseigné une saison académique à l'Université Charles à Prague. Il collabore régulièrement à la presse écrite dans le domaine culturel. Depuis plusieurs années, il se consacre essentiellement à son travail d'écriture. Il est l'auteur de romans (*Les couleurs de la nuit*, *L'homme de marbre*), de récits (*Mes morts*), de nouvelles, d'écrits sur l'art (*Mark Rothko: Rêver de ne pas être*, *L'Adieu au paysage: Les Nymphéas de Claude Monet*) et de poésie (*Le sexe et la main*). Il a obtenu différents prix et bourses, et a bénéficié de plusieurs résidences d'auteur (Rome, Berlin, Vilnius, Paris, Winterthur…). Il vient également de signer deux fictions radiophoniques pour France Culture.

Dora Leontaridou est chargée d'encadrement suivi de Mémoires de Master en FLE, à l'Université Ouverte Hellénique. Elle est docteure en littérature française de l'Université Paris III en 2008, où elle a soutenu la thèse 'Le mythe troyen dans la littérature française'. Ses domaines de recherche portent sur les réécritures modernes des mythes dans la littérature et le théâtre français et francophone et écritures de femmes. Parmi ses dernières publications: 'Deuil et dénonciation du pouvoir: Iphigénie et Médée dans le théâtre français fin de siècle', *Post-Scriptum*, 14, été 2011; 'Silences, métamorphoses de la parole et transcendance dans le discours féminin', *Loxias*, 32, 2011; 'Beauté et mort: Convergences et interactions dans les représentations poétiques et picturales de la fin du XIXe siècle', in Bénédicte Mathios (éd), *Le sonnet et les arts visuels* (Bern: Peter Lang, 2012).

Judyta Zbierska-Mościcka enseigne la littérature belge et française à l'Institut d'Études Romanes à l'Université de Varsovie. En 2003, elle a soutenu sa thèse de doctorat sur *Charles Van Lerberghe et le conte à l'époque symboliste en Belgique*. Elle poursuit actuellement des recherches sur l'écriture des femmes en Belgique et s'intéresse notamment à l'espace dans le roman féminin.

Jeannine Paque est professeure honoraire (enseignement supérieur pédagogique) et actuellement collaboratrice scientifique à l'Université de Liège, en Belgique. Ses recherches et publications critiques sont axées sur la période symboliste en France et en Belgique Outre les auteur-e-s belges contemporain-e-s, elle étudie plus particulièrement la littérature des femmes aux XXe et XXIe siècles et travaille actuellement sur l'autobiographie au féminin.

Marc Quaghebeur est docteur en philosophie et lettres, directeur des Archives et Musée de la Littérature à Bruxelles, des collections Archives du futur et Documents pour l'histoire des francophonies ainsi que des revues *Balises* et *Congo-Meuse*. Il a enseigné dans de nombreuses universités et participe actuellement aux travaux du CIEF de l'Université Paris IV Sorbonne. Ses travaux portent, depuis de nombreuses années, sur les littératures francophones, belge et congolaise en particulier, comme sur la réflexion théorique qu'induit l'étude des Francophonies littéraires.

Martine Renouprez est Professeure titulaire à l'Université de Cadix où elle enseigne et mène des recherches en littérature belge de langue française, avec un intérêt particulier pour les écritures de femmes. Elle est Docteur en Philosophie et Lettres de l'Université de Cadix en 2001 à la suite d'une défense de thèse portant sur *La démarche poétique de Claire Lejeune*. Elle en a publié un essai en 2005, chez Luce Wilquin, intitulé: *Claire Lejeune: La poésie est en avant*. Elle est également l'auteure de l'ouvrage *Introducción a la literatura belga. Una aproximación sociológica*, publié en 2006 au Service des publications de l'Université de Cádix.

Francisca Romeral Rosel est Professeur à l'Université de Cadix. Ses recherches portent notamment sur la littérature en langue française du XXe et du XXIe siècle avec une ouverture sur la psychanalyse, la sociologie et la sociolinguistique. Elle a publié des articles sur Jacqueline Harpman et Annie Ernaux.

Maria Snårelid est Docteur en Français à l'Université de Stockholm. En 2011, elle a défendu sa thèse doctorale intitulée 'Entre identification et différenciation: La mère et l'amour dans la constitution identitaire de la femme dans trois romans de Jacqueline Harpman'. Elle poursuit actuellement des recherches sur 'Le nouveau roman familial de la femme dans des romans suédois et francophones publiés entre 1990 et 2012'. Cette étude comparative est une continuation de sa thèse tournant autour du rôle décisif de la mère dans l'écriture féminine.

Katharine Swarbrick est maître de conférences à l'Université d'Edimbourg. Ses recherches portent sur la théorie psychanalytique de Jacques Lacan et la littérature du 18e siècle, en particulier celle de Jean-Jacques Rousseau. Elle travaille aussi sur la littérature francophone des femmes des 20e et 21e siècles.

Nicole Thatcher est Docteur en Littérature française et *Research Fellow* (chercheure invitée) à l'Université de Westminster, Londres. Ses champs de recherche incluent la prose testimoniale sur les camps nazis et la deuxième guerre mondiale, notamment l'écriture de ces textes et le rôle de la mémoire. Elle travaille aussi sur l'autobiographie: mémoire et transmission. Elle a publié de nombreux articles et ouvrages sur ces sujets, particulièrement sur l'œuvre de Charlotte Delbo, entre autres deux essais: *A Literary Analysis of Charlotte Delbo's Concentration Camp Re-Presentation* (2000) et *Charlotte Delbo: une voix singulière* (2003).

BELGIAN FRANCOPHONE LIBRARY

Edited by Donald Flanell Friedman

As Belgium has become a center and focal point of the resurgent new Europe, the Belgian Francophone Library was founded at Peter Lang Publishing, New York, as a special series devoted to the rich and varied literature and cultural life of the French-speaking community in Belgium. The series will publish English translations of important works of Belgian Literature, as well as critical studies, principally in French and English, of Belgian literature, culture, and social history. It is the hope of series editor, Donald Flanell Friedman of Winthrop University, and the initial contributors to the series to broaden knowledge of the specificity, fascination, and enduring artistic contribution of this crossroads country.

For additional information about this series or for the submission of manuscripts, please contact:

> Peter Lang Publishing
> Acquisitions Department
> 29 Broadway, 18th floor
> New York, New York 10006

To order other books in this series, please contact our Customer Service Department at:

> (800) 770-LANG (within the U.S.)
> (212) 647-7706 (outside the U.S.)
> (212) 647-7707 FAX
> CustomerService@plang.com

or browse online by series at:

> WWW.PETERLANG.COM